山东省高等教育名校建设工程
应用型人才培养特色名校·法学特色专业丛书

丛书主编：韩明暖

模拟审判教程

主　编◎姜文明　　副主编◎高　玮　张　林　吴雪莲

中国社会出版社
国家一级出版社·全国百佳图书出版单位

图书在版编目（CIP）数据

模拟审判教程／姜文明主编．—北京：中国社会出版社，2021.6

（“山东省高等教育名校建设工程”应用型人才培养特色名校·法学特色专业丛书／韩明暖主编）

ISBN 978-7-5087-6527-3

Ⅰ.①模… Ⅱ.①姜… Ⅲ.①审判-中国-高等学校-教材 Ⅳ.①D925

中国版本图书馆 CIP 数据核字（2021）第 064211 号

丛　书　名：“山东省高等教育名校建设工程”
应用型人才培养特色名校·法学特色专业丛书
丛 书 主 编：韩明暖
书　　　名：模拟审判教程
本 册 主 编：姜文明
本册副主编：高　玮　张　林　吴雪莲

出 版 人：浦善新
终 审 人：李　浩
责任编辑：陈　琛

出版发行：中国社会出版社　**邮政编码：**100032
通联方式：北京市西城区二龙路甲 33 号
电　　话：编辑室：（010）58124835
销售部：（010）58124837
传　真：（010）58124837
网　　址：www.shcbs.com.cn
shcbs.mca.gov.cn
经　　销：各地新华书店

中国社会出版社天猫旗舰店

印刷装订：北京虎彩文化传播有限公司
开　　本：185mm×260mm　1/16
印　　张：21.5
字　　数：370 千字
版　　次：2021 年 6 月第 1 版
印　　次：2021 年 6 月第 1 次印刷
定　　价：68.00 元

中国社会出版社微信公众号

总 序

本系列教材的出版主要基于以下考虑：

一是在山东省高等教育名校建设工程和应用型人才培养特色名校支持下法学特色专业建设的需要。

齐鲁工业大学（山东省科学院）文法学院法律系于2011年设立，2013年法学专业成为校级特色专业。借助特色专业建设的东风，法学专业教师群策群力，结合学校科教融合的发展大势和实践教学相关数据的分析，开始了为期五年的系列自编特色教材的撰写工作。我作为专业负责人和学科带头人，很欣喜地看到法律系各位教师能够团结一心，共同为本系列教材的出版贡献自己的力量。

二是本系列教材共包括《高等教育法概论》《知识产权法概论》《模拟审判教程》《中外公司法比较》四册。《高等教育法概论》主要服务于齐鲁工业大学“德融教学”的实际需求；《知识产权法概论》纳入了法律系开设的所有知识产权法模块课程内容；《模拟审判教程》和《中外公司法比较》是基于老师们以往实践教学的数据整合而来。四册教材从素质教育到专业教育、从理论教学到实践教学，进行了全面的整合，为法律系今后的特色教学提供了很好的基础和依据。

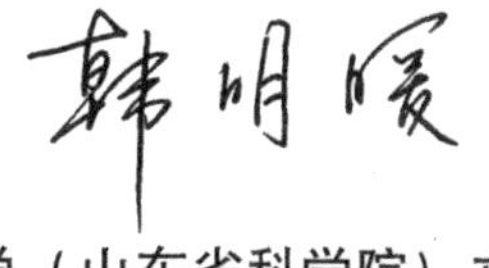

齐鲁工业大学（山东省科学院）文法学院院长

2018年1月1日

目 录 >> CONTENTS

模拟审判总论

模拟审判分论

模拟审判总论

第一章 模拟审判概述

第一节 模拟审判的概念和特点

一、关于模拟审判概念的几种观点

什么是模拟审判？如何定义模拟审判？它有哪些含义？包括哪些内容？这些都是我们在学习模拟审判这门课程时必须首先弄清楚的问题。

关于模拟审判的概念，学者们从不同的角度，作了不同的论述。归纳起来，主要有以下几种定义：

1. 教学方法说。这种观点认为：模拟审判是“把主体与客体、解决问题与系统学习、知识传授与能力培养充分地结合起来，使学生在教师指导下，根据精选的典型案例分别担任不同的法庭角色，以法庭审判为参照来模拟审判的教学活动，促进学生综合运用实体法、程序法，文书制作、辩论技巧以及相关知识解决个案的实践能力，是融实践、理论与思想于一体的教学方法”。或者认为：“模拟审判（moot court），又名假设法庭，是指在教师的指导下，以学生为主体，运用所学知识，借助一定设备，模仿法庭审判活动的一种实践性教学方法。”

2. 教学模式说。这种观点认为：“所谓模拟审判教学就是以模拟法院开庭审理的方式，通过学生亲身参与，将课堂中所学到的法学理论知识、司法基本技能等综合运用于实践，活学活用，以达到理论和实践相统一之教育目的的教学模式。”或者认为：“模拟审判教学是在教师的指导下，精选一些既有利于学生对法律知识的理解，又有思想教育意义的典型案例，通过学生独立思考、深刻分析、精心准备，由学生分别担任不同的法庭角色，共同参与案件的模拟审理，将在课堂上学习的法学理论和司法实践紧密结合起来的一种教学模式。”

3. 教学活动说。这种观点认为：“模拟审判（moot court），又叫假设法庭，是指在教师的指导下，由学生扮演法官、检察官、律师、案件当事人、其他诉讼人等，运用所学知识，借助一定设备，模仿法庭审判的一种自主性、实践性活动。”或者认为：“所谓的模拟审判，简言之就是模拟法庭审判的活动。是指在教师的指导下由学生扮演法官、检察官、律师、案件的当事人、其他诉讼参与人等，以司法实践中的法庭审判为参照，模拟审判某一案件的教学活动。”

4. 动态静态统一说。这种观点认为：“模拟审判应当从静态和动态的统一上来理解，即在静态上，模拟审判表现为教学硬件；在动态上，模拟审判表现为教学过程。因此模拟审判是指在教师的指导下以模拟法院开庭审理的方式，通过学生亲身参与课堂中所学到的法学理论知识、司法基本技能等综合运用于模拟案件审理的教学硬件和教学过程的统一。”

上述四个方面的定义，是学者们从不同的角度对模拟审判的含义所作的阐释，从不同的角度揭示了模拟审判的概念。在上述定义中，教学模式说与教学方法说没有太大的区别，在某种意义上，教学模式也就是教学方法，只是用词不同而已。教学活动说则是从教学动态的角度给模拟审判下定义；动态静态统一说则是从动态和静态两个方面综合定义模拟审判。这些定义都对正确理解模拟审判的含义具有重要的参考价值。

我们认为，模拟审判是法学教育中一种理论与实践相结合的教学方法或者教学模式，是指在法学教学活动中，在教师的指导下，由不同的学生分别扮演法官、检察官、当事人、律师以及其他诉讼参与人等不同诉讼角色，在模拟法官的主持下，由模拟法官按照严格的法定程序在虚拟的法庭对真实或者虚拟的刑事案件、民事案件或行政案件进行模拟审判的一种教学活动。从这一定义可以分析出模拟审判具有下列基本含义：

1. 模拟审判是一种理论与实践相结合的教学方法或者教学模式。在法学课程教学中，传统的教学方式比较注重理论的教学，不够重视实践的教学。而法学学科是实践性较强的一门学科，必须理论与实践相结合。模拟审判通过对真实的或者虚拟的案件进行模拟审判，就可以达到理论与实践相结合的目的。因为模拟审判活动，既需要学生掌握必需的基本理论知识，又必须懂得实际操作方法，只有两者有机地结合，才能够使模拟审判活动演绎逼真。

2. 模拟审判是一种法学教学活动。在法学教学活动中，模拟审判不仅仅是学生进行模拟审判的学习活动，而且也是教师进行实践性教学的一项重要的教学活动，是典型的教与学的有机结合。学生在开展模拟审判活动前需要教师的理论指导，在进行模拟审判活动中需要教师现场指导，在模拟审判活动结束后需要教师的点评指导。反过来，学生模拟审判活动的成功与否，也是对教师教学效果的一次检验。因此，可以认为，模拟审判活动是一项教学相长的教学活动。

3. 模拟审判是法学教学中的一个静态与动态的统一体。从静态的角度来看，模拟审判可以指进行模拟审判活动的场所，也可以是指一个模拟审判组织。要开展模拟审判教学活动，首先必须有一个正规的模拟审判，没有一个正规的模拟审判是难以取得应有的教学效果的。同时，要进行模拟审判活动，必须组成一个符合规范的模拟审判，这个模拟审判就是进行模拟审判的组织。没有一个规范的模拟审判组织，也就无法开展模拟审判活动。从动态的角度来看，模拟审判是在教师的指导下，由不同的学生扮演法官、检察官、当事人、律师以及其他诉讼参与人等不同诉讼角色，通过他们在模拟审判上的各种表演活动来演绎刑事案件、民事案件或者行政案件的审判过程。这个过程不是一个静止不变的过程，而是一个随着程序的发展不断变化、发展的过程。

4. 模拟审判是法学教学一个不可缺少的重要环节。无论是为了提高学生的实际操作能力，改变死记硬背的学习方法，还是为了提高教师的教学水平，改革灌输式的教学方式，模拟审判无疑都是法学教学中不可缺少的一个重要教学环节。许多学校的法学专业还专门开设了模拟审判课程，以改革教学手段，提高教学质量。即使没有专门开设模拟审判课程的学校，也一般都要组织学生进行模拟审判活动或者进行模拟审判比赛。无论是作为一门独立的课程，还是作为教学的一个环节，模拟审判都是法学教学不可缺少的，最好是能够专门开设模拟审判课程，以提高模拟审判在法学教学中应有的地位。

二、模拟审判的特点

模拟审判是法学专业进行实践性教学的需要，这种教学方式或者这一教学环节具有不同于其他教学方式的一些特点，具体表现在下列几个方面：

1. 教学活动的实践性

模拟审判是理论与实践的结合，是学生在教师的指导下将所学的理论知识具体运用到案件的审理活动之中的过程，其实践性特点比较明显。所谓实践性就是指模拟审判需要学生通过具体扮演各种诉讼角色，由学生自己进行实际操作，按照法定程序和实体法律的相关规定实际演绎法庭审理的全过程。在模拟审判中，学生要自己查找相关案例，编写与模拟审理有关的剧本，撰写相关诉讼法律文书，进行法庭诉讼活动，从而锻炼自己的实际操作能力，提高自己分析问题和解决问题的能力。

2. 诉讼角色的虚拟性

模拟审判中的各种诉讼角色，都由学生进行扮演。在刑事模拟审判中，合议庭成员、书记员、公诉人、被害人、附带民事诉讼的当事人、辩护人、代理人、证人、鉴定人以及被告人、法警等都从学生中产生，由学生自己扮演。在民事模拟审判和行政模拟审判中，合议庭成员、书记员、原告及其诉讼代理人、被告及其诉讼代理人、证人、鉴定人、法警等诉讼角色，也都由学生自己扮演。这就是说，在模拟审判中，无论是刑事模拟审判，还是民事和行政模拟审判，诉讼角色都是虚拟的，在法庭上担任各种角色的学生，并不是真实的诉讼主体，他们只是扮演着案件中的不同角色。

3. 庭审过程的表演性

模拟审判中诉讼角色的扮演性决定了模拟审判庭审过程的表演性。由于模拟审判的所有诉讼角色是由学生扮演的，因此，从一开始，模拟审判就带有表演的性质。担任各种诉讼角色的学生就像是演员，由他们进行模拟审判的演出活动，指导老师就像导演，通过对学生演出活动的指导，以保证演出活动的顺利进行和圆满成功。在模拟审判的庭审过程中，担任各种诉讼角色的学生，就是演出自己所担任的角色的演员，由他们共同完成整个模拟审判的演出任务。所有旁听的学生和其他人员都是观众，由他们观看整个演出活动，然后对演员表演技巧的好坏进行评价。

4. 法庭场景的模仿性

模拟审判的场景全面模仿人民法院审理案件的法庭，其室内各种布置都与人民法院正规的法庭一样。不仅如此，有些模拟审判的设备，比人民法院法庭的设备还要先进、齐全。

在模拟审判中，无论是合议庭背后墙上的国徽、审判区内的审判台，还是双方当事人的席位、刑事被告的栅栏以及旁听席位，都与真正的法庭没有区别。人们走进模拟审判实验室就像走进了真正的法庭一样，能够充分感受到法庭的庄严。法庭场景的模仿性是模拟审判必须具备的特点，如果不能全面模仿真实的法庭，模拟审判也就会显得不伦不类，达不到模拟审判教学的目的。

第二节　模拟审判在法学教育中的地位和作用

一、模拟审判在法学教学中的地位

在法学教学中，模拟审判究竟应当处于一种什么地位？或者说在法学课程教学体系中，模拟审判应该处于一种什么地位？我们认为，在法学教学中，模拟审判应该具有十分重要的地位。

（1）模拟审判教学是案例教学的具体方法之一，是法学教育多元化模式中的一环。采用案例教学可以让学生从分析真实个案入手，从中发掘和了解法律的基本理念，巩固学生所学得的法学知识和理论，启发学生将所学的法学理论知识运用于司法实践，扩大学生的知识面，做到法学理论同司法实践的有机紧密结合。

在当今世界上，就法律制度和法学教学而言，具有重大影响的是大陆法系和英美法系。大陆法系是成文法。在法学教学上，大陆法系以注释主义教学为主要特色，强调法学教学的理论性、体系性。英美法系是判例法。在法学教学上强调对实际具体问题的解决。中国由于历史原因，深受大陆法系法学教学方法的影响，重理论轻实践。近年来这种教学方法的弊端日渐被人们认识而受到质疑和批评。模拟审判教学因其注重理论与实践的结合，而有助于克服我们传统的法学教学方法的弊端。

（2）模拟审判教学注重学生综合能力的培养，即教学目标具有综合性。学生的综合能力主要包括以下几方面内容：①发现问题、分析问题和解决问题能力。②口头和书面表达能力。③团队活动的组织协调能力。④应对突发事件和剖析解决疑难复杂问题的能力。⑤理论结合实践的知识运用能力。⑥自学能力。⑦自我管理和约束能力。⑧创新能力。模拟审判教学注重学生综合能力的培养，并将这种综合能力的培养贯穿于模拟审判活动的整个过程，从而真正做到变应试教育为素质教育，将学生培养成为应用研究型的复合人才。

（3）模拟审判教学过程以学生为中心，以逼迫的方式增强学生的自学能力。与传统的课堂教学方法不同，在模拟审判活动实践过程中，要求学生全方位地参与，强调学生的自学，以学生为中心进行教学。模拟审判活动的展开要求学生能够运用多门法学知识，能够运用实体法和程序法，甚至要求学生能够运用课堂教学尚未涉及的领域的知识和各种课外知识。对于这些知识教师将给以指导和讲解，但主要依靠学生自学。学生以小组或个人为单位，对所要完成的任务和从事的活动收集资料，进行研究、讨论、分析。教师用启发式的方式进行指导和帮助，即对于学生所提各种问题，教师并不急于给出现成答案，而是不断提出启发性的问题，迫使学生开动脑筋，运用自己的才智，从多种角度进行思考，从而改变传统教学模式中教师唱独角戏，学生被动听课的局面。通过这些方法激发学生的学习积极性，帮助学生形成自学习惯，提高学生自学能力，并通过自学拓宽学生视野，促进学生思维，形成积极向上的良好学习氛围。

但是，在各个高校的法学教学中，对模拟审判的应有地位，并没有得到一致的认识。有些高校由于条件所限，对模拟审判重视不够，甚至没有专门的模拟审判教室；有些高校虽然重视，但重视程度不够，没有将模拟审判作为一门独立的课程予以开设。我们认为，模拟审判确实是一个重要的实践性教学环节，但仅仅将其确定为实践性教学环节，是与模拟审判的地位不相称的，模拟审判应该成为高校法学专业一门独立的课程。只有这样，才能充分体现模拟审判的应有地位。

1. 模拟审判是法学教学不可缺少的实践性课程

法学教学必须理论与实践相结合，理论必须联系实际。开设实践性课程，是法学教学改革的一个重要方面。在法学实践性课程体系中，模拟审判无疑具有举足轻重的地位。可以认为，模拟审判是能够将理论与实践紧密结合的一种很好的教学方式。要提高学生的实际操作能力以及将理论运用于实践的能力，将模拟审判开设为一门独立课程是十分必要的。

2. 模拟审判成为一门独立课程才能得到应有的重视

模拟审判之所以得不到应有的重视，这与模拟审判没有被列为独立课程有直接的关系。由于没有被列为独立课程，而只是被作为实践性环节之一，其重要性就没有得到充分体现。而实践性教学除了模拟审判以外，还有见习、法律咨询、社会调查、专题辩论、疑案辩论和实习等多种途径。如果不将模拟审判列为独立课程，就很难得到应有的重视。只有将模拟审判列为独立课程，学校才会重视，学生和教师也才会高度重视。这不仅有利于这门课程的硬件建设，如模拟审判教室的建设、模拟审判设备的配置等，而且有利于这门课程的软件建设，如师资力量的培养、教学大纲和教材的建设等。

3. 作为一门独立课程的模拟审判应当成为法学专业学生的必修课

法学专业课程分为必修课和选修课两大类，必修课是每一个学生都必须修学分的课程；选修课是由学生根据爱好自己选择修学分的课程。我们认为，模拟审判作为一门独立课程，应该成为必修课，让每一个法学学生都必须修这一门课的学分。该门课程可以设置3个学分，48个课时。成为必修课的模拟审判，势必引起学生的高度重视，通过课程的学习，培养学生的实际操作能力。

二、模拟审判在法学教学中的作用

在法学教学中，模拟审判是一门实践性特别强的课程，它在整个教学体系中所起的作用是不言而喻的。而且，这种作用的体现是多方面的，具体表现在下列几个方面：

1. 模拟审判可以实现理论教学与实践教学的有机结合

法学专业的教学，传统的教学方法和教学模式是以教师讲和学生听为主，由教师在课堂上讲授书本知识，由学生在课堂上听教师讲授，做课堂笔记。这种模式基本上是由教师直接向学生灌输某一法律领域的基本原理、基本知识，由学生死记硬背，然后采取考试的方式检测学生的学习情况。在这种模式中，教师处于主动地位，学生处于被动地位，不利于发挥学生的主观能动性，不利于将所学的知识正确运用到实践活动之中。而模拟审判，不仅需要学生具有与模拟审判案件有关的实体法和程序法的基本知识，而且要具有实际操作能力以及驾驭法庭审判的能力。无论是在模拟审判中担任什么角色，都必须将理论与实践有机地结合起来，否则就无法完成模拟审判中自己所担任角色的任务。任何一个在模拟审判中担任角色的学生，都希望自己在模拟审判上的表现得到老师和同学们的认可和高度评价，这就会促使他们运用所学的实体法知识认真分析案情，并严格按照程序法的规定做好开庭的充分准备，以便在模拟审判上突出地表现自己最优秀的一面。对于没有担任角色的学生而言，他们同样必须参加模拟审判活动，通过参加案情讨论、旁听总结等将自己所学的理论知识与模拟审判实践结合起来。可以认为，模拟审判是将法学理论教学与实践教学有机结合起来的最好方法之一。

2. 模拟审判可以锻炼学生的组织协调能力、收集资料能力以及分析问题和解决问题的能力

模拟审判是对学生能力的一种全方位的锻炼。首先，锻炼的是他们的组织协调能力。一般来说，模拟审判因选取的案件不同，诉讼角色的多少也就不同，并不是每一个同学都能在模拟审判中担任诉讼角色的。而且，模拟审判的组织实施，需要进行大量的组织工作，只有组织得当，才能进行成功的演出。这就必然要考

验学生的组织协调能力，特别是该班干部的组织协调能力。其次，模拟审判可以锻炼学生收集资料的能力。为了锻炼学生，模拟审判实施过程中，案例的选取，资料的收集整理，都应当由学生自己完成。这就可以锻炼他们通过各种途径收集、整理资料的能力。最后，模拟审判可以全面锻炼学生分析问题和解决问题的能力。因为无论模拟审判审理的是真实的还是虚拟的案件，参与表演的学生都必须运用相关的实体法知识分析案情，运用相关的程序法知识运作模拟审判。这不仅能使学生分析问题的能力得到提高，而且在分析问题后，模拟审判还必须对案件作出判决使案件得到解决，这同时锻炼了他们解决问题的能力。

3. 模拟审判可以培养学生的法律职业素质

随着我国法治化进程的加快，社会对法律人才的素质提出了更高更新的要求，法学教育的目标也开始由知识型教育向素质型教育转变。法学素质教育涉及法律知识传授、应用能力培养和职业道德教育等各方面。因此，法学教育除了向学生传授基本法律知识之外，更重要的是要培养学生的公正理念、法治信仰和法律精神，培养学生的法律理性和法律人格，使他们成为一个真正的法律人。而法律职业素质的培养，单靠口头说教是难以完成的，它需要学生对法律实践的真实体验。在模拟审判教学中，学生通过自己担任模拟审判中的各种角色，亲身体验案件的审理过程，塑造自己的角色意识。通过不同角色的训练，可以培养学生的多向思维能力，使其深入了解不同职业的内涵，塑造自己的职业责任感和职业道德观念，进一步提高自己的职业素养。

4. 模拟审判可以促进教师的教学水平和教学能力的提高

模拟审判的教学，不仅对学生具有重要的意义，而且对教师教学水平和教学能力的提高具有不可低估的作用。模拟审判课程的讲授，不仅是讲授与模拟审判有关的基本知识，更重要的是要全面指导学生的模拟审判活动。这就要求教师具有较高的教学水平和较强的教学能力。因为模拟审判课程既有课堂讲授，又有实践指导。而且课堂讲授不仅要讲授模拟审判的基本知识和基本原理，更要讲授各类案件模拟审判的操作规程，这就要求教师具有比较丰富的实践经验。同时，实践指导要求教师能够全程指导模拟审判的全过程，这就要求教师熟悉各类案件的具体审理过程，能够完整地指导各类案件的模拟审判活动。显然，这也就给教师提出了新的要求，必然促使教师努力提高自己的教学水平和教学能力。

第三节 模拟审判的组织和实施

一、模拟审判场所的建设

要开设模拟审判课程，模拟审判场所的建设是必不可少的。模拟审判课程就是法学专业的实验课，模拟审判场所就是法学专业的实验室。在众多开设有法学专业的高校中，许多都有专门的模拟审判实验室，但有些高校受条件限制没有专门的模拟审判场所。没有专门的模拟审判实验室，模拟审判课程的开设就比较成问题。虽然也可以开展模拟审判活动，但由于场所不正规，显得不伦不类。因此，要真正提升模拟审判课程在法学教学体系中的地位，就必须建设好模拟审判实验室。

模拟法庭实验室的建设，应当有专门的实验场地，面积应该不小于 150—200 平方米，旁听席应能容纳 200—300 人。而且，实验室内的一切布置，必须完全比照人民法院正规的法庭进行。这样做的目的在于，模拟审判实验室既可以作为模拟审判课程的专用教室，可以让学生在这里进行模拟审判实验，又可以作为人民法院审理真实案件的正规法庭，因为在模拟审判课程教学中，有时需要邀请人民法院来模拟审判审理真实的案件，由学生现场观摩人民法院的审判活动。

二、模拟审判案例的选用

要开展模拟审判活动，必须选用适当的案例，这是模拟审判教学的一个重要环节。模拟审判的案件来源，可以到各级人民法院或者律师事务所调取已经审结的案例，也可以在网络上搜集相关案例，还可以根据模拟审判的需要编写适当的案例。用于模拟法庭审判的案例，不宜过于复杂，否则可能出现学生难以控制庭审的局面。一般而言，用于模拟审判的案例，应当明确、简单和典型，而且要有一定的争议性和可辩性。如果没有争议性，担任诉讼角色的学生和参加旁听的学生都不会有太大的兴趣，就会影响模拟审判的效果。案例的选用，应当尽量选择诉讼角色齐全，且诉讼参与人比较多的案件，这样就可以使更多的同学能够在模拟审判中扮演不同的诉讼角色，调动学生参与的积极性。对于已经选定的案件，如果诉讼角色不多，就可以对案件作适当修改，增加诉讼参与人，如增加鉴定人、证人等。

三、模拟审判角色的分配

由于受诉讼角色数量的限制，当一个班的学生在进行模拟审判的审判活动时，不可能每一个学生都有机会扮演其中的一个角色，这就需要对模拟审判的角色进行分配。根据模拟审判案件的不同，角色的分配也会有所不同。但是，不管是否担任其中的诉讼角色，都应当让每一个学生参与到模拟审判活动之中，那些不能出庭担任角色的学生，也应将他们分配到其中的一个小组，协助出庭的学生做好庭审准备。

在刑事案件模拟审判中，可以将学生分为模拟审判组、模拟控诉组、模拟辩护组和综合组。模拟审判组出庭的人员包括 3 名合议庭成员和 1 名书记员，其他人员协助出庭人员工作；模拟控诉组可以由 2 名公诉人出庭公诉，有被害人的案件还可以安排被害人及其法定代理人或者诉讼代理人出庭，附带民事诉讼案件可以有附带民事诉讼原告及其代理人出庭，其余人员协助出庭的模拟公诉人工作；模拟辩护组出庭的人员根据案件被告的数量来确定，可以有 1—3 个被告人，每一个被告人可以请 2 名辩护律师，附带民事诉讼案件还可以有附带民事诉讼被告人及其代理人出庭，未出庭的人员协助出庭人员工作；综合组出庭的人员包括法警、证人、鉴定人、翻译人员等，出庭人数根据案件具体需要而定，未出庭的其他人员协助出庭人员工作。

在民事案件和行政案件模拟审判中，可以将学生分为模拟审判组、模拟原告组、模拟被告组和综合组。模拟审判组出庭的人员包括 3 名合议庭成员和 1 名书记员，其他人员协助出庭人员工作；模拟原告组可以根据案件情况确定 1—2 名原告出庭，每一个原告可以聘请 2 名代理人出庭，其余人员协助出庭人员工作；模拟被告组可以根据案件情况确定被告 1—2 人出庭，每一个被告可以聘请 2 名代理人出庭，其余人员协助出庭人员工作；综合组出庭的人员包括法警、证人、鉴定人、翻译人员等，出庭人数根据案件具体需要而定，未出庭的其他人员协助出庭人员工作。

四、模拟审判庭审材料的准备、彩排和演出

对学生进行分组及分配诉讼角色的工作完成后，学生就应当根据自己担任的角色去准备材料，其他未担任角色的学生也应当根据自己所在组的需要，协助担

任角色的学生准备材料，共同完成模拟审判的开庭审判任务。

当诉讼角色分配定位后，担任诉讼角色的人员就要开始着手庭审材料的准备。在刑事案件中公诉人应当准备起诉书、公诉意见书，辩护人应当准备辩护词，被告人应当准备法庭上的发言，被害人应当准备法庭上的陈述内容，附带民事诉讼当事人应当分别准备起诉状和答辩词；在民事案件和行政案件中，原告应当准备起诉状，被告应当准备答辩状，双方代理人应当准备代理词；在各类案件中担任合议庭成员的学生应当准备庭审提纲；证人、鉴定人都应当分别准备好证人证言和鉴定结论；其他工作人员应当根据自己的分工范围做好自己在模拟审判开庭审判中应当做的工作。

在正式演出前，学生应当进行模拟审判的彩排工作，在彩排时应当邀请指导老师现场指导。彩排的地点可以在正规的模拟法庭进行，也可以在教室进行，但应当按照模拟法庭的要求布置彩排场面。彩排的目的就是对模拟审判的正式开庭进行预演，以便发现问题，使将来模拟审判的正式演出更加完美无缺。

彩排可以多次进行，直到指导老师和全班同学都比较满意为止。经过彩排，如果认为可以正式演出了，就可以开始准备正式演出了。正式演出应当在正规的模拟法庭进行。开庭前应当发布开庭公告，法庭审理的程序要根据案件的不同完全按照刑事诉讼法、民事诉讼法和行政诉讼法的相关规定进行。也就是说，正式演出时，模拟法庭的审判就要像是人民法院在审理真实案件一样，要让在座的每一个人都感觉到这不是模拟法庭，而仿佛是人民法院的真实法庭。正式演出的过程，可以派一些学生拍照或者录像，以留作纪念，并作为资料保存。

五、点评与总结

模拟审判庭审活动结束后，指导教师应当就本次模拟审判庭审过程和庭审表现进行全方位点评。点评应当围绕着案件事实是否调查清楚、证据是否确实充分、庭审程序是否完整合法、法庭辩论是否有理有据、运用法律是否得当、语言表达是否清晰、出庭技巧是否把握恰当以及存在什么问题等方面进行。点评时，既要肯定模拟审判过程好的一面，对表现优秀的出庭人员予以表彰，又应找出其中的不足之处，具体指出在哪些方面存在欠缺，存在哪些欠缺，以及应当如何改进。

指导老师在对模拟审判进行点评后，还应当组织学生对整个模拟审判活动进行总结，写出总结报告。每一个学生都要就模拟审判活动进行总结，写出自己的感想。这种感想可以就整个模拟审判活动进行全面总结，也可以就模拟审判中的某一个环节发表意见，可以就自己担任角色的情况发表感想，也可以就其他担任角色的人员的表现发表评论。通过总结，可以发扬优点，改进不足，为自己将来走向工作单位后能够以最快的速度胜任本职工作打下基础。

第二章　诉讼参与人

第一节　审判组织及权利与义务

一、审判组织的概念及分类

审判组织是指人民法院审理案件的内部组织形式。根据审理案件的性质可分为刑事审判组织、民事审判组织和行政审判组织。人民法院审理案件的组织形式通常有两种：独任制、合议制。人民法院的审判委员会也具有审判组织的性质。

（一）刑事审判组织

1. 刑事审判组织概念

刑事审判组织是指人民法院审理具体刑事案件的法庭组织形式。根据刑事诉讼法和人民法院组织法的规定，人民法院审判刑事案件的组织形式有两种，即独任制、合议制。审判委员会对重大的或者疑难的案件的处理有最后的决定权，从这一意义上讲，审判委员会也具有审判组织的性质。

2. 刑事审判组织的种类

（1）独任制

独任制，是指由审判员 1 人独任审判的制度。

根据《中华人民共和国刑事诉讼法》（以下简称《刑事诉讼法》）第一百四十七条第一款的规定，独任制仅限于基层人民法院适用简易程序审判的案件。因为这类案件案情比较简单，情节比较轻微，由审判员 1 人进行审判，既可以保证办案质量，又可以节省司法资源，便于法院集中力量处理比较重大、复杂的案件。

审判员依法独任审判时，行使与合议庭的审判长同样的职权。适用独任审判，须按照刑事诉讼法规定的简易程序进行，依法应当公开审理的案件，都应当公开审理，并要认真执行回避、辩护、上诉等各项审判制度，切实保障当事人和其他诉讼参与人的诉讼权利。

（2）合议制

合议制是一种集体审判的制度，即案件的审判，由审判人员数人组成合议庭进行。

合议制是人民法院审判案件的基本组织形式。除基层人民法院适用简易程序审判案件可以采用独任制外，人民法院审判刑事案件均须采取合议庭的组织形式。实行合议制有利于发挥集体的智慧，集思广益，防止主观片面、个人专断和徇私舞弊。

（3）审判委员会

审判委员会是人民法院内部设立的对审判工作实行集体领导的组织。

根据《中华人民共和国人民法院组织法》的规定，各级人民法院均设立审判委员会。审判委员会由院长、庭长和资深审判员组成，参加审判委员会的成员称审判委员会委员。各级人民法院的审判委员会委员，由院长提请本级人民代表大会常务委员会任免。审判委员会的任务是总结审判经验，讨论重大、复杂或者疑难的案件，讨论其他有关审判工作的问题。

审判委员会会议由院长主持。在审判实践中，院长不能主持时可以委托副院长主持。审判委员会讨论案件和其他问题，实行民主集中制，各委员权利平等。审判委员会表决案件，应当在合议庭审理的基础之上进行，并应充分听取合议庭成员关于审理和评议情况的说明，慎重地考虑合议庭的评议结论。审判委员会对案件的决定，合议庭应当执行。如果有不同意见，可以建议院长提交审判委员会复议。复议后作出的决定，合议庭必须执行。

3. 合议庭的组成

合议庭是我国审判组织的常见形式。合议庭的组成，应遵守以下原则：

（1）合议庭的成员人数应当是单数。该原则有利于合议庭在评议意见分歧时作出决定。

（2）合议庭的组成人员，只能由经过合法任命的本院的审判员和在本院执行职务的人民陪审员充任。

（3）合议庭由院长或者庭长指定审判员 1 人担任审判长；院长或者庭长参加审判案件的时候，自己担任审判长。在审判员不能参加合议庭的情况下，助理审判员由本院院长提出，经审判委员会通过，可以临时代行审判员职务，并可以担任审判长。应当注意，人民陪审员参加合议庭审判案件时，不能担任审判长。

由于各级人民法院管辖的第一审刑事案件的情况不同，第一审和第二审的任务亦不同，法律对合议庭的组成有不同的规定。根据《刑事诉讼法》第一百四十七条、第二百零二条的规定，合议庭的组成情况如下：

（1）基层人民法院和中级人民法院审判第一审案件，应当由审判员3人或审判员和人民陪审员共3人组成合议庭进行。

（2）高级人民法院、最高人民法院审判第一审案件，应当由审判员3人至7人或者由审判员和人民陪审员共3人至7人组成合议庭进行。

（3）中级以上人民法院审判上诉、抗诉案件，由审判员3人至5人组成合议庭进行。

（4）高级人民法院和最高人民法院复核死刑案件、高级人民法院复核死刑缓期执行的案件，应当由审判员3人组成合议庭进行。

4. 合议庭的活动原则

（1）少数服从多数原则。

（2）开庭审理并且评议后作出判决原则。

（二）民事审判组织的概念和种类

民事审判组织是人民法院行使审判权，对民事案件、经济纠纷案件进行审理和裁判的组织形式。根据案件性质、审判程序和审级的不同而异。根据《中华人民共和国民事诉讼法》（以下简称《民事诉讼法》）第四十条、第四十一条的规定，人民法院审判民事案件、经济纠纷案件的组织形式有两种：

1. 合议制

合议制是由审判员和陪审员共同组成合议庭或者由审判员组成合议庭对具体案件进行审判的制度。

案件的审级不同，合议庭的组成也不同：

（1）第一审合议庭的组成。有两种情况，一种是由审判员、陪审员共同组成合议庭。陪审员是直接从群众中选举产生，或者由人民法院临时邀请参与案件的审理，行使审判权的非专职审判人员。陪审员在执行陪审职务时，与审判员有同等的权利义务。另一种是全部由审判员组成的合议庭。

（2）第二审合议庭的组成。人民法院审判第二审民事案件，合议庭必须全部由审判员组成。这是第二审民事案件的审判组织与第一审民事案件审判组织的重要区别之一。这一特点是由第二审的任务和性质决定的。无论是第一审还是第二审，合议庭的成员必须是单数。

（3）重审或再审案件合议庭的组成。发回重审的案件，原审人民法院应当按照第一审程序另行组成合议庭。再审案件合议庭的组成，应当按原审案件原来的审级确定，即原来是第一审的，按照第一审程序另行组成合议庭；原来是第二审的或者是上级人民法院提审的，按照第二审程序另行组成合议庭。

不论再审案件原来是由独任审判员审理或由合议庭审理，再审时都必须适用合议庭形式进行审理。上级人民法院提审的再审案件，无论原来是第一审还是第二审，均应按照第二审程序组成合议庭进行审理。合议庭必须由一人担任审判长，主持合议庭的审判活动。审判长由院长或庭长指定审判员一人担任；院长或庭长参加合议庭的，由院长或庭长担任审判长。合议庭是集体审判组织，合议庭评议案件，实行少数服从多数的原则。评议应当制作笔录，评议中的不同意见，必须如实记入笔录。评议笔录对外保密，不得向诉讼参与人泄露。

2. 独任制

由一名审判员负责对案件进行审判的制度。适用简易程序审理的民事案件，适用特别程序的选民资格案件或者重大、疑难案件以外的其他案件，由审判员一人独任审理。即独任制只适用于基层人民法院依第一审程序审理的简单民事案件或按特别程序审理的一般非诉讼案件。

（三）行政审判组织的概念和种类

行政审判组织是人民法院行使审判权，对行政诉讼案件进行审理和裁判的组织形式。根据我国行政诉讼法的规定，人民法院审判行政案件的组织形式只有合议制一种。

行政诉讼中合议庭的组成与民事诉讼合议庭的组成基本相同。

二、合议庭的组成

合议庭由审判长、审判员、助理审判员、陪审员、书记员组成。他们是如何产生的呢?

（一）审判长

审判长选任制：审判长一般由审判员担任。优秀的助理审判员被选为审判长的，应当依法提请任命为审判员。院长、副院长、审判委员会委员、庭长、副庭长参加合议庭审理案件时，依照法律规定担任审判长。为了充分发挥合议庭的作用，最高人民法院于 2000 年 7 月 11 日发布《人民法院审判长选任办法（试行）》，从而建立起了审判长选任制。其内容包括：

1. 选任工作原则。包括：（1）依法实施；（2）德才兼备；（3）公开、平等、竞争、择优；（4）动态管理，优胜劣汰；（5）坚持民主集中制。

2. 审判长的配备。各级人民法院审判长的配备数额，应当根据审判工作的需要，参考本院合议庭的数量确定。最高人民法院审判长的配备数额，由最高人民法院确定。地方人民法院审判长的配备数额，由高级人民法院确定。

3. 审判长的条件。担任审判长，应当具备以下条件：（1）遵守宪法和法律，严守审判纪律，秉公执法，清正廉洁，有良好的职业道德。（2）身体健康，能够胜任审判工作。（3）最高人民法院、高级人民法院的审判长应当具有高等院校法律本科以上学历；中级人民法院的审判长一般应当具有高等院校法律本科以上学历；基层人民法院的审判长应当具有高等院校法律专科以上学历。（4）最高人民法院和高级人民法院的审判长必须担任法官职务从事审判工作5年以上；中级人民法院的审判长必须担任法官职务从事审判工作4年以上；基层人民法院的审判长必须担任法官职务从事审判工作3年以上。（5）有比较丰富的审判实践经验，能够运用所掌握的法律专业知识解决审判工作中的实际问题；能够熟练主持庭审活动；并有较强的语言表达能力和文字表达能力，能够规范、熟练制作诉讼文书。

经济、文化欠发达地区的人民法院，经本院审判委员会研究决定并报上一级人民法院批准，可以适当放宽审判长的学历条件和从事审判工作年限。

4. 选任程序。选任审判长，遵循以下程序：（1）公布待任审判长名额及要求；（2）由符合条件的法官提出书面申请或由庭长、主管院长从符合条件的法官中推荐人选；（3）根据选任条件对自荐和推荐人员进行资格初审，确定预选人员名单，并予以公示；（4）对预选人员进行审判业务考试、考核；（5）审判委员会综合考虑选任条件和考试、考核结果，确定任用名单并由院长公布。

5. 审判长的职责是：（1）担任案件承办人，或指定合议庭其他成员担任案件承办人；（2）组织合议庭成员和有关人员做好庭审准备及相关工作；（3）主持庭审活动；（4）主持合议庭对案件进行评议，作出裁判；（5）对重大疑难案件和合议庭意见有重大分歧的案件，依照规定程序报请院长提交审判委员会讨论决定；（6）依照规定权限审核、签发诉讼文书；（7）依法完成其他审判工作。

6. 免职与惩戒。审判长在任职期间有下列情形之一的，应当免去审判长职务：（1）违法审判的；（2）受党纪、政纪处分的；（3）因身体状况难以继续担任审判长的；（4）本人提出辞职并被批准的；（5）调离审判工作岗位的；（6）依法被免除法官职务的；（7）其他不宜担任审判长的。免去审判长职务，由庭长报请院长提请审判委员会作出决定并由院长公布。

审判长不是什么职称，一个案子审结后，合议庭解散，审判长也就不是审判长了。

审判员指已经考取司法资格，在法院就职，经同级人大常委会任命为法官的人员。

审判员可以担任任何案件合议庭组成人员，也可以担任审判长。

助理审判员指已经取得司法资格，在法院就职，经法院院长任命为法官的人员。助理审判员属于法官，按法官序列评定级别。可以参加各种案件的合议庭，在合议庭与审判员权利地位平等。人大常委会任命审判员时从助理审判员中选任。

（二）陪审员

又称人民陪审员。陪审员不属于法院编制，不从法院领取工资，陪审员也不需要考取司法资格。我国从清朝末年就有了陪审员，清末民初的陪审员多是地方绅士。延安时期到“文化大革命”前，陪审员和人大代表相似，由公民选举产生。现在的陪审员是由群众组织推荐，法院认可，人大常委会任命的人员。

陪审员可以参加一审案件的合议庭，但不能担任审判长。不能参加二审、再审案件的合议庭。陪审员参加合议庭与审判员有同等的权利。

工会、妇联、残联、未成年人保护委员会、工商联、民主党派都有人在法院担任陪审员。医学会、药学会、金融会计学会等学术团体也有人在法院担任陪审员。法院根据案情需要，可以请各行业的陪审员参加合议庭。

陪审员的职责：

审阅所陪审案件的材料；

参加案件调查；

参加合议庭开庭审理案件或案件的调解；

参加案件评议。

人民陪审员遇有下列情形，有权向院长或审判委员会提出意见和建议：

审判活动违反法定程序的；

认为案件的事实认定或处理确有错误或者显失公正而在合议庭未能解决的；

审判人员未能依法履行职责的；

审判人员有其他违法违纪行为的。

陪审团是英美法系诉讼制度的组成部分，我国香港地区实行的是陪审团制度。

陪审团成员由香港公民抽签产生。律师、法官、医生、政府工作人员、新闻媒体工作人员、全日制大学生有豁免权，不参加抽签。陪审团不属于法院，更不属于政府，而属于民间组织。重大刑事案件，陪审团出庭参加。陪审团在法庭上没有发言权，也不得发问。陪审团成员事先不了解案情，在开庭前也不得过问案情。审判期间不得自由上街，不许看报纸，不许看电视，不许听广播，更不许接受任何人的指示。陪审团成员只能根据控辩双方的法庭辩论自主作出判断，投票表决决定被告人是否有罪。陪审团作出结论不需要任何理由。法官只能按照陪审团的决议作出判决。辩护律师和公诉人对陪审团成员有否决权，律师和公诉人否决的人必须退出陪审团，由候补陪审团成员替补。律师否决陪审团成员不需要任何理由。

陪审员是大陆法系的诉讼制度组成部分。我国大陆实行的是陪审员制度。

陪审员不是一个独立组织，而是附属于法院的，法院组成合议庭时可以由审判员组成，也可以由审判员加陪审员组成，是否邀请陪审员参加合议庭由法院决定。不一定每个案子法院都邀请陪审员参加。陪审员由各群众组织推荐也可以由公民自荐，由人大常委会任命。陪审员出庭履行职务没有独立的法律地位，合议庭中陪审员的权利义务等同于法官。陪审员发表意见必须以事实为依据，以法律为准绳。当事人和辩护律师有权要求陪审员回避，但必须有法定理由，是否回避由法院院长决定。

（三）书记员

根据中共中央组织部、国家人事部、最高人民法院联合颁布实施的《人民法院聘任制书记员管理办法（试行）》的规定，各级人民法院的书记员由本院院长任免，主要担任审判庭的记录工作、并办理有关审判的辅助性事项，如开庭的准备工作，保管证据、整理卷宗、处理文书工作，司法统计工作，接待来访、处理来信工作，协助审判人员进行调查以及对政策、法规的宣传工作等。

书记员履行以下职责：

1. 办理庭前准备过程中的事务性工作；
2. 检查开庭时诉讼参与人的出庭情况，宣布法庭纪律；
3. 担任案件审理过程中的记录工作；
4. 整理、装订、归档案卷材料；
5. 完成法官交办的其他事务性工作。

第二节　当事人

一、刑事诉讼中的当事人

刑事诉讼当事人是指与案件的最终结局有着直接利害关系，对刑事诉讼进程发挥着较大影响作用的诉讼参与人。刑事诉讼当事人是指被害人、自诉人、犯罪嫌疑人、被告人、附带民事诉讼的原告人和被告人。

（一）刑事诉讼当事人权利

1. 共有的诉讼权利主要有：（1）以本民族语言文字进行诉讼；（2）申请回避；（3）对于驳回申请回避的决定，有权申请复议一次；（4）对侦查、检察、审判人员侵犯其诉讼权利或人身侮辱的行为，有权提出控告；（5）有权参加法庭调查、质证和辩论、发表意见；（6）申请通知新的证人到庭，调取新的物证，申请重新鉴定或勘验；（7）对生效裁判提出申诉等。

2. 被害人

刑事诉讼中的被害人通常指公诉案件中的被害人。

（1）根据《刑事诉讼法》的规定，被害人除了享有一些为其他当事人所共有的诉讼权利外，还享有一些特有的诉讼权利：

①有权自案件移送审查起诉之日起，委托诉讼代理人；

②对于侵犯其人身、财产权利的犯罪事实或者犯罪嫌疑人，有权报案或者控告，要求有关机关立案；

③对于公安机关不立案的，有权获知原因，并可申请复议；对于公安机关应当立案侦查的案件而不立案侦查的，有权向人民检察院提出，由后者要求公安机关说明理由，并予以纠正；

④对于人民检察院所做的不起诉决定，有权向上一级人民检察院申诉，要求提起公诉，也可以不经申诉，直接向人民法院起诉；

⑤被害人有证据证明对被告人侵犯自己人身、财产权利的行为应当依法追究刑事责任，而公安机关或者人民检察院不予追究被告人刑事责任的案件，被害人有权向人民法院提起自诉；

⑥对地方各级人民法院第一审的判决不服的，有权请求人民检察院抗诉。

（2）被害人的诉讼义务：

①如实向公安司法机关陈述案件事实；

②接受公安司法机关传唤，按时出席法庭；

③遵守法庭秩序，在法庭上接受询问和回答问题。

3. 自诉人

自诉人是指在自诉案件中以个人名义直接向人民法院提起刑事诉讼，请求追究被告人刑事责任的人。自诉人承担控诉职能。

（1）自诉人的主要诉讼权利有：

①向人民法院直接提出自诉；

②随时委托诉讼代理人；

③同被告人自行和解或撤回自诉；

④接受调解（特定案件）；

⑤参加法庭调查和法庭辩论；

⑥申请回避；

⑦法院受理案件后，对于因客观原因无法取证的，申请法院调查取证；

⑧提出上诉；

⑨提起附带民事诉讼；

⑩对生效判决裁定提出申诉，请求重新审判等。

（2）自诉人的主要诉讼义务有：

①自诉人负有举证责任；

②捏造事实，伪造证据要承担诬告陷害的法律责任；

③自诉人应当亲自参加诉讼。《刑事诉讼法》第一百七十一条增加规定，自诉人经两次依法传唤，无正当理由拒不到庭的，或者未经法庭许可中途退庭的，按撤诉处理。

4. 犯罪嫌疑人、被告人

“犯罪嫌疑人”和“被告人”是对涉嫌犯罪而受到刑事追诉的人的两种称谓。公诉案件中，受刑事追诉的人在检察机关向人民法院提起公诉以前，称为“犯罪嫌疑人”；在检察机关正式向人民法院提起公诉以后，则称为“被告人”。

（1）犯罪嫌疑人和被告人的诉讼地位：

①犯罪嫌疑人、被告人是拥有一系列诉讼权利的诉讼主体，居于当事人的地位。

②犯罪嫌疑人、被告人与案件结局有着直接利害关系，他们居于被追诉者的地位。

③犯罪嫌疑人、被告人本身还可以成为重要的证据来源。

犯罪嫌疑人、被告人的诉讼权利按其性质和作用的不同，可分为防御性权利和救济性权利两种。防御性权利，是指犯罪嫌疑人、被告人为对抗追诉方的指控、抵消其控诉效果所享有的诉讼权利。救济性权利，是指犯罪嫌疑人、被告人对国家专门机关所作的对其不利的行为、决定或裁判，要求另一专门机关予以审查并作出改变或撤销的诉讼权利。

（2）犯罪嫌疑人、被告人所享有的防御性权利主要有：

①有权使用本民族语言文字进行诉讼；

②有权自行或在辩护人协助下获得辩护；有权在法定条件下获得法院为其指定的辩护人的法律帮助；有权拒绝辩护人继续为其辩护，也有权另行委托辩护人辩护；

③有权拒绝回答侦查人员提出的与本案无关的问题；

④在侦查机关第一次讯问或者采取强制措施之日起，有权聘请律师提供法律咨询、代理申诉和控告，代为申请取保候审等；

⑤有权在开庭前10日收到起诉书副本；

⑥有权参加法庭调查，就指控事实发表陈述，对证人、鉴定人发问，辨认、鉴别物证，听取未到庭的证人的证言笔录、鉴定人的鉴定结论、勘验检查笔录和其他证据文书，并就上述书面证据发表意见；有权申请通知新的证人到庭，调取新的物证，申请重新鉴定或者勘验；

⑦有权参加法庭辩论，对证据和案件情况发表意见并且可以互相辩论；

⑧有权向法庭作最后陈述；

⑨自诉案件的被告人有权对自诉人提出反诉，等等。

（3）犯罪嫌疑人、被告人所享有的救济性权利主要包括：

①有权申请回避，对驳回申请回避的决定，有权申请复议；

②对侵犯其诉讼权利和人身侮辱的行为，有权提出控告；

③对于人民法院、人民检察院和公安机关采取强制措施超过法定期限的，有权要求解除；

④对于人民检察院依照《刑事诉讼法》第一百四十二条第二款的规定作出的不起诉决定，有权向人民检察院申诉；

⑤犯罪嫌疑人、被告人被羁押的，有权申请取保候审；

⑥对各级人民法院已经发生法律效力的判决、裁定，有权向人民法院、人民检察院提出申诉，等等；

⑦对地方各级人民法院的第一审的判决、裁定，有权用书状或者口头向上一级人民法院上诉。

（4）犯罪嫌疑人、被告人享有的程序保障：

①在未经人民法院依法判决的情况下，不得被确定有罪；

②获得人民法院的公开审判；

③获得人民法院独立、公正的审判；

④在刑事诉讼过程中，不受审判人员、检察人员、侦查人员以刑讯逼供、威胁、引诱、欺骗及其他非法方法进行的讯问；

⑤不受侦查人员实施的非法逮捕、拘留、取保候审、监视居住等强制措施，不受侦查人员的非法搜查、扣押等侦查行为；

⑥在提出上诉时不得被加重刑罚，等等。

（5）犯罪嫌疑人、被告人的义务主要有：

①在符合法定条件的情况下承受逮捕、拘留、监视居住、拘传等强制措施；

②接受侦查人员的讯问、搜查、扣押等侦查行为；

③对侦查人员的讯问，应当如实回答；

④承受检察机关的起诉，依法按时出席并接受法庭审判；

⑤遵守法庭纪律，听从审判人员指挥；

⑥对于生效的裁定和判决，有义务执行或协助执行。

5. 附带民事诉讼当事人

附带民事诉讼当事人包括附带民事诉讼原告人和附带民事诉讼被告人。

（1）附带民事诉讼当事人的共同诉讼权利主要有：①申请回避；②参加附带民事诉讼部分的事实调查和辩论；③委托诉讼代理人；④对附带民事诉讼部分的裁判提出上诉等。

附带民事的原告人，有权提出赔偿请求和撤销请求，有权要求调解和达成和解。

（2）附带民事诉讼的当事人，都应当如实陈述案情，接受调查和审判，执行附带民事的裁判。

附带民事的原告人有义务对赔偿请求提供证据。

6. 单位当事人

（1）单位犯罪嫌疑人、被告人

《最高人民法院关于适用〈中华人民共和国刑事诉讼法〉的解释》（以下简称《解释》）第二百零八条规定："代表被告单位出庭的诉讼代表人，应当是单位的法定代表人或者主要负责人；法定代表人或者主要负责人被指控为单位犯罪直接负责的主管人员的，应当由单位的其他负责人作为被告单位的诉讼代表人出庭。"该解释还规定，在审判阶段，被告单位的诉讼代表人与被指控为单位犯罪直接负责的主管人员是同一人的，人民法院应当要求人民检察院另行确定被告单位的诉讼代表人出庭。接到出庭通知的被告单位的诉讼代表人应当出庭，拒不到庭的，人民法院可以将其拘传到庭。

单位犯罪嫌疑人、被告人的诉讼权利和诉讼义务，与自然人犯罪嫌疑人、被告人大致相同。《解释》作出了以下特殊规定：单位被告人有权委托辩护人，诉讼代表人有出庭的义务。人民法院决定开庭受理单位犯罪案件，应当通知被告单位的诉讼代表人出庭，接到出庭通知的被告单位的诉讼代表人应当出庭。拒不出庭的，人民法院在必要的时候，可以拘传到庭。专门机关有权对单位财产采取特殊的强制措施。《解释》第二百一十四条规定："人民法院为了保证判决的执行，根据案件具体情况，可以先行扣押、冻结被告单位的财产或者由被告单位提出担保。"

（2）单位被害人

被害人一般是自然人，但单位也可以成为被害人。单位被害人在刑事诉讼中的诉讼权利和诉讼义务，与自然人作为被害人时大体相同。

二、民事诉讼中的当事人

（一）概念及称谓

民事诉讼中的当事人概念及称谓，是指因民事权利义务发生争议，以自己的名义进行诉讼，要求法院行使民事裁判权的人。民事诉讼中的当事人，有狭义和广义之分。狭义上的当事人，仅指原告和被告。广义上的当事人，除原告和被告以外，还包括共同诉讼人、第三人。

民事诉讼中的当事人，包括形式上的当事人和实质上的当事人。形式上的当事人是纯粹诉讼上的概念，与实体法律关系没有联系。而实质上的当事人，也称为正当当事人，则是从实体法的角度观察的结果，通常作为诉讼标的的民事法律关系的主体就是正当当事人。引起诉讼程序开始的当事人，只能是形式上的当事人。没有形式上的当事人概念便无法确定管辖法院，因为管辖根据与当事人的确定有直接关系。地域管辖中的一般原则——“原告就被告”就是指这种意义上的当事人。

当事人的称谓，因诉讼程序和阶段的不同而有所不同。在第一审普通程序和简易程序中，起诉和被诉的主体被称为原告和被告。在第二审程序中，原一审中的当事人被称为上诉人和被上诉人。在审判监督程序中，如果适用第一审程序再审，原审的原告和被告仍被称为原告和被告；如果适用第二审程序再审，原审的上诉人和被上诉人仍被称为上诉人和被上诉人。在特别程序中，通常被称为申请人，但在选民资格案件程序中，则被称为起诉人。在督促程序和在企业法人破产还债程序中，被称为申请人和被申请人。在公示催告程序中，被称为申请人和利害关系人。在执行程序中，则被称为申请执行人和被执行人。当事人的不同称谓，一方面表明了他所处的诉讼程序和阶段不同；另一方面也表明了他因所处诉讼程序和阶段不同而具有不同的诉讼地位及诉讼权利义务。

（二）当事人适格

1. 当事人适格的含义

所谓当事人适格，是指对于特定的诉讼，可以自己的名义成为诉讼当事人的资格。具有这种资格的人，可以自己的名义作为原告或者作为被告进行诉讼，是本诉讼的正当或合格当事人；反之则为不适格当事人，其无权以自己名义起诉或者应诉。

2. 判断当事人是否适格采取的步骤

（1）判断当事人是否具备诉讼权利能力。诉讼权利能力不以特定的诉讼存在为前提，具有诉讼权利能力，不管有无诉讼，这种能力均在；而当事人适格则是以特定诉讼存在为前提，解决的是就某一具体案件谁应作为原告或者被告的问题。诉讼权利能力与当事人适格既相区别又相联系，在判断当事人是否适格时，当事人诉讼能力是一个前提性问题，当事人适格必须以有诉讼权利能力为前提，但有诉讼权利能力当事人不一定适格，无诉讼权利能力肯定为当事人不适格。

（2）根据当事人起诉时所诉的声明从形式上判断当事人是否具有诉讼实施权。以原告起诉时所主张的法律关系为判断依据。原告起诉时所主张的法律关系与实际存在的法律关系是两回事，切不可把当事人适格与真正的权利义务主体等同起来。当事人适格与胜诉无必然的联系，当事人不适格，肯定败诉，但当事人适格，未必胜诉。如：甲提起诉讼要求乙予以侵权损害赔偿，后法院认为侵权人为丙而不是乙，这种情况下虽然真正的权利义务主体为甲和丙，但由于甲主张乙为侵权人，在双方争议的法律关系中甲和乙分别为权利义务主体，因此均为适格的原告和被告，但由于甲对乙的诉讼请求无理由，应当判决驳回诉讼请求，而不是以当事人不适格裁定驳回起诉。而如果甲以丙侵权为由起诉要求乙赔偿，若乙和丙之间不存在任何关系，那么此种情况则为当事人不适格，应当以裁定驳回起诉。在特定情况下法院调查的结果也可以作为判断当事人是否适格的依据。如原告以清算组的名义提起诉讼，但在法庭审理中，法院发现原告并非真正的清算组，此时法院应以原告不适格为由驳回起诉。

（3）如上所述，一般来讲，当事人具有实体法上的处分权或管理权，具有诉讼实施权，为适格当事人；在确认之诉中，案件当事人具有确认利益，具有诉讼实施权，为适格当事人；在形成之诉中，一般情况下，诉讼实施权由法律规定，若法律没有规定，则具有形成权、对形成权有管理权的人及与形成权有利害关系的对方具有诉讼实施权，为适格当事人；在某些例外的情况下，非民事法律关系或民事权利的主体，具有法律明确规定或实体权利人明确授权，对他人的民事法律关系或民事权利享有纠纷管理权，具有诉讼实施权，为适格当事人。

（4）“其他组织”的当事人适格识别

我国《民事诉讼法》第四十九条第一款规定：“公民、法人和其他组织可以作为民事诉讼的当事人。”由于公民、法人的概念和法定权利义务较为明确，均具有独立的人格和财产，其以自己名义行使诉讼实施权较为便利，因此审判实践中对公民、法人的当事人适格识别相对较为简单，歧义不多。但是由于“其他组织”的范围较广，概念和法定权利义务也相对模糊，有的其他组织缺少独立的人格和财产，其独立承担权利义务的能力较弱，因此审判实践中对“其他组织”的当事人适格识别往往不尽统一。

根据最高人民法院《关于适用〈中华人民共和国民事诉讼法〉若干问题的意见》第四十条的规定：“其他组织指合法成立、有一定的组织机构和财产，但又不具备法人资格的组织，包括：

（1）依法登记领取营业执照的私营独资企业、合伙组织；

（2）依法登记领取营业执照的合伙联营企业；

（3）依法登记领取我国营业执照的中外合作经营企业、外资企业；

（4）经民政部门核准登记领取社会团体登记证的社会团体；

（5）法人依法设立并领取营业执照的分支机构；

（6）中国人民银行、各专业银行设在各地的分支机构；

（7）中国人民保险公司设在各地的分支机构；

（8）经核准登记领取营业执照的乡镇、街道、村办企业；

（9）符合本条规定条件的其他组织。”

根据以上规定，“其他组织”应当具有如下法律特征：

①不具有法人资格。这是“其他组织”的最本质特征，也是其与法人组织的本质区别所在。

②依法设立，具有合法性。在实体上，该组织的设立有法可依；在程序上，该组织的设立须经过核准或审批登记手续。其外在标志便是它所获得的《营业执照》或《社会团体登记证》等。根据最高人民法院《关于适用〈中华人民共和国民事诉讼法〉若干问题的意见》第四十一条的规定的精神理解，没有依法登记或核准审批的“其他组织”不是适格当事人，其诉讼主体应当由其设立主体担当。

③具有社团性。“组织”以人（自然人）为其构成要素，体现为自然人的有机组合，具有社团性质。

④具有一定的稳定性。成员相对稳定，其设立、变更、终止均经过法定手续，结构相对稳定并具有公示性。

⑤有自己的名称、组织机构和场所，拥有一定的财产和经费。名称经过核准登记，具有标识性、公示性。有一定的机构和工作场所开展活动。有开展活动的物质基础，拥有一定的财产。

⑥具有诉讼主体资格。对非法人团体赋予诉讼主体资格，现在基本成为各国法律通例。如德国《民事诉讼法》第五十条规定：“无权利能力的社团得为被告，在诉讼中的地位同于有权利能力社团。”日本《民事诉讼法》第四十六条规定：“非法人的社团或财团，没有代表人或管理人时，得以其名义起诉或应诉。”我国其他相关法律也有类似规定，如《行政诉讼法》第二条、《中华人民共和国仲裁法》第二条、《中华人民共和国国家赔偿法》第二条等均将“其他组织”作为与自然人和法人等同的诉讼主体，赋予其诉讼当事人资格。

（三）当事人的诉讼权利

民事诉讼当事人诉讼权利平等，以及对诉讼当事人在适用法律上一律平等，也包括在我国领域内进行民事诉讼的外国人、无国籍人、外国企业和组织。只有在外国法院对我国公民、法人和其他组织的民事诉讼权利加以限制的情况下，我国人民法院对该国公民、企业和组织的民事诉讼权利实行对等原则，即给予同样的限制。

根据《民事诉讼法》的有关规定，当事人享有以下诉讼权利，承担以下诉讼义务：

1. 诉讼权利

（1）有委托代理人参加诉讼的权利；

（2）有申请回避的权利；

（3）有收集、提供证据的权利；

（4）有查阅、复制本案有关材料和文书的权利；

（5）有使用本民族语言文字进行诉讼的权利；

（6）有向证人、鉴定人、勘验人发问、要求重新鉴定、勘验、补充调查的权利；

（7）有进行辩论的权利；

（8）有请求法庭支持调解、自行和解的权利；

（9）有查阅庭审笔录并申请补正的权利；

（10）原告有放弃、变更诉讼请求的权利，被告有对本诉予以承认或反驳提起反诉的权利；

（11）有提起上诉的权利；

（12）有申请执行发生法律效力的判决书、裁定书、调解书的权利；

（13）在裁判文书发生法律效力两年内有申请再审的权利。

2. 诉讼义务

（1）依法行使诉讼权利；

（2）听从法庭指挥，遵守诉讼秩序；

（3）提供证据；

（4）履行发生法律效力的判决书、裁定书和调解书；

（5）按规定交纳诉讼费用。

3. 举证责任

根据《民事诉讼法》第六十四条的规定，当事人对自己提出的主张，有责任提供证据。

（1）当事人应当围绕自己的主张提供证据，不提供证据的，其主张不予支持。

（2）提供书面证据，应按时间或种类依次排列编号，并用标准 A4 纸装订整齐。

（3）书证应当提交原件。物证应当提交原物。提交原件或原物确有困难的，可以提交复制品、照片、副本、节录本，提交外文书证，必须附有中文译本。

（4）当事人因客观原因无法自行调取的证据，可以请求人民法院调查收集，但应提出书面申请，说明理由，并提供证据线索。经人民法院调查，未能收集到的，仍由负有举证责任的当事人承担举证不能的后果。

（5）在有灭失或者以后难以取得的情况下，当事人可以向人民法院申请保全证据。

（6）提供证人或证人证言的，应当说明证人的基本情况及住址、联系电话。要求证人出庭做证的，应当在开庭前向人民法院提出，并预付证人出庭做证所需的交通费、食宿费、误工补偿等费用。证人无正当理由拒不出庭的，由提供该证人的当事人承担举证不能的后果。

（7）有证据证明持有证据的一方当事人无正当理由拒不提供，如果对方当事人主张该证据的内容不利于证据持有人，可以推定该主张成立。

（8）当事人举证要求是不得伪造、隐藏、毁灭证据，不得指使、贿买他人做伪证，否则应承担相应的法律责任。

4. 其他注意事项

人民法院是国家审判机关，依法秉公办案是法院的职责。为促进人民法院廉洁执法，保证案件的公正审判，特向诉讼当事人提出下列遵守的事项：

（1）不准以任何方式向法院干警行贿、送礼和请吃。

（2）不准为法院干警购置物品。

（3）不准自己或委托他人向法院干警说情。

（4）不准为法院承办人员和有关人员谋取不正当利益。

（5）不准贿买他人作虚假证明。

（6）不准诬告陷害法院干警。

当事人违反上述规定，视情节轻重，分别予以批评教育，或建议所在单位给予党纪、政纪处分，或依法予以训诫、责令具结悔过、没收行贿钱物，直至追究刑事责任。

诉讼当事人如发现法院干警以权谋私、受礼吃请、索贿受贿、枉法裁判、欺压群众等问题，要及时向法院纪检、监察部门或有关部门揭发控告。

上述事项，也适用于诉讼代理人。

三、行政诉讼当事人

（一）行政诉讼当事人

行政诉讼当事人是指因对具体行政行为发生争议，以自己的名义到人民法院起诉、应诉和参加诉讼，并受人民法院判决、裁定约束的公民、法人和其他组织以及行政机关。在法学上，当事人有广义与狭义之分。广义的当事人包括原告、被告、共同诉讼人、诉讼中的第三人；狭义的当事人则仅指原告和被告。

《中华人民共和国行政诉讼法》规定，当事人在行政诉讼中的法律地位平等。行政主体的双方当事人在行政法律关系中的地位是不平等的，是管理与被管理的关系。但他们在行政诉讼中的法律地位是平等的，都要接受人民法院的裁判。行政诉讼当事人在适用法律上一律平等，作为被告的行政机关不因自己在行政管理中所处的管理地位而在行政诉讼中享有特权。

行政诉讼当事人的法律地位平等，与民事诉讼当事人法律地位平等不完全相同，表现为行政诉讼的双方当事人的行政诉讼权利与义务不完全对等。主要有：

（1）作出具体行政行为的行政机关只能当被告，不能提起行政诉讼而充当原告；

（2）原告享有起诉权，被告没有反诉权；

（3）被告负有举证责任；

（4）在行政诉讼过程中，被告不得自行向原告和证人收集证据。

因此，双方当事人在行政诉讼中的法律地位平等不等于他们的行政诉讼权利义务对等。

1. 行政诉讼原告

行政诉讼原告是指对行政主体具体行政行为不服，依照《中华人民共和国行政诉讼法》的规定，以自己的名义向人民法院起诉的公民、法人和其他组织。所以说，行政诉讼原告大多是行政管理中的行政相对方。根据《中华人民共和国行政诉讼法》第二十四条、第七十条的规定，原告主要包括：

（1）公民。合法权益受到行政机关和行政机关工作人员具体行政行为侵犯的公民，有权依照行政诉讼的规定，向人民法院提起行政诉讼。当然，这里所称的公民是指具有中华人民共和国国籍的公民。

（2）法人。法人是具有民事权利能力和民事行为能力，依法独立享有民事权利和承担民事义务的组织。根据《中华人民共和国民法通则》（以下简称《民法通则》）第三十七条规定，法人应具备下列四个条件：①依法成立；②有必要的财产和经费；③有自己的名称、组织机构和场所；④能独立承担民事责任。法人作为原告提起行政诉讼时，由其法定代表人出庭应诉。

（3）其他组织。除具有法人资格的社会组织外，在我国，还有一大批不具备法人资格，没有取得法人资格的社会组合体。例如以其家庭全部财产承担民事责任的个体工商户、农民承包经营户、起字号的合伙组织，或者尚处于筹建阶段的企业、单位等。它们的合法权益受到具体行政行为侵犯而向法院提起诉讼时，由该组织的主要负责人作法定代表人，没有主要负责人时，可由实际上的负责人作法定代表人。

（4）在中国境内提起行政诉讼的外国人、无国籍人、外国组织。外国人、无国籍人和外国组织在我国境内进行活动，必须遵守我国宪法和法律，接受中国行政机关管理，因而在行政管理活动的某些方面，都有可能同我国的行政机关发生行政争议。在《中华人民共和国外国人入境出境管理法》《中华人民共和国外商投资企业和外国企业所得税法》等法律法规中，都有类似规定。《中华人民共和国行政诉讼法》第七十一条规定："外国人、无国籍人、外国组织在中华人民共和国进行行政诉讼，同中华人民共和国公民、组织有同等的诉讼权利和义务。"

此外，在特殊情况下，不是行政行为的相对方也具有原告的资格。主要有两种情况：一是具有起诉资格的公民死亡；二是具有起诉资格的法人和组织终止，为新的法人和组织所代替。为了更好地保护上述两类情况中行政相对人的合法权益，《中华人民共和国行政诉讼法》第二十四条第二款、第三款规定："有权提起诉讼的公民死亡，其近亲属可以提起诉讼。""有权提起诉讼的法人和其他组织终止，承受其权利的法人或其他组织可以提起行政诉讼。"根据《最高人民法院关于适用〈中华人民共和国行政诉讼法〉若干问题的解释》（以下简称《解释》）的规定，"近亲属"主要包括配偶、父母、子女、兄弟姐妹、祖父母、外祖父母，孙子女、外孙子女和其他具有扶养、赡养关系的亲属。

2. 行政诉讼被告

行政诉讼的被告是指被原告起诉指控侵犯其行政法上的合法权益和与之发生行政争议，而由人民法院通知应诉的行政主体。必须明确，行政诉讼的被告不是行政机关的工作人员，而是行政机关本身。在行政诉讼中，行政主体始终作为被告，这是行政诉讼的一大特点。根据《中华人民共和国行政诉讼法》和《解释》的规定，行政主体作被告的情况主要有以下几种：

（1）作出具体行政行为的行政机关作被告。

作出具体行政行为的行政主体作被告主要有以下几类：①“公民、法人或者其他组织向人民法院提起诉讼的，作出具体行政行为的行政机关是被告”；“两个以上行政机关作出同一具体行政行为的，共同作出具体行政行为的行政机关是共同被告”；②“经复议的案件，复议机关决定维持原具体行政行为的，作出原具体行政行为的行政机关是被告”；“复议机关在法定期间内不作复议决定，当事人对原具体行政行为不服向人民法院起诉的，应当以作出原具体行政行为的行政机关为被告”。值得注意的是，公民、法人或其他组织对行政机关与非行政机关共同署名作出的处理决定不服，向人民法院提起诉讼的，应当以作出决定的行政机关为被告，非行政机关不能作被告。

（2）改变原具体行政行为的复议机关作被告。

公民、法人或其他组织在起诉前，先按有关法律、法规的规定进行复议或选择了先行复议，而复议机关改变原具体行政行为的，即视为复议机关作出了新的具体行政行为，所以，原告提起行政诉讼时，就必须以该复议机关为被告。

什么情形属于复议机关“改变”了原具体行政行为呢？一般说来，①复议机关改变了原具体行政行为所认定的事实；②复议机关改变了原具体行政行为所适用的法律、法规或者规定；③复议机关改变了原具体行政行为的处理结果，即撤销、部分撤销或变更原具体行政行为。在这三类情况之下，即视为复议机关改变了原具体行政行为，而作出了一个新的处理决定。

此外，复议机关如在法定期间内不作复议决定的，当事人是对复议机关这种不作为的行为不服提起诉讼的，应当以复议机关为被告。

（3）由法律、法规授权的组织所作的具体行为，该组织是被告。

有的组织原来不具有行政管理职权，但法律、法规授予了它在某一行政事务方面的管理权，公民、法人或其他组织如认为该组织所作的具体行政行为侵犯了其合法权益，应以该组织为被告提起诉讼。例如，《中华人民共和国食品卫生法》（以下简称《食品卫生法》）规定：县级以上卫生防疫站和食品卫生监督检查所为食品卫生监督机构，有权对违反《食品卫生法》情节严重的个人或组织，给予行政处罚。该卫生防疫站和食品卫生监督检查所就是由法律、法规授权的这类组织。

（4）委托某一组织作出具体行政行为的，委托的行政机关是被告。

《中华人民共和国行政诉讼法》第二十五条规定：“由行政机关委托的组织所作的具体行为，委托的行政机关是被告。”例如：乡政府委托某村民委员会行使某项行政职权，该村委会按照委托的权限作出某一具体行政行为，行政相对人对此不服的，必须以该乡政府为被告提起诉讼。这就是行政法上的“权利可以委托、责任不能豁免”的原则的具体体现。值得注意的是，行政机关在没有法律、法规或者规章规定的情况下，授权其内设机构、派出机构或其他组织行使行政职权的，应当视为委托。当事人不服提起诉讼的，应当以该行政机关为被告。

（5）行政机关的内设机构、派出机构作出具体行政行为的，该行政机关是被告。

公民、法人或其他组织对行政机关的内设机构、派出机构作出的具体行政行为不服，向人民法院起诉的，应以该行政机关为被告。但是，有的法律、法规对行政机关的内设机构、派出机构有作出具体行政行为的授权，在此时，可以比照“法律、法规授权的组织”，直接以该内设机构或派出机构为被告。例如，《中华人民共和国治安管理处罚法》赋予公安派出所作出警告、50元以下罚款的权力。

（6）行政机关被撤销的，继续行使其职权的行政机关是被告。

在作出某一具体行政行为后，该行政机关被撤销的，法律规定，由继续行使其职权的行政机关作为被告；另外，还有就是行政机关被撤销后，没有继续行使其职权的行政机关，在这种情况下，应由决定撤销原行政机关的上级行政机关或上级行政机关指定的行政机关作为被告。

（二）当事人享有以下诉讼权利

1. 公民、法人或者其他组织认为行政机关和行政机关工作人员的具体行政行为侵犯其合法权益，有权依照《中华人民共和国行政诉讼法》的规定向人民法院提起诉讼。

2. 各民族公民都有用本民族语言、文字进行行政诉讼的权利。

3. 当事人在行政诉讼中有权进行辩论。

4. 当事人有权委托代理人代为诉讼。

5. 经人民法院许可，当事人和其他诉讼代理人可以查阅本案庭审材料，但涉及国家秘密和个人隐私的除外。

6. 当事人认为审判人员、书记员、翻译人员、鉴定人、勘验人与本案有利害关系或者有其他关系，可能影响公正审判的，有权申请有关人员回避。

7. 人民法院对行政案件宣告判决或者裁定前，原告有申请撤诉的权利。

8. 执行被诉具体行政行为会造成难以弥补的损失的，原告可以申请人民法院裁定停止执行。

9. 当事人对人民法院作出的有关决定不服，依照法律的规定，可以申请复议。

10. 当事人有提起上诉、提出申诉和申请强制执行的权利。

（三）当事人应履行以下诉讼义务

1. 依法行使诉讼权利的义务。

2. 遵守法庭秩序，服从审判人员指挥。

3. 依照法律规定的期限举证和如实陈述案件事实的义务。

4. 自觉履行发生法律效力的判决书、裁定书和行政赔偿调解书。

第三节　诉讼律师

一、辩护律师

（一）辩护人及法律地位

辩护人是指刑事案件犯罪嫌疑人、被告人及其近亲属，根据《刑事诉讼法》第三十二条第（一）项规定委托的持有律师执业证的律师辩护人。

辩护人在刑事诉讼中的法律地位是独立的诉讼参与人，是犯罪嫌疑人、被告人合法权益的专门维护者。辩护人与犯罪嫌疑人、被告人共同承担辩护职能，这一诉讼职能独立于控诉职能和审判职能。辩护人具有独立的诉讼参与人身份，依自己的意志依法进行辩护，独立履行职务，维护犯罪嫌疑人、被告人的合法权益，既不受公诉人意见左右，也不受犯罪嫌疑人、被告人意志左右；既不能成为“第二公诉人”，也不是犯罪嫌疑人、被告人的代言人。辩护人与出庭公诉的检察人员的诉讼地位应当是平等的。他们均服从法庭审判人员的指挥，依法履行各自的诉讼职能，任何机关、团体和个人不得非法干涉。辩护人承担辩护职能时，仅应以事实为根据，以法律为准绳，其法定职责就是忠实于案件事实真相，尊重客观证据、坚持真理，既不能主观想象、猜测，也不能歪曲事实，以有效地维护法律的严肃性。

（二）辩护律师在刑事诉讼中的作用

律师在刑事辩护中的作用并不是“花瓶”，也不是可有可无，而是举足轻重的。关键的问题是律师在刑事辩护中要狠狠抓住案件要害，以事实为根据，以法律为准绳，充分发挥律师的辩护职责，切实地维护当事人的合法权益。只有这样才能充分协调控辩审三方的诉讼功能，从而进一步推进法治化建设的进程。希望能唤起人们对我国刑事法律和刑事辩护规则的高度审视。立法上，我们寄希望于诉讼活动中能给予控、辩双方相对平等的权利和地位；刑事辩护规则上，我们寄希望于构建刑事诉讼中的控辩关系。一改通过限制辩护律师的诉讼权利来维护控方优势地位的现象，以便控、辩双方都能以逻辑而不是以偏见来参与诉讼。

（三）辩护律师的职责

辩护律师的职责如下：

律师担任刑事辩护人的，应当根据事实和法律，提出证明犯罪嫌疑人、被告人无罪、罪轻或者减轻、免除其刑事责任的材料和意见，维护犯罪嫌疑人、被告人的合法权益。

法庭辩论阶段，辩护意见应针对控诉方的指控，从事实是否清楚、证据是否确实充分、适用法律是否准确无误、诉讼程序是否合法等不同方面进行分析论证，并提出关于案件定罪量刑的意见和理由。

（四）辩护律师在刑事辩护中的权利

1. 为犯罪嫌疑人提供法律咨询，代理申诉、控告。

2. 为被逮捕的犯罪嫌疑人申请取保候审。

3. 委托事项违法、委托人利用律师提供的服务从事违法活动或者委托人故意隐瞒与案件有关的重要事实的，律师有权拒绝辩护。

4. 犯罪嫌疑人被侦查机关第一次讯问或者采取强制措施之日起，受委托的律师凭律师执业证书、律师事务所证明和委托书或者法律援助公函，有权会见犯罪嫌疑人、被告人并了解有关案件情况。

5. 律师会见犯罪嫌疑人、被告人，不被监听。

6. 受委托的律师自案件审查起诉之日起，有权查阅、摘抄和复制与案件有关的诉讼文书及案卷材料。

7. 受委托的律师自案件被人民法院受理之日起，有权查阅、摘抄和复制与案件有关的所有材料。

8. 受委托的律师根据案情的需要，可以申请人民检察院、人民法院收集、调取证据或者申请人民法院通知证人出庭做证。

9. 律师可以凭律师执业证书和律师事务所证明，自行向有关单位或者个人调查与承办法律事务有关的情况。

10. 律师担任辩护人的，其辩护的权利依法受到保障。

针对辩护人的权利需要说明的几点问题：

2012年3月14日全国人大通过新的《刑事诉讼法》，并已于2013年1月1日正式实施。此次通过的新《刑事诉讼法》对刑事辩护制度的相关规定与新的《中华人民共和国律师法》（以下简称《律师法》）进行有效的对接，基本上解决了法律适用冲突的问题。

（五）新刑诉中对律师辩护制度的改革

1. 辩护律师的介入权时间提前

1996年《刑事诉讼法》第三十三条规定："公诉案件自案件移送审查起诉之日起，犯罪嫌疑人有权委托辩护人。"此条规定将辩护制度排除在侦查程序之外。侦查阶段中，犯罪嫌疑人既无沉默权，也无律师帮助，在面对侦查机关不断讯问的极大压力以及极有可能出现的刑讯逼供的情况下作出对己不利的有罪供述。在最应赋予犯罪嫌疑人辩护权的阶段却剥夺了这一权利，错失人权保障的最佳时机。而新的《刑事诉讼法》中将此条修改为："犯罪嫌疑人在被侦查机关第一次讯问或者采取强制措施之日起，有权委托辩护人。"这一修改使得律师在侦查阶段以辩护人的身份参与诉讼，能从客观上对侦查活动形成有效的外部监督和制约，能促使侦查机关全面收集证据，防止主观片面，同时也能最大限度地减少非法关押、刑讯逼供、指供、诱供等违反法律程序的行为发生，促使案件达到实体公正和程序公正的理想状态。

2. 刑事法律援助制度得到强化

刑诉援助制度是为了保障在法律面前人人平等的原则而设立的，是现代法治国家实现司法公正和保护基本人权不可替代的重要手段。此次刑事诉讼法修正案切合这一理念，扩大了刑事法律援助的范围。其一，法律援助的适用阶段由审判提前至侦查、起诉阶段，这一修改使得辩护制度的时间整体提前；其二，法律援助适用对象得以扩大。刑事诉讼法修正案第六条规定：犯罪嫌疑人、被告人是盲、聋、哑人，或者是尚未完全丧失辨认或者控制自己行为能力的精神病人，没有委托辩护人的，人民法院、人民检察院和公安机关应当通知法律援助机构指派律师为其提供辩护。犯罪嫌疑人、被告人可能被判处无期徒刑、死刑，没有委托辩护人的，人民法院、人民检察院和公安机关应当通知法律援助机构指派律师为其提供辩护。以上两条规定扩充了刑事辩护制度的惠及对象，使得更多的犯罪嫌疑人、被告人享受到国家的司法资源，充分体现了保障人权的精神内涵，避免冤假错案的发生，推动了我国法治文明的进步。

3. 辩护制度的内容得到完善

（1）自主会见权

实务办案中，律师在侦查阶段会见在押的犯罪嫌疑人，受到诸多限制，很多地方的侦查机关要求律师会见须预先提出申请，报侦查机关审批，而侦查机关对于会见则会持消极态度，办案人员在实践中将“安排”实际上变为“批准”，律师和犯罪嫌疑人也无法正常地交谈。修改后的《刑事诉讼法》对会见时间和会见方式提供了保障。在时间上，修正案规定了辩护律师会见在押的犯罪嫌疑人、被告人时，看守所应当及时安排会见，至迟不得超过48小时。在方式上，此次刑事诉讼法修正案吸收了《律师法》中关于律师凭借三证即可会见在押犯罪嫌疑人、被告人的规定以及会见时不被监听的规定，并且取消了关于“涉及国家秘密”的案件中律师会见需要批准的规定，而是将“涉及国家秘密案件”明确规定了危害国家安全犯罪案件、恐怖活动案件、特别重大贿赂犯罪案件三类，避免了以往由于“涉及国家秘密案件”含义不明而出现的侵犯会见权的情况。

新《刑事诉讼法》中对律师的自主会见权的确定保证了律师以及犯罪嫌疑人双方会见的及时、畅通，使得犯罪嫌疑人能够充分、有效地行使辩护权，进而有利于司法公正的实现。保障犯罪嫌疑人、被告人与辩护律师的无障碍会见也是刑事辩护国际标准的要求和各国刑事诉讼制度的普遍做法。

（2）阅卷权

阅卷权是辩护律师的一项重要权利，只有辩护律师充分地行使阅卷权，才能对案情进行全面了解，并以此为基础进行辩护。1996年的《刑事诉讼法》规定辩护律师自人民检察院对案件审查起诉之日起，查阅、摘抄、复制的范围仅限于本案的诉讼文书、技术性鉴定材料，这些都是公诉机关提供的，而不是案件最原始的材料，这从很大程度上限制了辩护人对案件的全面了解和掌握。为了解决这一问题，新《刑事诉讼法》规定辩护律师能够查阅、摘抄、复制的范围增大到本案所有的案卷材料。阅卷范围的扩大能保障辩护律师更详细地分析、解读案情，并能够更好地行使辩护权，有效维护犯罪嫌疑人、被告人的诉讼权利。

（3）调查取证权

虽然新的《刑事诉讼法》对律师的调查取证权没有明确变化，但是系统地审视新《刑事诉讼法》，不难推导出律师的调查取证权亦提前到了侦查阶段。根据修改后第三十三条的规定，在侦查阶段，律师不再只是“提供法律帮助的人”，而是“辩护人”，那么作为辩护人，当然有权享有调查取证权。此外，修改后的《刑事诉讼法》第四十条规定：辩护人收集的有关犯罪嫌疑人不在犯罪现场、未达到刑事责任年龄、属于依法不负刑事责任的精神病人的证据，应当及时告知公安机关、人民检察院。这一条进一步说明了辩护人在侦查阶段就享有调查取证权。

（4）新《刑事诉讼法》中关于辩护制度出现的问题

新《刑事诉讼法》对辩护制度的有关规定作了重大改革，这些改革对于加强我国刑事诉讼的民主性、科学性，提高辩护质量，切实维护犯罪嫌疑人、被告人的合法权益，无疑将起着积极作用。但是我们也应看到，新《刑事诉讼法》对辩护权的某些规定还存在一定的缺陷，主要表现在以下几点：

关于辩护制度的法律用语具体含义不明确。

新《刑事诉讼法》中虽然对某些条款作了修改完善，但是仍然存在含义不明确所导致的实施困难的情况，需要制定相应的实施细则进一步明确。以下从几个地方来说明：

第一，阅卷权。新《刑事诉讼法》第三十八条规定了辩护律师的查阅、摘抄、复制案卷材料的权利，但是没有细化“案卷材料”的内涵和外延。这里所指的材料是否包括全部的案卷材料，是否不仅包括指控犯罪嫌疑人的证据材料，而且包括证明犯罪嫌疑人无罪、罪轻的证据材料。在侦查机关侦查措施与手段日益完备的形势下，几乎在所有刑事案件中绝大多数证据都被侦查机关搜集并固定起来。即使是那些对犯罪嫌疑人有利的证据也往往被侦查机关搜集和掌握。假如侦查机关将这些能够证明被告人无罪或者罪轻的证据不编入证据卷宗之中，又假如检察机关在移送起诉时将这些证据抽出而不移交至法院，那么辩护律师就根本无法查阅到这些证据，而这将对辩护律师的有效辩护产生很大的影响。因此，明确案卷材料的具体范围在司法实践中是很重要的，这极大地关系到律师辩护权的行使和被告人、犯罪嫌疑人的合法诉讼权利的保障。

第二，会见时不被监听权。为进一步保障辩护律师会见权，新《刑事诉讼法》第三十七条第四款规定：“辩护律师会见犯罪嫌疑人、被告人时不被监听。”这一规定也是联合国刑事司法准则的要求。联合国《关于律师作用的基本原则》第八条规定：“遭逮捕、拘留或监禁的所有的人应有充分机会、时间和便利条件，毫不迟延地在不被窃听、不经检查和完全保密的情况下接受律师来访和与律师联系协商。这种协商可在执法人员能看得见但听不见的范围内进行。”

但是，对于“不被监听”的解读，意见不尽一致。有论者认为“不被监听”仅指不得利用技术手段对辩护律师与犯罪嫌疑人、被告人的谈话进行监听。而有的学者认为“不被监听”既包括不得利用技术手段进行监听，也包括侦查人员不得在场。首先，新《刑事诉讼法》删除了原《刑事诉讼法》第九十六条“律师会见在押的犯罪嫌疑人，侦查机关根据案件情况和需要可以派员在场”的规定，换言之，取消了侦查机关派员在场的权力。其次，将“不被监听”仅限于不得通过技术手段监听谈话的解读不符合这一规定的立法精神。因为规定“不被监听”是为了保障辩护律师与犯罪嫌疑人、被告人会见的单独性和秘密性，有利于他们建立相互信任的关系，有利于排除外来因素对他们会见的干扰。如果对会见不允许监听却可以派员在场，那么“不被监听”又有何意义?

为了保证此项规定得到切实执行，相关司法解释除了要明确“不被监听”的含义外，还要明确规定违反“不被监听”规定的消极性后果，即以监听方式获得的证据材料应当根据非法证据排除规则依法予以排除。

二、民事诉讼中的代理律师

（一）诉讼代理人的概念和特征

在民事诉讼中，律师以当事人的名义，在一定权限范围内，为当事人的利益进行诉讼活动的人，称为诉讼代理人。被代理的一方当事人称为被代理人。诉讼代理人代理当事人进行诉讼活动的权限，称为诉讼代理权。

诉讼代理人具有以下特征：

（1）以被代理人的名义进行诉讼活动。诉讼代理的目的在于维护被代理人的合法权益，因此只能以被代理人的名义进行诉讼，而不能以自己的名义进行诉讼。

（2）诉讼代理人是有诉讼行为能力的人。没有诉讼行为能力的人，不能作为诉讼代理人。在诉讼中，如果诉讼代理人丧失了诉讼行为能力，也就丧失了诉讼代理人的资格。

（3）在代理权限内实施诉讼行为。诉讼代理人的代理权限，来源于法律规定或当事人的授权。凡是超越代理权所实施的诉讼行为，都是无效的诉讼行为，不能产生诉讼法上的效果。

（4）诉讼代理的法律后果由被代理人承担。

（5）在同一诉讼中，不能代理双方当事人。在诉讼中，双方当事人的利益是对立的。同时为双方当事人的代理人，可能会损害一方当事人的利益。

（二）容易混淆的几组概念

1. 民事诉讼代理人与刑事辩护人的区别

民事诉讼代理人：民事案件的原告、被告和第三人基于当事人的委托或者法律的直接规定而产生，职责较为广泛，可以在代理权限范围内实施各种诉讼行为，包括处分当事人的实体权利，严格说来，民事诉讼代理人在诉讼中不具有独立的诉讼地位，一般在法院受理案件之后介入诉讼，开始诉讼代理活动。

刑事辩护人：只限于刑事案件的被告人，基于被告人的委托或者法院的指定而产生，职责较为单一，只能根据事实和法律，提出证明犯罪嫌疑人、被告人无罪、罪轻或者减轻、免除其刑事责任的材料和意见，在诉讼中有独立的诉讼地位。公诉案件自案件移送检察机关审查起诉之日起辩护人即可介入诉讼（犯罪嫌疑人需要聘请律师提供法律帮助的，可在其被侦查机关第一次讯问或者采取了强制措施时提出），自诉案件的被告人有权在法院受理案件后委托辩护人介入诉讼。

2. 民事诉讼代理人与诉讼代表人的区别

（1）含义不同。所谓诉讼代理人，是指以被代理人的名义在代理权限内实施诉讼行为的人。民事诉讼代理人有以下特点：一是民事诉讼代理人是代理当事人进行民事诉讼，他自己不是当事人争议的民事法律关系的主体，案件裁决结果同他没有利害关系。因此，他不是以自己的名义参加诉讼，而是以被代理人的名义参加诉讼；二是民事诉讼代理人参加诉讼的目的是维护被代理人的利益，在代理权限内所为的诉讼行为，其法律后果由被代理人承担；三是民事诉讼代理人在同一案件中只能代理一方当事人，而不能代理双方当事人；四是民事诉讼代理人必须是有诉讼行为能力的人。

所谓诉讼代表人，是指人数众多的共同诉讼或集团诉讼中的一人或几人、为了共同诉讼人或者集团成员的共同利益或者相同利益，代表他们进行诉讼的人。诉讼代表人有两种：一是人数众多的共同诉讼代表人；二是集团诉讼代表人。诉讼代表人有以下主要特点：一是诉讼标的有共同权利义务关系或者处于相同的地位、有共同利益关系；二是代表人代为诉讼的案件，必须是人数众多的共同诉讼或者集团诉讼。人数众多，一般指十人以上；三是代表人进行的诉讼行为，不仅是为了保护自己的利益，也是为了保护被代理人的利益。

（2）与诉讼标的的利害关系不同。推选的诉讼代表人是本案的当事人，与被代表人之间有着共同的利益，与本案的诉讼标的有着直接的利害关系。民事诉讼代理人则不是本案的当事人，与本案的诉讼标的没有利害关系。

（3）保护权益的范围不同。诉讼代表人参加诉讼，既保护自己的合法民事权益，也保护被代表的其他共同诉讼人的合法权益。民事诉讼代理人参加诉讼仅为了保护被代理人的合法权益。

（4）法律后果不同。诉讼代表人参加诉讼，既以被代表人的名义，也以自己的名义进行诉讼，诉讼的法律后果是由被代表的共同诉讼人和本人承担的。民事诉讼代理人以被代理人的名义进行诉讼，在代理权限范围内所实施的诉讼行为，其法律后果由被代理人承担。

（5）产生的根据不同。诉讼代理人是由法律规定或者当事人的委托产生；而诉讼代表人是由同一方当事人推选或者人民法院与之商定产生的。

（三）民事诉讼代理人的分类

1. 法定诉讼代理人

法定诉讼代理人的含义和适用范围：根据法律的直接规定而发生的诉讼代理，称为法定诉讼代理。依照法律规定取得并行使诉讼代理权的人，称为法定诉讼代理人。法定诉讼代理是为无诉讼行为能力的人在法律上设立的一种代理制度。

法定诉讼代理具有以下几个特点：

（1）代理权产生的基础特殊。法定诉讼代理之所以发生，既不是基于当事人本人的意志，也不是基于代理人的意志，而是基于法律的规定。

（2）代理的对象特殊。法定诉讼代理是专门为无诉讼行为能力的人设立的一种诉讼代理制度，因此，法定诉讼代理人只能代理无诉讼行为能力人进行诉讼。

（3）代理人的范围特殊。即法定诉讼代理人的范围只限于对被代理人享有亲权和监护权的人，其他人不能担任法定诉讼代理人。

法定诉讼代理人与法定代表人的异同点：无诉讼行为能力人的法定诉讼代理人与法人的法定代表人既有相同点，又有不同点。

相同点：

其一，两者的代理权或代表权都是根据法律的规定发生的，而不取决于当事人的意志。

其二，两者都以被其所代理或代表的当事人的名义参加诉讼活动，而不是以自己的名义参加诉讼活动。

其三，两者行为的后果均归属于被代理或被代表的当事人，而不由代理人或代表人承担。

不同点：

其一，产生的基础不同。法定诉讼代理人的代理权产生于亲权和监护权；法定代表人的代表权产生于职务上的职权与职责。

其二，代理或代表的对象不同。法定诉讼代理人代理的对象是自然人；法定代表人代表的对象是法人。

其三，履行职责的时间不同。法定诉讼代理人只限于在诉讼过程中履行代理职责，而且还须以被代理人在此期间无诉讼行为能力为前提；法定代表人始终代表法人履行职责，不管是否发生诉讼。

其四，法定诉讼代理人不能被其所代理的当事人更换；法定代表人可以被其所代表的当事人更换。

其五，法定诉讼代理人与其所代理的自然人是两个独立的主体，他们之间存在着代理与被代理的关系；法定代表人与其所代表的法人不是两个独立的主体，他（它）们之间不存在代理与被代理的关系，法人是拟制的，其权利能力必须通过法定代表人来体现。

法定诉讼代理人的权限和地位：

（1）法定诉讼代理人的代理权限：法定诉讼代理人既可以代理当事人处分诉讼权利，也可以代理当事人处分实体权利。法定诉讼代理人所为的一切诉讼行为，均应视为被代理人本人所为的诉讼行为，与被代理人本人所为的诉讼行为产生同等效力。

（2）法定诉讼代理人的诉讼地位：法定诉讼代理人在诉讼中处于与当事人类似的诉讼地位，也即法定诉讼代理人在诉讼中与其所代理的当事人的诉讼地位基本相同。但必须明确，法定诉讼代理人在性质上又不是当事人，而是诉讼代理人。

法定诉讼代理权取得的方式：

法定诉讼代理权产生的基础是民事实体法规定的亲权和监护权，法定诉讼代理人包括与被代理人有身份关系的亲属和对被代理人有监护责任的其他监护人。因此，法定诉讼代理人代理当事人进行诉讼时，应当向法院提交身份证明书，用以证明自己的身份以及同被代理人之间存在的监护与被监护关系。经法院审查属实并记录备案，诉讼代理权即告成立，代理人便可以进行诉讼代理活动，而无须另外办理诉讼代理手续。

法定诉讼代理权消灭的原因：

法定诉讼代理权消灭的原因包括：第一，被代理人具有或者恢复了民事行为能力；第二，法定诉讼代理人丧失或者被依法撤销了监护人的资格；第三，法定诉讼代理人死亡或者丧失诉讼行为能力；第四，被代理的当事人死亡。

2. 委托诉讼代理人

委托诉讼代理人的含义和适用范围：根据被代理人的授权委托而发生的诉讼代理，称为委托诉讼代理。接受被代理人的授权委托代为进行诉讼活动的人，称为委托诉讼代理人。委托诉讼代理人适用于代理有诉讼行为能力的人进行诉讼。这是委托诉讼代理与法定诉讼代理的一个重要区别。

委托诉讼代理的特点：委托诉讼代理与法定诉讼代理相比，主要有以下特点。

（1）诉讼代理权基于委托人的授权而产生；

（2）诉讼代理事项和诉讼代理权限，除法律有特别规定外由委托人决定；

（3）代理人和被代理人均有诉讼行为能力。

委托诉讼代理人的代理权限：委托诉讼代理人的代理权限取决于委托人的授权。根据委托诉讼代理人的诉讼代理行为对委托人利益影响的程度不同，委托人对诉讼代理人的授权分为一般授权和特别授权两种。一般授权：诉讼代理人只能代为一般的诉讼行为，如起诉、应诉，提出证据，询问证人，进行辩论，申请回避，申请财产保全和证据保全，对管辖权提出异议，等等，而无权处分委托人的实体权利。特别授权：代理人代为承认、放弃、变更诉讼请求，进行和解，提起反诉或者上诉，必须有委托人的特别授权。

委托诉讼代理人的诉讼地位：委托诉讼代理人在诉讼中的地位与法定诉讼代理人不同，它不相当于当事人的诉讼地位，而只是具有独立诉讼地位的诉讼参加人。

委托诉讼代理权取得的方式：委托诉讼代理权是基于委托人的授权而发生的。

变更和解除委托诉讼代理权的要求：委托诉讼代理关系成立后，诉讼代理人取得的诉讼代理权在诉讼过程中有可能发生变更，所谓委托诉讼代理权的变更，是指委托诉讼代理人取得诉讼代理权后，在诉讼过程中，委托人基于一定原因，扩大原来的诉讼代理权或者缩小原来的诉讼代理权。

委托诉讼代理权消灭的原因：导致委托诉讼代理权消灭的原因有：第一，诉讼结束，代理人已经履行完毕诉讼代理职责；第二，代理人死亡或者丧失诉讼行为能力；第三，被代理人死亡；第四，被代理人和代理人双方自动解除委托诉讼代理关系。

第四节　公诉人

一、公诉及公诉人

公诉是指人民检察院对犯罪嫌疑人的犯罪行为向人民法院提出控告，要求法院通过审判确定犯罪事实、惩罚犯罪人的诉讼活动。在我国，主要由人民检察院的司法人员来担任，也就是说，人民检察院担任诉讼的人，就是公诉人。

二、公诉人的诉讼地位

我国《刑事诉讼法》没有赋予公诉人当事人的地位，盖缘于公诉人在法庭上具有双重的身份，既是控诉方又是法律监督者。在刑事诉讼中，对公诉人所处的诉讼地位可以从公诉人与法官、被告人、辩护人、被害人之间的关系以及公诉人与检察机关的法律监督职能等多方面、多视角全方位加以认识。

（一）公诉人与法官：指控者与权威的裁判者

在刑事诉讼中，公诉人与法官都是国家权力的行使者，他们分别行使国家权力中的公诉权与审判权。公诉权是代表国家追诉犯罪的权力；而审判权是对案件进行审理并作出终局性裁判的权力。公诉权的产生及其与审判权的分离，是近现代才出现的，其组织基础是检察机关的建立，其理论基础是以控审分离为前提的诉讼结构科学化以及程序正义。公诉权的产生、发展及其与审判权的彻底分离，是在刑事诉讼中形成并保持控诉、辩护、审判之间等腰三角形结构的条件，是保证法官彻底摆脱纠问倾向，保持客观中立，实现公正裁判的前提。它也是实现被告人诉讼主体地位，实现诉讼民主的重要保证。

我国现行《刑事诉讼法》以控审分离、控辩对抗为基点改革了庭审方式。新庭审方式从科学构建控、辩、审三方关系及强化庭审功能的目的出发，吸收了当事人主义控辩式的基本要素，将法庭举证完全委诸检察机关与辩护方，法院则从积极的职权活动中解脱出来而成为相对消极的裁判机构。在法庭上，公诉人代表国家承担起证明被告人有罪的举证责任，辩护方则享有辩护的权利。控辩双方完全独立承担起举证责任，特别是强化了公诉人的举证责任，公诉人作为控方的代表正在独立承担起控诉的举证责任，而能否实现对犯罪的有效追诉，能否实现国家刑罚权，将完全依赖于公诉人能否在法庭上充分有效地举证。法院虽保留了一定的查证职权，但法官将通过完成控审职能分离逐渐摆脱追诉倾向，保持客观、中立地位，从而实现公正裁判。

（二）公诉人与被告人：平等的当事人

被告人的诉讼地位经历了一个漫长的发展变化过程。在封建纠问式诉讼中，被告人是刑讯逼供的对象，是诉讼客体，几乎不享有诉讼权利。资产阶级革命取得胜利之后，被告人的诉讼地位获得提升，成为诉讼的一方当事人，获得诉讼主体地位，这是诉讼民主化与人类文明进步的重要表征。第二次世界大战以后，世界范围的司法民主化掀起了对被告人权利保护的普遍化浪潮。现代各国，均将被告人人权保障列为刑事诉讼的基本目标甚至首要目标。

在现代刑事诉讼特别是控辩式诉讼中，被告人是诉讼一方当事人，其作为重要诉讼参与者的主体性被充分尊重。被告人的当事人地位以及诉讼主体性是以诸多诉讼权利以及诉讼制度作为支撑的。被告人的权利中最基本的权利是辩护权，包括积极的辩护权和消极的辩护权。积极的辩护权是指被告人有权参与诉讼活动，提出证人、证据证明自己无罪、罪轻以及对控方证人进行反询问、对控方证据予以质对和与控方平等辩论的权利，而获得律师帮助的权利在许多国家已成为被告人的一项宪法权利，是被告人积极行使辩护权的重要保证。消极的辩护权是指他享有不被强迫自证有罪的权利，即自主决定是否对案件进行陈述以及作何种陈述的权利。为此，沉默权成为被告人的基本权利，司法机关应当明确告知并切实保障被告人的这一权利。而保释权是被告人获得人身自由实现诉讼主体性以及实现辩护权的重要条件，这也是基于无罪推定这一现代刑事诉讼基本原则而衍生的被告人的基本权利。

在我国刑事诉讼中，被告人是当事人，是诉讼主体，享有以辩护权为中心的一系列诉讼权利。被告人有权参加法庭调查，就公诉人指控的事实进行陈述，对证人、鉴定人发问，辨认、鉴别物证，听取未到庭的证人的证言笔录、鉴定人的鉴定结论、勘验笔录和其他作为证据的文书，并就上述书面证据发表意见；有权申请通知新的证人到庭，调取新的物证，申请重新鉴定或者勘验；有权参加法庭辩论，对证据和案件情况发表意见并且可以互相辩论，有权向法庭作最后陈述。

无论是修正前抑或修正后的《刑事诉讼法》，均没有把公诉人列为当事人。有学者认为，公诉人在刑事诉讼中处于原告一方的地位，并且独立地执行控诉职能，但是公诉人作为国家追诉权的具体执行者，是在依法履行职责，他本人同案件事实之间不存在具体的切身利害关系，同基于个人利益而提起诉讼、追究犯罪的原告人，是有原则区别的。其次，公诉人作为国家法律监督机关的代表，他参加刑事诉讼活动的任务，不仅是追究犯罪，支持公诉，而且还要对法院的审判活动是否合法实行监督，以维护法律的统一、正确实施，维护所有诉讼参与人（包括被告人）的合法权益。公诉人参加诉讼的这一特点，也是当事人所不具备的。也有学者认为，公诉人代表国家追究犯罪，履行检察机关法律监督职能，因此，不是当事人，其诉讼地位应高于被告人。

（三）公诉人与辩护人：对抗与合作

现代刑事诉讼是伴随着公诉制度以及辩护制度的发展与完善而发展起来的。公诉制度是现代国家实现惩罚犯罪、维护社会秩序功能的基本制度，而辩护制度不仅维护了被告人的合法利益，它对实现诉讼结构的平衡，防止司法擅断，实现司法公正具有重要的意义。公诉人代表国家对犯罪实施控诉，要求追究被告人的刑事责任；而辩护人依法为被告人进行辩护，维护的是被告人的合法权益。有控诉，就有辩护；而没有辩护人，公诉人指控的公正价值就无法充分体现。正是公诉与辩护的共存，才实现了彼此的价值。

随着我国控辩式庭审方式改革的推进，公诉人与辩护人在法庭上的地位获得提升，作用越来越大，公诉人与辩护人作为诉讼双方的代表分别履行控诉和辩护职能，处在控辩对抗的地位，并与法官这一中立的裁判者构成等腰三角形的诉讼结构。法官中立，控辩平衡是实现程序公正进而实现实体公正的保障。公诉人与辩护人是法庭的主角，承担着举证、质证、指控与反驳等法庭调查与法庭辩论的诉讼职能。整个法庭审判，自从法庭调查开始，两方之间的正面交锋已经形成。因此，公诉人与辩护人是因法官的中立而直接形成对立的。

（四）关于庭审中“讯问被告人”环节存废问题

《刑事诉讼法》第一百八十六条规定了在法庭调查之始，公诉人可以讯问被告人。应当说，“讯问被告人”的规定带有一定的强制性。在现代刑事诉讼中，被告人是一方当事人，是诉讼主体，不是诉讼客体。将讯问被告人作为庭审开始阶段的一个环节，是纠问式庭审模式的流弊。

一般情况下，在刑事诉讼中被告人不负有举证证明责任（除非他自愿供认有罪），他不应负有接受强制讯问的义务，更不负有自证其罪的义务。根据现代举证责任原理，被告人没有义务作出不利于己的陈述，而享有自由意志决定是否作出陈述。取消法庭证据调查前公诉人“讯问被告人”这一环节，有利于实现被告人的当事人地位以及控辩平衡，有利于降低对被告人口供的依赖性，防止纠问倾向。它也有利于减少侦查阶段侦查人员过分依赖口供的意识，在一定程度上克服刑讯逼供。取消“讯问被告人”这一环节并不意味着忽视被告人口供的证据意义。

我们认为，在《刑事诉讼法》中宜规定，在公诉人宣读起诉书后由法官询问被告人。被告人可作有罪答辩，亦可作无罪答辩。即便作有罪答辩，也应将对被告人陈述调查置于其他证据调查结束之后进行，这种程序设计更为科学与公正。需要说明的是，最高人民法院、最高人民检察院、司法部发布的自2003年3月14日起试行的《关于适用普通程序审理“被告人认罪案件”的若干意见（试行）》实际上确立了有罪答辩制度。即被告人在法庭审判之始选择作认罪答辩，法庭审判将大大简化，法庭审理趋于形式化。我们承认这是刑事审判方式发展的方向，但必须强化辩护职能，否则将对刑事审判制度产生根基性破坏。对于按照普通程序审理的案件，必须强化法庭审理的实质性，将对被告人陈述的调查置于法庭调查之末。

第五节　其他诉讼参与人员

在我国，无论是民事诉讼、刑事诉讼还是行政诉讼都存在“其他诉讼参与人”这一现象。一般来讲，其他诉讼参与人包括：证人、鉴定人、翻译人员等。

一、证人

刑事诉讼和民事诉讼的证人有一定的区别。

（一）刑事诉讼中的证人

刑事诉讼中的证人是指除当事人以外，向司法机关提供自己所了解的案件情况的诉讼参与人。证人是由案件事实决定的特定的自然人，证人不能更换和代替，也不能任意指定。做证是公民应尽的法律义务，一切公民只要了解案情并有做证的能力，都有做证的义务。

证人应当具备以下条件：

（1）证人是在诉讼活动开始前便了解案件情况的人；

（2）证人必须是能够辨别是非、正确表达的人；

（3）证人是自然人。

证人的主要权利有：

（1）有权要求司法机关保障自己以及近亲属的安全。

（2）有充分陈述的权利。

（3）有核对笔录的权利，如果记载有遗漏或差错，可以提出补充或者改正。

（4）做证前有权要求侦查人员出示身份证件和有关法律文书。

（5）对侦查人员侵犯自己诉讼权利和人身侮辱的行为，有权提出控告。

主要义务有：对知道的案件情况，有如实做证的义务。应当客观、如实地提供证据，不得捏造事实、伪造证据进行诬告。诬告陷害和有意做伪证或者隐匿罪证，应负法律责任。

（二）民事诉讼中的证人

《民事诉讼法》第七十条规定："凡是知道案件情况的单位和个人都有义务出庭做证。"民事诉讼中的证人是指当事人以外的单位或者个人，只要知道案件情况的，就可以作为证人。

1. 民事诉讼中证人的基本要求

（1）证明的事实与其年龄、智力状况或者健康状况相适应。

《最高人民法院关于民事诉讼证据的若干规定》第五十三条规定，不能正确表达意志的人不能作为证人。待证事实与其年龄、智力状况或者精神健康状况相适应的无民事行为能力人和限制民事行为能力人，可以作为证人。

（2）证人能够客观陈述亲身感知的事实。

《最高人民法院关于民事诉讼证据的若干规定》第五十七条规定，出庭做证的证人应当客观陈述其亲身感知的事实。证人为聋哑人的，可以用其他表达方式做证。证人做证时，不得使用猜测、推断或者评论性的语言。

（3）单位可以做证人。

2. 民事诉讼中证人做证的形式要求

（1）书面证言或视听资料或双向视听传播技术手段

《民事诉讼法》第七十条规定，证人确有困难不能出庭的，经人民法院许可，可以提交书面证言。

《最高人民法院关于民事诉讼证据的若干规定》第五十六条对"证人确有困难不能出庭"作了具体规定，是指：（一）年迈体弱或者行动不便无法出庭的；（二）特殊岗位确实无法离开的；（三）路途特别遥远，交通不便难以出庭的；（四）因自然灾害等不可抗力的原因无法出庭的；（五）其他无法出庭的特殊情况。以上情形，经人民法院许可，证人可以提交书面证言或者视听资料或者通过双向视听传输技术手段做证。

（2）出庭做证

《最高人民法院关于民事诉讼证据的若干规定》中涉及证人出庭做证具体操作程序的规定有三条（分别是第五十四条第一、二款，第五十五条，第五十八条）。

具体程序是：一是应当在举证期限届满10日前提出申请，并经人民法院许可；二是人民法院准许的，在开庭审理前通知证人出庭做证，并告知其应当承担如实做证及做伪证的法律后果；三是证人出庭后、做证前，审判人员要告知其做证的权利和义务；四是审判人员和当事人可以对证人进行询问。证人不得旁听法庭审理；询问证人时，其他证人不得在场。人民法院认为有必要的，可以让证人进行对质。

二、鉴定人

鉴定人是为解决案件中遇到的某些专门性问题，有资质的鉴定机构接受聘请，派员加入诉讼中的专业人员。鉴定人从事鉴定活动时，为了保证鉴定结论的可靠性，享有一定的权利，并承担一定的义务。

鉴定人权利：

（1）了解案情，要求委托人提供鉴定所需的材料；

（2）勘验现场，进行有关的检验，询问与鉴定有关的当事人。必要时，可申请人民法院依据职权采集鉴定材料，决定鉴定方法和处理检材；

（3）自主阐述鉴定观点，与其他鉴定人意见不同时，可不在鉴定文书上署名；

（4）拒绝受理违反法律规定的委托。

鉴定人义务：

（1）尊重科学，恪守职业道德；

（2）保守案件秘密；

（3）及时出具鉴定结论；

（4）依法出庭宣读鉴定结论并回答与鉴定相关的提问。

三、翻译人员

翻译人员是指接受司法机关的指派或聘请，在诉讼中进行语言、文字（包括聋哑手势和盲文）翻译工作的诉讼参与人。翻译人员必须是与案件没有利害关系的人，有《刑事诉讼法》第二十八条、第二十九条规定情形之一的应当回避。

（一）翻译人员依法享有的权利

1. 翻译人员为了正确地进行翻译，有权了解同翻译内容有关的案件情况；

2. 有权查阅记载其翻译内容笔录。

（二）翻译人员应当承担的义务

1. 应按语言的原意如实进行翻译；

2. 不得隐瞒、歪曲或伪造翻译内容；

3. 有保守国家机密等有关秘密的义务。

第三章 模拟审判的语言应用

技巧因角色而异，而角色又受制于目的。目的有机构目的，也有个别具体行为的目的。人民法院、检察院以及律师事务所的设立，法官、检察官和律师这些职业的设立，都是为了一定的目的。公诉人的目的是“控”，而律师的目的是“辩”。目的不同决定这些人的出庭角色不同，而角色不同必然导致语言和采取的语言策略的不同。因此，我们把法官、检察官和律师的语言分而论之。但是，他们毕竟使用的是同样的语言——汉语，目的都是说服（persuasion），因此，有些语言问题和语言技巧是具有共同规律的。同时，法庭语言是在互动中使用的，所以只有充分了解对方的语言技巧，才能更好地利用语言技巧去说服对方。

第一节 法官在审判中的语言应用

法庭是法官进行审理和裁判案件从而定纷止争的特定场所。在法庭这一特殊的舞台上，法官的语言素质的高低对于实现审判的公正与效率，维护人民法官的形象和法律尊严起着至关重要的作用。

法官的语言技巧是指法官巧妙地使用语言的技能，也就是法官巧妙地掌握和运用语言进行口语表达的能力。

一、法官庭审语言的概念及特点

法官的庭审语言，是指法官开庭审理案件时所使用的话，即说话的声音、腔调、态势、使用的词汇等。其应具备以下特点：

1. 服从性。即法官的庭审语言要服从当事人的需要，对当事人不懂的语言，法官应为他们提供翻译，让他们听懂。服从诉讼参与人的需要，是法官庭审用语的突出特点。

2. 地域性。法官审案，应使用“当地”语言，一般不准使用“外地”语言。

法官庭审语言的地域性，要求法官尊重当地人的语言习惯，尊重当地人的语言权利。

3. 通用性。这种通用是指在审判案件的当地普遍使用，普遍的人能听得懂、说明白，不是在整个方言区通用，也不是在所处的省份通用。我国是一个多民族语言、多种方言并用的国家。依照《中华人民共和国宪法》（以下简称《宪法》）第四条第四款、第一百三十四条的规定，法官只能使用当地通用的语言审理案件。

4. 法律性。法官审判案件，是代表国家审判机关，依照法律的规定进行，不可避免地要使用“法言法语”，主要是使用一些必需的法律术语，如“回避”“辩论”“陈述”等词语。法官在法庭上使用的这些术语，虽不具有“地域性”“通用性”，但它是法官庭审用语的专业要求，是不能不用的，也是不能用当地语言替代的。

5. 对话性。用对话式的语言是法官庭审语言的又一个突出特点。法官的庭审语言必须是对话式的语言，与当事人产生互动，一问一答、一答一问地进行，当事人还可以向法官请求提问，而且互相对对方说的话都要听懂，否则，庭审便不能进行。

法官庭审语言的这些特点，是我国法律“以人为本”思想在法庭审判阶段的体现，是法官落实“司法为民”宗旨的必然要求，也是法官尊重当事人语言权利，亲民、近民、爱民的切入点。

二、法官庭审语言的要求

（一）法官庭审语言要合法

法官的言辞要求合法，因为法官是代表人民法院审判刑事、民事、行政案件的工作人员，他们的言辞是代表人民法院讲的，是国家法律的体现，法官的身份要求其庭审语言要合法。具体的有以下几点：

1. 使用言辞的顺序，要符合法律规定的诉讼程序。要注意在哪个诉讼阶段，就使用哪个诉讼阶段的言辞。不能在开庭审理阶段，就使用审理完毕时的言辞；更不能在案件审理阶段，就告诉当事人案件处理的结果。

2. 法官的言辞不能违背法律。例如在法庭开庭审理案件时，法官不能说“把律师押下去”“传律师”或“把证人押上来”之类的话。

3. 有“法言法语”可用的，则不能用普通言辞。例如到法院去起诉，通常人们会说去打官司。但法官在进行审判活动时，只能说“原告向人民法院起诉是正当的”，而不能说“原告向人民法院提出打官司是正当的”；不能说“原告所讲的是胡说八道”，而应当说“原告的诉讼请求没有证据支持”。

（二）法官庭审语言表达的音调要求平稳

法官在审判活动中进行的口语表达，直接关系到他所进行的审判活动的质量和效果，关系到诉讼当事人的切身利益，甚至决定了他们的前途与命运。因此，法官所讲的话，一定要让对方听清楚。如果法官在讲话时太激动、音调忽高忽低、讲得太快或者讲得不连贯，会影响讲话的效率，都有可能使对方听不清楚，从而影响审判活动的质量和效率，影响当事人的利益。具体地说，法官在讲话时要注意以下几点：1. 以让对方听清楚为原则。2. 讲话时以中音为主。3. 以平直调为主，也兼顾其他语调。但是，审判口语并非全部是你问什么，对方就完全按照你的意图回答什么，因此，审判口语不排除有时也用高升调、降低调或曲折调等。4. 以中等语速为主。5. 以连续为主，兼用必要的停顿。审判口语虽以连续为主，但也不排除必要的停顿，乃至有时的故意停顿。

上述五个方面的要求并不是孤立的，而是彼此关联、相互渗透的。

（三）法官庭审时的态势语言要得体

态势语言主要包括手势、眼神、站姿、坐姿、步态以及肩部、头部等的动作。法官是代表人民法院进行审判活动的，因此，他们口语表达的态势直接关系到人民法官的威信，关系到法庭庄重与严肃的气氛能否形成。法官进行口语表达的态势一定要得体，一定要与人民法官的身份和人民法庭庄严的气氛协调，具体要注意以下几个问题：

1. 力求少而精。一般来说，在进行审判口语表达时，需要用态势来配合的不多。审判人员在审判活动中的态势变化不多，有些动作的态势是有规定的，有的态势是很单一的。例如：在容貌上，都着统一的服装，男女发型及男同志的胡须都要符合身份。在姿势上，一般都有预先规定，如指挥法庭辩论要坐着，在宣读判决书时要站着。在神态上，一般不需要丰富的表情和面部的肌肉变化，就是眼睛，也不需要变化无常。在动作上，尤其是在法庭上，一般不需要较复杂而又烦琐的动作。审判人员在进行口语表达时，只有在必须使用态势语言加以解决、说明时，才能使用态势语言。

2. 力求审慎。例如，在法庭审讯时出示证据，当然要用手，但手拿证据的部位、方向、距离、高低等，都应以被告人及其他有关人员能看清为止。在宣读判决书时，目光不能到处乱扫，更不能摇头晃脑。如果在法庭上随意走动、谈天说地，那样既有损人民法官的身份，又与人民法庭的庄严气氛不相协调。因此，审判人员在进行审判活动时做出的每一个动作，都要审慎，绝不允许在法庭上乱说乱动、谈笑风生。

3. 力求自然。在审判口语中，在借用态势语言时，一定要自然、贴切、恰如其分，不能矫揉造作，更不允许随意变换、创新态势。

此外，在不同的诉讼程序中，法官的态势语言还应有所不同。

1. 刑事庭审中。应突出法官威严的形象。刑事案件面对的被告人绝大多数是应当受到谴责的危害社会、危害他人的犯罪嫌疑人。法官代表着社会的公平和正义，根据检察院的指控，通过审查证据，进一步查清被告人的犯罪事实，判断其构成的罪名，决定是否剥夺被告人一定年限的人身自由，甚至是否要剥夺其生命，是否要判处其他刑罚等。这是一件极为严肃的事情，因而表情要庄重、肃穆，手势要果断、明确，目光要有力度感。而在少年刑事案件庭审中，法官的形象则要有所不同。少年被告人心理状态容易不稳定，思想和行为的可塑性较强，庭审在查明犯罪事实的基础上，还要以教育、感化、挽救为最终目的。故法官的形象不宜过于严厉，要像对待偶尔犯了错的孩子一样来对待少年被告人，态度可以温和一些，眼神可以柔和一些，语气也可以平和一些，使少年被告人感受到社会还没有完全拒绝他，只要认识错误，好好改造，还有前途。

2. 民事庭审中。民事案件以解决平等主体间的纠纷为目的，庭审中，法官要着重体现出居中审判的立场，平等对待各方当事人，避免当事人的合理怀疑。在法庭里，不宜对某一方当事人或其代理人有态度过于热忱的举动，如握手，也不宜对某一方态度过于冰冷，如不理不睬。在质证过程中，要给予各方同等的质证机会。在辩论过程中，要给予各方均等的发言时间。当事人发言过程中，除非有侮辱、讽刺的话语或重复太多，一般不要随意挥手打断。

3. 行政庭审中。行政诉讼是“民告官”，官民在行政程序中的地位是不平等的，但在诉讼程序中的法律地位则是平等的。原告往往由于要求得不到满足、认为受到不公正待遇而“愤然”起诉，诉讼过程中难免带有一些对政府不满的情绪。而由于工作接触较多，法官与被告方工作人员有可能比较熟悉，这就要求法官在法庭上态度必须严格中立，要格外重视保护原告的诉讼权利，注意自己对待原、被告双方的态度，绝对不能在法庭上以表情、举止暗示被告，对原告则要尽可能地宽容一些，只要不违反法庭纪律，可以允许原告多讲一些，法官应当专注地听取其意见，可以用手势多鼓励原告发表对自己有利的见解。

4. 在主持调解的时候，法官要保持一种良好的情绪状态和具有亲和力的形象。要促使当事人顺利达成和解，法官必须先取得当事人的信任与好感，具有一定的亲和力。一般比较具有亲和力的法官形象是：讲道理、谦和、大度、彬彬有礼、不卑不亢。在同当事人交谈时，要注意对方的情绪反应。一般认为同性之间交谈时，只有相互注视到对方的眼睛，彼此的沟通才能建立，若想与他人建立良好的信赖关系，在整个谈话时间里，双方目光相接累计应达到50%至70%的时间，这一点在法官主持调解时应当意识到。而如果面对蛮不讲理、出言不逊的当事人时，法官要沉着冷静、不急不躁，防止不良情绪的流露。否则，容易使当事人之间的信息沟通受阻，使调解难以顺利进行。

三、司法实践中有关法官庭审语言应用的规定及注意事项

最高人民法院印发的《法官行为规范（试行）》（法发〔2005〕19号）（以下简称《规范》）以及一些相关规范性的文件（如法律出版社2006年发行的《审判工作规范手册》）中有关法官语言行为规范的相关规定。

1. 法官庭审中的言行规范

关于法官语言（包括态势语），《规范》第二十八条规定如下七项：

坐姿端正，杜绝各种不雅动作；

集中精力，专注庭审，不做与庭审活动无关的事；

不得使用通信工具、在审判席上吸烟、随意离开审判席等；

礼貌示意当事人及其他诉讼参加人发言；

不得用带有倾向性的语言进行提问，不得与当事人及其他诉讼参加人辩论、争吵；

严格按照规定使用法槌，敲击法槌的轻重应当以旁听区能够听见为宜；

严禁酒后参加庭审。

关于庭审语言中当事人使用方言或者少数民族语言的情况，《规范》第三十条规定：其一，诉讼一方只能讲方言的，应当准许；他方表示不通晓的，可以由法官或者书记员用普通话复述；其二，使用少数民族语言陈述，他方表示不通晓的，应当为其配备翻译。

2. 法官庭审外的言行规范

《规范》第七条、第七十九条、第八十三条均要求法官庭审外应谨言慎行，不得有任何损害司法公正和法官形象的言行；使用文明、规范、准确的语言。

3. 法官着装仪表的规范

《规范》第六条：严格执行着装规定，保持良好形象；工作时间穿制服时，应当配套；穿便服时，做到整洁、庄重；工作时间不浓妆艳抹，不佩戴与法官身份不相称的饰物；开庭时按规定着法袍或者穿制服。

司法是一种专门技艺，同时也是一门艺术。和谐的司法既能平息纠纷，又能给人以美的享受，而法官正确运用法言法语是不可缺少的因素。“语言能力高低决定了法律质量的优劣”，即法的优劣直接取决于表达并传播法的语言的优劣，司法的优劣取决于法官对法言法语驾驭能力的高低。具体的在司法实践中法官在言辞运用方面，应着重注意以下几点：

（1）言辞应规范

法官平时应注意养成使用口头言辞规范化的习惯，在庭审时使用法言法语。这样既有利于树立法官的威信，又能体现法官言辞的力度感。如果法官在平时不注意自己的口头言辞规范化问题，其言辞往往就会混同于老百姓的言辞。例如，一位法官在法庭调查时，这样问双方当事人：“你们打群架的时候，是用什么家什打的?”在这里，“你们”应由当事人的姓名代替，“打群架”应改成殴斗，而“家什”则应改成凶器或工具。

（2）言辞应严谨

法官是代表人民法院审判刑、民商事等案件的，法官的语言就是国家法律的体现，不能有偏差，否则容易造成司法不公的印象。对法律概念的准确表达，是法官语言严谨的重要基础。法律概念是对一个法律现象经过无数法学家或法律工作者以艰辛努力，从众多的普通语言、纷繁杂乱的含义中进行梳理加以提炼给予准确定位的。因此，同样的意思，如果用大众语言来表述的话，可能会花费更多的篇幅，甚至长篇大论依然无法说得清楚，但是一旦用法律术语来表述的话，只用寥寥数语，甚至几个字就足以说明清楚，而且准确无误。因此，法官一定要巧用概念、会用法律概念。

（3）言辞选用应准确

准确，是法官使用言辞的生命。善于运用法言法语进行表达是法官进行审判工作时专业素质的体现。一般地说，在审判工作中，凡是有法言法语可用的，法官都应用法言法语，而且要争取多用，用好法言法语，因为法言法语本身就是审判口语中的重要武器之一。法官使用的言辞不准确，不仅有损于人民法院的威信，而且会直接影响人民法院审判案件的质量和效率。

（4）言辞选用应庄重

法官使用的口头言辞要求庄重，是法官特有的品格和具体体现之一。庄重的言辞，才能显示出审判口语的威慑力和打击力，任何轻浮、污秽的言辞都是审判口语必须摒弃的。

（5）言辞选用应关注群众

语言既然是人们沟通交流的工具，必然存在理解与被理解的关系。如果法官从自身出发一味强调法律术语，而不管不顾被交流对象的现实情况，那么语言就不可能被理解，法官发出的信息不能被有效接受，案件审理也不可能顺利进行，极大地影响案件审理的质量与效率。北京市海淀区人民法院法官宋鱼水就是以双方当事人能够理解的语言"辨法析理"，使双方接受了自己对案件的法律观点，从而"胜败皆服"，完美展现了司法过程中的法言法语。

法官在司法过程中运用法言法语要注意阶段性与针对性。在案件的受理阶段，当事人对案件和法律还不太熟悉明白的情况下，法官应该告知诉讼风险和有关法律规定，语言要通俗易懂。在案件的调解阶段，法官主要结合法律规定和情理说服双方，语言要入情入理。在案件执行阶段，法官应该针对被执行人的情况，语言以说服性和严肃性为主。在司法过程的主要阶段，即案件审理阶段，法官对每个案件要在充分分析和研究对象的个性特点的前提下去开展工作，要针对每个案件的特点来决定自己的语言方式，要善于提高自己的应变能力，从每个案件的具体情况出发，采取相应的语言方式，才能达到预期的目的。法官还要针对每个当事人的具体情况运用语言。当事人在年龄性别、知识水平、觉悟程度、法律意识、社会阅历等方面各不相同，审判人员的语言方式就必须努力做到因案制宜、因人施教。在有律师代理的情况下，可以通过律师向当事人做工作，法言法语可以更专业化。在没有律师代理、公民文化程度较低时，尽量避免使用晦涩的语言，对一些法律术语可以进行释明。

总之，法官在审判工作中正确使用庭审语言，不仅能够达到较好的审判效果，保证其所从事的审判工作的质量，而且能保证人民法院审判任务的顺利完成。

第二节　公诉人在审判中的语言应用

公诉人应当提高证据审查判断运用能力、提高法律适用能力、提高法律文书制作和思辨表达能力、提高出庭公诉能力、提高理论研究能力，树立国家公诉人公正、文明执法的良好形象，塑造公诉人可亲、可信、可敬的执法形象。而所有这些能力的基础，是公诉语言。无论是对证据的分析，还是法律文书的制作；无论是法庭外的论证，还是法庭上的辩驳；无论是对罪与非罪的研判，还是对法、理、情的阐释，都离不开公诉语言这一基本工具。可以说，想做好最基本的公诉工作，符合一个公诉人的起码要求，公诉语言是基础；想提升公诉水平与层次，成为一名优秀的公诉人，公诉语言是上台阶的工具；在全国十佳和优秀公诉人评比中，最终比拼的更是公诉语言能力，因为到了这个层面，证据分析和法律适用能力已经基本上不在话下，而公诉语言能力则成为最终的决胜因素。因此，作为一名公诉人，应当认真下功夫学习、研究和训练公诉语言。

公诉人出庭常用语言有：

1. 当出庭工作准备就绪后，审判长问公诉人对法庭准备工作有无意见后，公诉人应当表明："公诉人没有意见"或"请审判长对（就存在的问题提出意见）予以纠正。"

2. 对于不能公开审理的案件而公开审理的，公诉人应当提出："审判长，今天开庭审理的××案件，是有关国家秘密（或个人隐私或未成年人）的案件。根据《刑事诉讼法》第一百五十二条之规定，不能公开审理。为此，提请审判长依法不公开审理。同时，应建议延期审理。"

3. 对于被告人没有委托辩护人，人民法院应当指定而没有指定辩护人就进行审理的，公诉人应当提出："审判长，本案被告人×××是盲（聋、哑、未成年人）人，没有委托辩护人，根据《中华人民共和国刑事诉讼法》第三十四条第二款之规定，人民法院应当指定律师为其提供辩护。为此，提请审判长切实保障被告人的合法权益，为被告人指定辩护人进行辩护。"或"审判长，本案被告人××没有委托辩护人，但其被指控的罪行极其严重，依法可能被判处死刑。根据《中华人民共和国刑事诉讼法》第三十四条第三款之规定，公诉人提请审判长依法为其指定辩护人进行辩护。"

有上述情况，一般应同时建议延期审理，等合议庭指定辩护人为被告人辩护后再开庭审理。

4. 对于被告人要求公诉人回避的，公诉人应当说明"被告人×××，你申请公诉人×××（或本公诉人）回避的要求，将由本公诉人向本院检察长（或检察委员会）汇报，待决定后再给予答复"。

5. 被告人就起诉书中指控的犯罪事实进行陈述后，审判长请公诉人发问。公诉人发问时，应当表明："被告人×××，现在公诉人就案件事实，对你进行讯问。根据法律的规定，你有权作有罪供述或无罪辩解，但是必须如实回答，听清楚了吗?"被告人回答后，公诉人继续发问："现公诉人就以下问题对你讯问……"发问完后，公诉人应当表示："审判长，公诉人发问暂时到此。"需要再次发问，应当向审判长提出："审判长，公诉人要求继续发问。"经审判长许可后进行发问。

（1）如果公诉人要求继续发问被拒绝时，公诉人应当简要说明要发问的内容。如仍遭到拒绝时，公诉人应当表示请法庭记录在卷。

（2）被告人沉默不语，拒不回答讯问的，公诉人应当表示："被告人×××，现在公诉人向你宣读《中华人民共和国刑事诉讼法》第四十六条规定（念该条文）。被告人，你现在沉默不语，实际上是放弃了自我辩护的诉讼权利。如果你仍然拒不回答公诉人的讯问，公诉人将提请法庭将这一情节记录在卷，并在量刑时予以考虑。"或者说："被告人×××，根据我国《刑事诉讼法》第四十六条的规定，我们办案的原则是重证据不轻信口供，没有被告人的口供，只要事实清楚、证据充分的，仍然可以认定其犯罪并处以刑罚。所以，被告人×××，你要态度端正，认真回答公诉人提出的问题，以争取宽大处理。"如果被告人继续保持沉默，公诉人应当明确指出："审判长，被告人×××无视审判长和公诉人的反复耐心说服，坚持沉默不语，拒不回答法庭提出的问题，这是对抗法庭、藐视法庭的表现，是拒不认罪的表现，建议合议庭量刑时对此予以充分考虑，对被告人从严处罚。"

（3）被告人推翻原供述时，公诉人可宣读被告人原供述（如多次基本相同的原供述也可概括大意），并讯问被告人："这些供述你看过，确认无误，并有你亲笔签名捺印，你今天为何改变原供述?"如果被告人辩解没有看清原笔录或原来记不清事实时，公诉人应当指出："在审查起诉阶段，公诉人已告知你享有的权利和应负的责任，允许你如实补充、更改原供述。这笔录经你阅读并确认（或公诉人已向你宣读，并经你确认），被告人你作为具有责任能力的人，应当知道对自己供述承担的法律责任。你今天当庭翻供，毫无理由，请合议庭充分注意被告人的一贯供述。"

如果被告人辩解原供述是在诱供、逼供情况下作出的时，公诉人应当指出："本案在审查起诉期间，被告人没有提出诱供、逼供的问题，公诉人也没有发现侦查活动中存在诱供、逼供的违法现象（或虽然被告人提出类似理由，但公诉人查证不存在这些问题）。因此，被告人翻供不足采信，请合议庭充分考虑公诉人刚才宣读的被告人原供述，并结合案件中其他证据予以认定。”（对被告人进行讯问，态度要严肃，语调要坚决，但不要给人有盛气凌人的感觉，不用“请”等词汇。遇到无理纠缠的被告人，可在告知其“后果”后提请合议庭将被告人的态度记录在卷，然后中断讯问，切忌采用训斥，扣“帽子”强压的用语和方式，以免造成被动和尴尬的不得局面。）

6. 对辩护方的讯问方式或内容有严重不当或带有引供、诱供的，公诉人应当向法庭提出：“审判长，公诉人认为辩护人的提问方式（或内容）不当（或具有诱导性倾向），请法庭予以制止（或不予采纳）。”

7. 公诉人、辩护人、审判长三方讯问被告人完毕，审判长请公诉人向法庭提供证据，公诉人在出示每个证据前，应简要说明该证据来源、所要证明的内容，并说明该证据收集的程序，表达为：“该证据是（什么人）（什么时间），在（什么地点）向（什么）人提取的，收集程序合法。其证实的是……”出示完毕后应说：“××证言宣读完毕！”

8. 如果被告人当庭侮辱、诽谤公诉人，公诉人应当表示：“被告人×××，你无端指责公诉人是对公诉人的侮辱、诽谤，你否认有罪或对公诉人的意见有异议，可在辩论阶段自我辩解，或以书面形式向有关机关申诉。你捏造事实、诽谤公诉人，是违法的。我国刑法规定‘公然侮辱或诽谤他人，情节严重的，要追究刑事责任’。公诉人现在向你提出警告，你必须遵守法庭规则，接受审判。”如果警告无效，则请书记员将被告人的言行记录在案，并建议审判长休庭。

9. 法庭调查阶段，公诉人要求证人到庭做证，应当表示：“请法庭传证人×××到庭。”申请时，应向法庭简单说明所传证人的证词对本案起到的证明作用。

证人到庭后，经审判长问明基本情况并办理有关手续后，首先由公诉人发问：“证人×××，现在你把你所知道的与本案有关的情况向法庭作连贯性陈述。”证人陈述完后，公诉人可就其证言中有遗漏、矛盾、模糊不清和有争议的内容，经审判长同意向证人发问：“证人×××，现在公诉人向你发问，你要如实向法庭做证。”发问完毕应当表示：“审判长，公诉人对证人×××的发问暂时到此。”

如果证人推翻原证言，公诉人应当发问：“证人×××，你有否就本案中所知道的情况向公安机关（安全机关或检察院）提供过证言？”证人回答后，公诉人在征得审判长同意后，宣读证人证言，并有针对性地发问。

10. 当被告人、证人对同一事实的陈述存在矛盾、需要对质时，公诉人应当表示：“刚才被告人×××的陈述和证人×××在（针对某一事实）的证言存在矛盾，需要对质，请法庭传证人×××到庭对质。”

质证时，如果被告人攻击被害人或证人，公诉人应当指出：“审判长，被告人×××毫无悔罪之意，在这庄严的法庭上，竟然无视法庭纪律，肆无忌惮地对被告人（或证人）进行侮辱、诽谤，更为恶劣的是……这是无视法庭、藐视法庭的表现，建议合议庭量刑时对此予以充分考虑，对被告人从严处罚。”

11. 需要鉴定人到庭时，公诉人应当向法庭提出：“请法庭传鉴定人×××到庭。”经审判长许可后，公诉人可向鉴定人发问：“鉴定人×××，公诉人问你几个问题，请你回答。”发问完毕后，应当表示：“审判长，公诉人对鉴定人×××的发问，暂时到此。”

12. 当审判长问及公诉人是否有物证、书证、视听资料当庭出示时，如有，公诉人应当表示：“公诉人有证据需要举证。”如没有，公诉人应当表示：“公诉人举证完毕。”需要出示时，公诉人应当逐一说明物证的来源、内容和物证对本案起到什么样的证明作用。出示后交由法警拿给被告人或被害人辨认。公诉人可就辨认及证明内容经审判长许可后，向被告人（被害人）进行讯问（询问），讯问（询问）完毕后，应当表示：“审判长，公诉人对被告人×××（被害人×××）的讯问（询问），暂时至此。”

公诉人出示每份物证、书证、视听资料完毕，应当表示：“公诉人出示×××（物证、书证、视听资料）完毕。”

13. 对于辩护人在询问证人时引诱证人改变证言或者做伪证时，公诉人应当表明：“审判长，本案辩护人×××在刚才询问证人×××过程中，发问方式带有诱导性（或提示性），公诉人要求审判长予以制止和引导。”

14. 对于证人在律师取证时所作的证言与法庭所作的证言不一致时，辩护人提出异议或指责的，公诉人可表明：“审判长，我国法律规定，证人对自己所做的证词，有提出补充或修正的权利。只要证人所做的证词是客观的，任何人无权干涉或指责，辩护人也不例外。为此，公诉人提请审判长对辩护人的不当做法予以制止和纠正。”

15. 对辩护人在询问证人时使用人身攻击性语言的，公诉人应当表明：“审判长，刚才辩护人在询问证人×××时，有对证人进行人身攻击的语言。对此，公诉人要求审判长及时制止，以维护证人的合法权益，确保证人能客观地进行陈述。”

16. 对辩护人所出示的材料系公诉人未掌握的，而对定案又比较重要的，公诉人可表明：“审判长，本公诉人已充分注意到辩护人提出的有关材料。鉴于该材料对本案的认定比较重要，为了鉴别真伪，也为了查清全案，正确定罪定性，公诉人请求合议庭对本案延期审理。”

17. 对于因证据或事实发生变化的，公诉人应当表明：“审判长，本案因事实或证据发生了变化（或改变），为了正确实施法律，切实保障被告人及当事人的合法权益，根据《中华人民共和国刑事诉讼法》第一百六十五条的规定，公诉人认为有必要对本案进行补充侦查。为此，建议合议庭休庭并对本案延期审理。”

18. 对于证据中以单位名义所作的情况说明等，没有写明经手人的，而该证据又对定案具有重要作用的，公诉人可表明：“审判长，辩护人出示的×××书证，虽盖有公章，但没有写明经手人或执单人，是不符合有关要求的，其真伪尚有待鉴别。”

（公诉人在对证人进行询问时，态度不能生硬，语调要平和，一般在询问证人的基本情况后，可用“请”字开始转入正题。询问结束后应当表示：“审判长，公诉人的询问暂时到此。”为以后再询问留下后路。当证言或证据发生重大变化，又出乎公诉人预料时，一般情况不要与证人或辩护人发生正面顶撞和交锋，可用“建议合议庭休庭延期审理”的语句争取时间，寻求对策。）

19. 进入法庭辩论阶段，公诉人发表公诉意见后，应当表示：“审判长，公诉人发表公诉意见完毕。”

20. 一般法庭辩论的开场语：“刚才公诉人仔细（或认真）听取了被告人×××及其辩护人所作的辩护发言，现在本公诉人答辩如下。”

在法庭辩论时，公诉人需要发问，应当向审判长提出，经审判长许可后进行发问。发言完毕后，应当表示：“公诉人对×××的发问暂时到此。”

21. 在辩论中，对辩护人打断公诉人发言或进行人身攻击，讽刺挖苦，使用污言秽语等其他不当行为的，公诉人应当就有关问题（可直接点出什么问题）阐明一下立场，并表明：“大家都知道（或者任何从事法律工作的人都清楚）辩护人的职责是根据事实和法律，提出证明被告人无罪、罪轻或减轻、免除其刑事处罚的材料和意见，而这些均应建立在以事实为根据、以法律为准绳的法制原则上。刚才，被告人×××的辩护人在发言中，违背职业道德，对公诉人进行人身攻击，讽刺挖苦（或使用污言秽语）。对此，公诉人提请辩护人，这是神圣庄严的法庭，绝不允许任何人，当然也包括辩护人有亵渎法律的言行。同时，公诉人也相信辩护人发表以上言行一定会受到审判长的斥责和制止。下面，公诉人就有关辩护意见，作如下答辩。”

（法庭上出现辩护人对公诉人进行人身攻击的情况时，公诉人应当冷静，既要理直气壮予以驳斥、警告，又要注意用语的得体、得当，做到点到为止，恰到好处，绝不能采取以牙还牙的方式，要保持公诉人的形象。）

22. 出现辩护人针对起诉书或公诉人的某个失误大做文章时，公诉人应当表明："辩护人提出的×××问题，本公诉人已充分注意到（或者已经引起重视并作了改正）。但是，公诉人认为，这个问题不影响对被告人的定罪量刑，公诉人将不就此事展开辩论。"

如果辩护人在二轮、三轮答辩中仍纠缠同一问题，可作如下答辩："辩护人提出的×××问题，刚才公诉人已阐明了立场，因此公诉人认为，辩护人在辩论中再次大谈特谈，无非是哗众取宠，无任何实际意义。"

（遇到如下情况，如确系我们工作失误，可在答辩时略表歉意一带而过，争取旁听人员的理解；对于反复纠缠略作回击，也可以回避不予理睬。）

23. 对辩护人辩护意见偏离方向的，公诉人可表明："辩护人提出的×××问题，与本案起诉书指控的被告人的犯罪事实及定罪量刑无关，本公诉人不予答辩（或不作答辩）。"

24. 在辩论中出现对证据分析带有主观推测的，公诉人可表明："辩护人对×××证据的分析，公诉人已经注意到，鉴于该分析既表面又不客观，仅仅是主观推测，所以本公诉人不予答辩（也可就事论事，逐点加以分析驳斥）。"

（在法庭辩论中，切忌言语过火而引起不必要的争执，对于控辩双方反复争论即所谓"公说公有理、婆说婆有理"的问题，要果断地把球踢给审判庭，避免纠缠。一般可表明："辩护人提出的×××问题，公诉人在前面答辩中观点十分明确，即……公诉人相信合议庭一定会实事求是依法作出断定，因此，公诉人不再就此事实予以答辩。"）

25. 如果出现被害人及其诉讼代理人就定性定罪发表与公诉意见不一致的意见时，公诉人不宜正面回答，但也不能没有态度，可表明："刚才×××发表的意见（内容），对此，公诉人已发表了公诉意见，请合议庭审定。"

或者表明："审判长，刚才被害人的诉讼代理人对本院起诉书提出异议，认为本院认定被告人×××构成故意伤害定性不准，应定为故意杀人罪，要求对被告人×××从重处罚。这一愿望公诉人是完全理解的。作为公诉人，我是代表国家指控犯罪的，被害人及其诉讼代理人也是控诉被告人罪行的。你可以提出自己对本案的事实、情节、证据的分析，发表对本案的定性意见，相信法庭会在查明事实的基础上，对本案作出公正判决。”

第三节　律师在审判中的语言应用

律师除了具备扎实的法学知识和办案技巧外，能够认真地运用好律师语言，会起到很好的庭审效果。尤其是对那些以诉讼为主的律师来说，律师语言的运用显得更重要了。

一、律师语言及特点

律师语言，指律师为维护当事人的合法权益，履行法定职责，在办案过程中所使用的语言。律师语言分为书面语言和口头语言两种形式。律师在办案过程中，书面语言和口头语言交替运用，联系紧密。律师要想驾驭语言这一重要工具，就要了解律师语言的规律和特点，以更好地履行辩护和代理职责。

律师语言的特点：

1. 律师语言要严肃、准确、庄重

律师在办案过程中叙事要客观，援引法律明确、严谨，语气语调运用上要平稳庄重。

2. 律师语言要规范

律师语言要符合现代汉语的语法规则和表达习惯，要恰当地使用法言法语。

3. 律师语言的观点旗帜鲜明

律师要具有维护法律尊严的胆识和勇气。律师仗义执言，不隐瞒观点。律师语言能强烈表达自己的观点。

二、律师语言要求简洁明快，根据上述语言的特点，结合实际中的律师语言的运用，应从以下几方面运用律师语言技巧

（一）律师选用词语要恰当得体

1. 概念表达准确。2. 词语生动，语体色彩、感情色彩适宜。3. 注意成语和专业术语的运用。

（二）律师要恰当地选择句式来表情达意

1. 陈述句要客观直接。2. 设问句要巧妙，起到启发引导作用和突出强调作

用。3. 反问有力。4. 句子宜短不宜长。

（三）律师口语流畅、有力，动听、振奋人心

1. 吐字发音要清晰。2. 尽量说普通话。3. 多用平稳舒缓的语调，注重语言节奏的变化。

（四）直言表达和婉言表达依案情而定

根据案情，该开门见山的，就要直截了当，一针见血；该迂回前进的，就要委婉地把话说出来。

有人说："律师是以口才艺术为职业的。"这话道出了律师的职业特征，同时也说出了口才对律师的重要性。律师在旁人眼里始终是一个能言善辩、巧舌如簧的职业形象。

律师执业一刻也离不开口才，口才是律师进行诉讼代理的重要工具。律师接待来访、解答咨询、接受委托、参与调解，无一不需要语言的交流。尤其是在出席民事、行政、刑事案件审判活动时，要在法庭上与对方当事人或公诉人展开面对面的辩论，这就需要律师必须有能言善辩的口才。辩论发言要做到生动而不失于轻浮，形象而不失于浅薄，锐利而不失于偏激，感人而不失于过度。总之，一个称职的律师，不仅要有良好的文字组织能力，还要有准确、清楚、简洁、生动的口语表达能力，这是律师业务水平的重要标志。

三、律师口才的概念及特点

律师口才，是指律师在提供法律服务过程中，以事实为根据，以法律为准绳，直接进行口语表达的智慧和才能。律师口才来源于普通口才，但又区别于普通口才。它是在特殊的场所里，为了明确的目的，围绕特定的内容，以论辩说理为主的语言表达活动，受着职业特征与现实场合的制约，有其特殊的表达规律。律师口才既有法律性质，又有语言表达性质。

律师口才具有下列特征：

1. 对象的特定性

律师口语表达对象，是指律师工作的对象，它包括两个大类：一类是特定的人，即委托人；另一类是相对特定的人，即与律师法律事务有密切联系的人，如对方当事人及代理人、证人及审判人员等。因此，针对不同的对象，律师应采取不同的口语表达方式。

2. 时间的特定性

一般口语表达，并没有时间的特定性，但律师口才有其特定的时间观念。律师工作一方面受着法律规定的时间制约；另一方面也受着案件或事件发展及诉讼程序时间的制约。如调解时间、辩论时间、谈判时间等，并非均由律师控制。就一个具体的案件而言，律师进行口语表达的时间及次数也是有限的。因此，律师要想取得办案的有效成果，必须在有限的时间内充分发挥其口语表达能力。由此可见，时间在律师口才的发挥中，占有相当重要的地位，起着相当重要的作用。

抓准时机和有效利用时间，是律师口才的必然要求。抓准时机，就是要把握讲话的最好机会；有效利用时间，就是要在最短时间内最充分地表达自己的观点。

3. 环境的特定性

律师口才的环境，是指律师进行口语表达时，亲身感受到的场所状态，包括常规环境和非常规环境两个方面。前者是律师相对熟悉的、固定的环境，如办公室、法庭等；后者指开放的、相对陌生的环境，如一般指公共场所、流动场所等。律师在口语表达实践中，应当具有适应和善于利用环境的能力。

4. 目的的特定性

律师口才的目的与律师工作的目的具有一致性，即保证法律的正确实施，维护当事人的合法权益，促进经济发展和社会稳定。

有了明确的目的，律师就可以因地制宜地选择相应的对策，使整个口才机制能动、和谐地运转。

四、如何练就卓越律师口才

1. 勇于改变

勇于改变的前提是认识自己。雅典阿波罗神庙有一石碑，碑上刻有“认识你自己”五个大字，这是先哲苏格拉底的名言。他警示世人：清醒地了解自己，是做事的最大前提。对于一个迫切想拥有滔滔口才的律师而言，首先必须对自己语言表达能力要有一个客观的认识。你的普通话是否标准；嗓音是否圆润；能否不用发言提纲而讲述一件复杂的事情；能否即兴演讲，并且中心突出，条理分明；能否语言生动形象，表达声情并茂，等等。择其善者而从之，剔其不善者而改之。其次，主观上应有成功的信心。一个人穿着很滑稽的衣服上街，他想自己肯定会被别人笑话，由于内心里觉得自己像个小丑，于是他真的就成了小丑。

2. 精于学习

提高律师口才的最根本途径就是“学习”。“学习”包括三方面的内容，即学看、学听、学说。其中看、听是向别人学习，说是直接提高自己。

学看是初为律师的人提高口才艺术的有效途径。“看”的内容主要有三个方面：

一是多看理论书籍和体会文章。有关口才艺术的理论书籍有很多，通过学习可以全面系统地了解口才艺术的特点和规律，掌握各种语体的内部构造和生成规律，然后重点学习口才艺术的各种技能和技巧，这样对指导实际练习具有重要作用。

二是多看经典的口语作品。古今中外名人的演讲作品有很多，如：邓析的两可之辩、晏子的两淮橘枳之辩、施洋大律师的京汉铁路命案真相之辩、美国费城律师汉密尔顿的新闻自由之辩，等等。阅读这些传世名篇要认真分析其思想观点的阐述、语言修辞的特色、篇章结构的安排和表达技巧的运用，并把其中精妙之处，化为自己练习口才的营养。

三是多看视听资料。心理学上有一个公式：一个信息的表达=15%的言语+30%的声音+55%的态势语。因此，我们在重点分析学习演讲者思想和表达技巧的同时，更要注意观察学习其运用态势语言的艺术，揣摩其如何结合现场表述观点、选择服装、修饰仪容，如何恰当地运用肢体语言和面部表情，等等。

学听，除了接受声音信息外，还要通过大脑思维，吸收、理解所接受的信息。与此同时，要善于判断发现对方说话的声音技巧和表达艺术，吸取其特长，以提高自己说话的能力。学听包括以下三个方面：

一是多听录音材料，包括演讲、辩论实况录音、评书，等等。在听录音时，可重点琢磨怎样准确清晰地发音，如何掌握语调的高低轻重，怎样合理地安排停顿，如何根据所表达的思想感情确定适当语速，做到声情并茂，等等。要边听边分析边体会，理解其妙处，为我所用。

二是现场倾听。现场倾听可着重学习说者的表达艺术，包括要准确理解话语的表面意思和深层意思，了解说话人的真正意图和目的。

三是掌握说话人表达自己意图的方式和方法。

学说是锻炼口才的实战练习。在学习了别人的经验之后，口语表达能力是否有所提高关键就取决于自己是否勤说苦练。学说，就要抓住一切机会进行锻炼。

朗读、朗诵是律师口才锻炼的有效方法。朗读是律师把书面语言还原成有声语言，以期产生强烈的感染力。而朗诵是在朗读的基础上进一步升华，它要求律师表情、动作、形体相互配合，以发挥更强烈的感染力。通过朗读、朗诵，可以帮助律师提高说话的技巧和水平，锻炼口齿清晰，纠正不正确的发音，培养语言的表现力。因此，经常找一些材料进行朗读、朗诵是锻炼律师口才能力的重要途径。

历史上一切口若悬河的演说家，一切口齿伶俐的交际家，都不是天生的，而是在努力学习的基础上，靠自信、勇气、勤说苦练造就而成的。

卡耐基创办的口才训练班有一项规定："在每一堂课里，每个人至少有一次在全班同学面前站起来讲一段话。"理由很简单，要学游泳，就得到水中去；要学讲话，就得多开口。

3. 勤于实践

英国著名的大法官伯基特指出："没有出庭，什么都无从谈起。"纸上谈兵是毫无益处的。实践，为律师的各种素质提供了用武之地，使其大显身手；同时，也是律师练就口才的磨刀石，使之更趋成熟。

一个律师的成长，除了他的天资以外，后天素质的提高是不可或缺的。律师要在工作实践中，充分调动自己的感觉、知觉、思维、记忆、想象等因素，运用自己的思维力、记忆力、想象力，培养工作所需的表达能力、逻辑思维能力、应变能力，提高自己的综合素质，从而更有效地开展业务。

总之，律师口才一方面需要在实践中加以锻炼；另一方面需要在实践中不断进行总结提高。

律师口才是一种技巧，更是一门艺术。所有的律师都应根据自己个人特点和创造力形成独特的演说风格。不懈地完善自己，不懈地积累经验，提高自己的演说艺术。努力学习、探索，磨砺自己的个性风格，才能使律师法口生辉，律师口才艺术之花才能常开不败。

五、语言运用的基本功与技巧

人的思维只有通过表达，才能达到影响他人的作用。表达的好坏取决于表达的内容，但表达技巧也是关系到表达成功与否的关键所在。一个称职的律师，不仅要有好的文字组织能力，还应具有准确、简洁、清楚、生动的语言表达能力。

（一）文字表达技巧

综合案情，理顺辩论思路，写好代理词、辩护词，是每一位律师在庭前必做的一项基础工作。材料的组织必须做到：1. 字斟句酌，用词准确；2. 调配语句，合理布局；3. 篇章衔接，环环相扣；4. 结构严谨，条理清楚；5. 重点突出，详略恰当。

（二）语言表达技巧

纵观每位成功的律师，在出庭辩论、代理时，都具有驾驭、支配辩论形势的能力。庭审制度改革为每个律师在这方面能力的发挥提供了广阔的空间。在庭审辩论中，律师应当做到：1. 脱稿，并善于把前言说好。在设计这方面的语气和选择言辞时必须达到的效果是：①立即抓住整个法庭的注意力；②传达案件的严重性或表现出对本案的真诚；③表明对本案的信心。2. 控制语速，并吐字清晰。有了好的辩论内容，还需有好的表达方式。律师在庭审辩论时，应做到口齿清楚，发音准确，音调和谐，快慢适度。力争达到声调上的抑扬顿挫，以提高论辩感染效果。3. 善于入情入理。语言可以伤人，也可以感人。用辩论语言伤人，对于律师职责来说则是不道德的。但律师的辩论语言以情感人，则是可取的。使用这一语言情感时，必须注意以下几个问题：①具体案件的辩论语言感情色彩，要有与案情相适应的基调。②绝不能带有当事人的感情色彩。律师操作的情感就是经过理智语言处理过的辩论情感、法律语言情感。③情感措辞应是发而不露、放而不纵、委婉、曲折、含蓄的中性语言。

（三）形象技巧

除了文字表达、语言表达技巧外，律师还应具有良好的体态语言表达技巧。有声与无声、语言与体态的融合统一，才能体现律师精湛的表达能力。

1. 柔中有刚，举止大方。律师在庭审辩论中要有风度，有气魄，不卑不亢，不趾高气扬。在辩论得势时，不忘乎所以，轻视对方；在失利时，不惊慌失措，手忙脚乱。发言必须权衡，切不可轻率发表无准备、无水平的言辞。在任何情形下，都应举止大方，沉稳有序，言而有据。律师应具有这种刚柔并济、以静制动、以稳求成的形象。

2. 善于控制情绪。古语说："兵无常势，水无常形。"法庭辩论情况也常常如此。律师在庭审中可能遇到事先没有预料到或已预料到的非正常的阻碍、干扰、发难等情况。这就要求律师控制自己的情绪，怒而不暴跳如雷，惊却能声色不露，即席采取有效措施，平息、安定、排除意外，做到应变自如，稳中求胜。

六、谋略及具体运用

（一）先声夺势法

此法系法庭辩论一方对另一方可能提出的问题避而不谈，而对己方极有利的问题，先在辩论发言中全面论证，以达到先入为主，争取主动的庭辩战术。实践中，应用此法须在庭审前做好充分准备，且在庭审调查阶段对己方有利的事实、证据逐一认定。然后根据事实和证据，针对对方不正确的观点主动出击进行反驳，以期掌握辩论主动权，夺取制高点，使对方陷入被动。

（二）避实就虚法

庭审辩论中，对方的弱点往往是对方力求回避的地方，甚至对方会采用偷换论题、偷换概念、答非所问的方式，企图达到转移己方视线，扰乱视听的目的。因此，运用此法首先应善于抓住对方之“虚”，选择其薄弱环节连连进攻，一攻到底，直到把问题辩论清楚为止。

（三）设问否定法

又称舌战偷渡法，使用该法，关键是律师在设问时要把辩论的目的深藏不露，绝不能让对方察觉设问的真正意图。尤其是第一问，一定要让对方在尚未了解发问意图的情况下予以回答，只要回答了第一个问题，下个问题就由不得他不回答了。等到对方自觉难以自圆其说时，后悔也来不及了。这种使对方处处被动、自打嘴巴的战术，不失为一种极有效的辩论手段。其结果只能是让对方在不自觉中接受律师（或设问方）的观点，出其不意而辩胜。

（四）间接否定法

是指在辩论中不直接把矛头指向对方，而是若无其事地将辩论对手的错误观点搁在一旁“置之不理”，郑重地从正面提出自己的独特见解，并充分论证。运用此法应注意两点：1. 自方所持观点应与对方所持观点势不两立。2. 自方观点应有理有据，绝不能牵强附会，哗众取宠。

（五）示假隐真法

此法系指先举与本案无关的事实证据，运用掩盖真相或本意的语言技巧，形成对方的错觉，然后出其不意，突然出击，拿出自方真实有利的证据或观点，置对方于被动、措手不及的庭审辩术。现今“当庭举证，当庭质证”的庭审方式，无疑为这一辩术提供了广为运用的空间。

（六）以退为进法

它是形式逻辑的归谬法在法庭辩论中的使用。自方先将对方提出的论题（或观点）假设为真，然后从这个假设为真的命题推导出一个或一系列荒谬的结论，从而得出原论题为假的辩论方法。此法是一种辩论性、反驳性很强的法庭辩论方法，因而推导得出的必然性结论，容易被接受，从而获得较好的辩论效果。

（七）后发制人法

兵战与舌战之间有许多共同的规律。兵战中的战略战术，也可以用作辩论的对策。先发制人可以产生优势；后发制人则可以变被动为主动。由于后发，自方可以知道对方的基本观点，发现矛盾和弱点，然后以自己掌握的材料有针对性地集中进行反驳，有时可以导致对方措手不及而险象丛生。

第四章　模拟审判庭审的行为规范

第一节　法官的行为规范

司法活动是一个依据证据查明事实，根据法律作出裁判的过程。法官是司法活动的主体，而司法活动的规律和特点，决定了法官的行为必须严格依法进行，必须在宪法和法律的范围内行事。法官行为的文明程度，绝不仅仅是法官个人素质高低问题，深层次体现的是对人民群众的感情问题，反映的是法官的形象、法院的形象问题。

最高人民法院于2005年制定了《法官行为规范（试行）》（以下简称《规范》），这是一部比较全面、系统地以法官行为为调整对象的规范性、指导性文件。在《规范》中突出强调法官在司法工作的各个环节和日常生活的各个方面都要注重自身的一言一行、一举一动，有利于法官自觉约束自己的行为，时刻保持对自己行为的高标准、严要求，有利于树立人民法院公正司法、文明司法的良好形象。

在《规范》的一般规定中，要求法官要坚定政治信念、恪守职业道德、坚持审判独立、注重着装仪表、约束语言行为等。在庭审、文书制作、执行等工作环节，也都本着依法办案、公正公平的原则，提出了具体的要求。如在提高庭审质量方面，要求法官严格遵循庭审程序，平等保护当事人的诉讼权利；根据案情和审理需要，公平合理地分配诉讼各方在庭审中的陈述及辩论时间。在提高裁判文书水平方面，要求完整表述裁判文书当事人的诉辩主张，加强证据分析认定，客观、全面、充分地说清裁判理由，准确引用法律规范，并对如何处理在宣判或送达后发现裁判文书有差错的情形作出了规定。在严格规范执行方面，强调不得超标地查封、冻结、扣押被执行人财产；严格按照拍卖、变卖的有关规定，依法委托评估、拍卖机构，不得损害当事人的利益。《规范》还要求法官严格遵守法律规定的各种诉讼期限，科学合理地安排工作，提高工作效率。此外，《规范》紧紧抓住容易发生徇私枉法、权钱交易的环节，对法官廉洁司法进行了约束和提示。如，要求法官严格遵守廉政规定，不得直接或间接地利用职务和地位为自己、亲属及他人谋取任何不当利益；对当事人及其亲属、代理人的贿赂行为要果断拒绝并给予批评。这些规定，有助于法官摒弃“重实体、轻程序”的错误思想，依法定程序办案，促进司法公正；有助于法官正确行使法定职权，保持司法廉洁。

针对有些司法行为和业外活动缺乏制度约束或虽有制度要求但缺乏具体操作规程的情况，《规范》根据法官职业的特殊性，对法官行为提出了文明、规范、正当、有序的要求。如在文明司法方面，要求法官要谨言慎行、举止得体、态度温和，坚决杜绝冷、横、硬、推。庭审要集中精力，不做与庭审活动无关的事，在示意当事人及其他诉讼参加人发言时，要以礼貌的手势，法官不得与当事人以及其他诉讼参加人辩论、争吵，不得随意打断当事人、代理人、辩护人陈述，不得以生硬言辞进行指责。在约束业外行为方面，要求法官洁身自好，加强修养；谨慎参加座谈、研讨以及各类联谊活动或者出入各类娱乐场所，等等。

庭审要求：

第二十六条　基本要求

（一）规范庭审言行，树立良好形象；

（二）增强庭审驾驭能力，确保审判质量；

（三）严格遵循庭审程序，平等保护当事人诉讼权利；

（四）维护庭审秩序，保障审判活动顺利进行。

第二十七条　开庭前的准备

（一）在法定期限内及时通知诉讼各方开庭时间和地点；

（二）公开审理的，应当在法定期限内及时公告；

（三）当事人申请不公开审理的，应当及时审查，符合法定条件的，应当准许；不符合法定条件的，应当公开审理并解释理由；

（四）需要进行庭前证据交换的，应当及时提醒，并主动告知举证时限；

（五）当事人申请法院调取证据的，如确属当事人无法收集的证据，应当及时调查收集，不得拖延；证据调取不到的，应当主动告知原因；如属于当事人可以自行收集的证据，应当告知其自行收集；

（六）自觉遵守关于回避的法律规定和相关制度，对当事人提出的申请回避请求不予同意的，应当向当事人说明理由；

（七）审理当事人情绪激烈、矛盾容易激化的案件，应当在庭前做好工作预案，防止发生恶性事件。

第二十八条　原定开庭时间需要更改

（一）不得无故更改开庭时间；

（二）因特殊情况确需延期的，应当立即通知当事人及其他诉讼参加人；

（三）无法通知的，应当安排人员在原定庭审时间和地点向当事人及其他诉讼参加人解释。

第二十九条　出庭时注意事项

（一）准时出庭，不迟到，不早退，不缺席；

（二）在进入法庭前必须更换好法官服或者法袍，并保持整洁和庄重，严禁着便装出庭；合议庭成员出庭的着装应当保持统一；

（三）设立法官通道的，应当走法官通道；

（四）一般在当事人、代理人、辩护人、公诉人等入庭后进入法庭，但前述人员迟到、拒不到庭的除外；

（五）不得与诉讼各方随意打招呼，不得与一方有特别亲密的言行；

（六）严禁酒后出庭。

第三十条　庭审中的言行

（一）坐姿端正，杜绝各种不雅动作；

（二）集中精力，专注庭审，不做与庭审活动无关的事；

（三）不得在审判席上吸烟、闲聊或者打瞌睡，不得接打电话，不得随意离开审判席；

（四）平等对待与庭审活动有关的人员，不与诉讼中的任何一方有亲近的表示；

（五）礼貌示意当事人及其他诉讼参加人发言；

（六）不得用带有倾向性的语言进行提问，不得与当事人及其他诉讼参加人争吵；

（七）严格按照规定使用法槌，敲击法槌的轻重应当以旁听区能够听见为宜。

第三十一条　对诉讼各方陈述、辩论时间的分配与控制

（一）根据案情和审理需要，公平、合理地分配诉讼各方在庭审中的陈述及辩论时间；

（二）不得随意打断当事人、代理人、辩护人等的陈述；

（三）当事人、代理人、辩护人发表意见重复或与案件无关的，要适当提醒制止，不得以生硬言辞进行指责。

第三十二条　当事人使用方言或者少数民族语言

（一）诉讼一方只能讲方言的，应当准许；他方表示不通晓的，可以由懂方言的人用普通话进行复述，复述应当准确无误；

（二）使用少数民族语言陈述，他方表示不通晓的，应当为其配备翻译。

第三十三条　当事人情绪激动，在法庭上喊冤或者鸣不平

（一）重申当事人必须遵守法庭纪律，法庭将会依法给其陈述时间；

（二）当事人不听劝阻的，应当及时制止；

（三）制止无效的，依照有关规定作出适当处置。

第三十四条　诉讼各方发生争执或者进行人身攻击

（一）及时制止，并对各方进行批评教育，不得偏袒一方；

（二）告诫各方必须围绕案件依序陈述；

（三）对不听劝阻的，依照有关规定作出适当处置。

第三十五条　当事人在庭审笔录上签字

（一）应当告知当事人庭审笔录的法律效力，将庭审笔录交其阅读；无阅读能力的，应当向其宣读，确认无误后再签字、捺印；

（二）当事人指出记录有遗漏或者差错的，经核实后要当场补正并要求当事人在补正处签字、捺印；无遗漏或者差错不应当补正的，应当将其申请记录在案；

（三）未经当事人阅读核对，不得要求其签字、捺印；

（四）当事人放弃阅读核对的，应当要求其签字、捺印；当事人不阅读又不签字、捺印的，应当将情况记录在案。

第三十六条　宣判时注意事项

（一）宣告判决，一律公开进行；

（二）宣判时，合议庭成员或者独任法官应当起立，宣读裁判文书声音要洪亮、清晰、准确无误；

（三）当庭宣判的，应当宣告裁判事项，简要说明裁判理由并告知裁判文书送达的法定期限；

（四）定期宣判的，应当在宣判后立即送达裁判文书；

（五）宣判后，对诉讼各方不能赞赏或者指责，对诉讼各方提出的质疑，应当耐心做好解释工作。

第三十七条　案件不能在审限内结案

（一）需要延长审限的，按照规定履行审批手续；

（二）应当在审限届满或者转换程序前的合理时间内，及时将不能审结的原因告知当事人及其他诉讼参加人。

第三十八条　人民检察院提起抗诉

（一）依法立案并按照有关规定进行审理；

（二）应当为检察人员和辩护人、诉讼代理人查阅案卷、复印卷宗材料等提供必要的条件和方便。

第二节　公诉人的行为规范

为规范公诉人出庭支持公诉行为，树立国家公诉人良好形象，保障公诉人正确履行出庭支持公诉职责，2004 年 12 月 10 日最高人民检察院出台了《公诉人出庭行为规范（试行）》，其中的第三章专门规定了公诉人出庭行为规范：

第三章　出席法庭

（一）一般规定

第八条　公诉人出席法庭应携带按照最高人民检察院规定统一制发的出庭文件夹。法庭书记员宣布“请公诉人入庭”后，公诉人应手持出庭文件夹精神饱满步入法庭，并向旁听席露出文件夹上的检察徽章。多名公诉人出庭的，应按顺序进入法庭，第一公诉人坐在靠近审判席的一侧。如案件材料较多，可将有关材料先行放到公诉席上。

第九条　公诉人出庭支持公诉应当尊重审判人员，尊重审判长依法进行的诉讼指挥，遵守法庭纪律，维护诉讼参与人的合法权益。不得随意离开法庭，确实需要离开法庭的，应当经审判长同意或提请法庭休庭。

第十条　公诉人出庭支持公诉，对合议庭组成人员应当分别称“审判长”“审判员”“人民陪审员”或统称“合议庭”。向法庭提出要求时应当称“审判长”；当某阶段活动完毕或发表公诉意见时应当称“审判长、审判员（人民陪审员）”。

多名被告人聘请辩护人的，应当称“被告人×××的辩护人”，一名被告人聘请两名辩护人的，应当称“被告人×××的第一辩护人”“被告人×××的第二辩护人”。

在讯问中，对被告人应当称“被告人×××”，也可以根据具体情况称“你”。

公诉人作上述称呼时，应当正视上述人员。

公诉人可以自称为“公诉人”或者“本公诉人”。

第十一条　公诉人出庭支持公诉发现法庭审理案件严重违反法律规定的诉讼程序或严重侵犯诉讼参与人合法权益，影响案件公正审理的，应当在庭后及时向本院检察长报告，并根据需要提出意见。但是如不当庭指出可能严重影响公正审判或者可能造成难以弥补损失的，公诉人可以当庭指出并于庭后及时向本院检察长报告。

（二）法庭调查

第十二条　公诉人宣读起诉书时，应保持姿势端正。宣读起诉书应从“×××人民检察院起诉书”开始至“检察员×××”结束。宣读完毕后，应面向审判长告知：“审判长，起诉书宣读完毕。”

第十三条　讯问被告人，应首先告知其应当如实回答讯问。询问被害人应当告知其应当如实陈述和有意作虚假陈述要承担的法律责任。讯问共同犯罪案件的被告人，询问证人、鉴定人，应当分别进行。必要时可以建议法庭传唤有关被告人、证人同时到庭对质。

第十四条　公诉人应当根据讯问或询问提纲以及被告人、被害人、证人、鉴定人的当庭供述或陈述，按照有利于指控犯罪的原则及时调整讯问或询问内容。

第十五条　公诉人当庭讯问被告人应遵守下列要求：

（一）应在起诉书指控的范围内，围绕对被告人的定罪和量刑进行讯问；

（二）应具有针对性，目的明确，有利于公正审判；

（三）同一事实，一般不应重复讯问，但确需强调的除外；

（四）不得使用有损人格或带有人身攻击性的语言进行讯问；

（五）不得采取威胁、诱导等不正当方式进行讯问。

第十六条　被告人在庭审中的供述与其在侦查、审查起诉阶段供述不一致，足以影响对被告人定罪量刑的，公诉人应结合被告人庭审前的供述，对不一致的内容有针对性地进行讯问，也可以在示证阶段宣读或出示被告人在庭审前的供述或提出其他证据予以证明。

第十七条　在法庭调查阶段，遇有下列情况，公诉人应根据情况自己或提请审判长制止，或者建议休庭：

（一）被告人的供述与案件无关或答非所问的；

（二）被告人使用污言秽语，或者攻击国家机关、社会团体或其他公民的；

（三）辩护人或者诉讼代理人采取威胁、诱导等不正当方式进行提问的；

（四）辩护人或者诉讼代理人的提问与案件无关的；

（五）被告人的供述或者辩护人、诉讼代理人的发言可能泄露与案件无关的国家机密的；

（六）辩护人越权为同案其他被告人辩护的，但该辩护有利于从轻、减轻或免除自己当事人刑罚的除外。

公诉人提请审判长制止的方式可以是："反对。审判长，刚才……（例：辩护人向被告人提问是诱导性的。）"或："审判长……（例：被告人当庭使用污言秽语，有损法庭庄严的形象，应予制止。）"

第十八条　讯问暂时告一段落时，公诉人应向审判长说明："审判长，对被告人×××的讯问暂时到此。"

第十九条　法庭调查过程中，如果需要继续对被告人讯问的，应当向审判长申请："审判长，公诉人需要补充讯问被告人×××。"得到准许后再讯问。前述申请不得打断辩护人、诉讼代理人正在进行的提问。

第二十条　公诉人举证、质证、答辩时应参考举证及质证提纲，并根据庭审情况及时调整。

第二十一条　公诉人应当根据庭审情况合理安排举证顺序，遵循一事一证、证明同一事项的证据同组出示的原则，做到条理清楚、层次分明。一般应先出示定罪证据，后出示量刑证据，先出示主要证据，后出示次要证据。特殊情况下，公诉人可以按照有利于指控犯罪的原则排列举证顺序。

第二十二条　公诉人要求证人、鉴定人出庭做证或要求搜查、勘验、检查等活动的见证人或负责侦查的人员出庭说明有关情况的，应说明将要证明的内容，提请合议庭传唤或通知。

第二十三条　公诉人当庭询问被害人、证人、鉴定人及搜查、勘验、检查等活动的见证人或负责侦查的人员，适用本规范第十五条关于讯问被告人的规定。

第二十四条　被害人、证人、鉴定人当庭作虚假陈述，足以影响对被告人定罪量刑的，公诉人可以宣读其在侦查、审查起诉阶段所作的陈述或证言笔录，并结合具体案情有针对性地进行询问，或在举证、质证时出示其他证据予以证明。

第二十五条　公诉人举证，应遵循下列要求：

（一）出示、宣读、播放每一份（组）证据前，公诉人应先就该证据的来源、特征及所要证明的内容向法庭作概括说明，书证、物证宣读或出示完毕后，应提请法庭交由法警让当事人、证人辨认。

（二）未到庭被害人、证人的证言笔录、陈述笔录公诉人可以直接宣读。鉴定结论、勘验笔录、检查笔录由鉴定人、勘验人、检查人自己宣读，未到庭鉴定人、勘验人、检查人的鉴定结论、勘验笔录、检查笔录公诉人可以直接宣读。

（三）每出示、宣读或播放一份（组）证据后，应说明“×××证据出示、宣读或播放完毕”，也可以根据案情在证据全部出示完毕后再向法庭说明。

（四）出示、宣读、播放每一份（组）证据时，可以全部出示，也可以摘要出示，但不得作扭曲原意的删减、概括。

（五）出示的证据一般应当为证据的原件或原物，原物不易搬运、不易保存或已返还被害人时可以出示反映原物外形或内容的照片、录像，获取书证原件有困难时可以出示书证副本或复制件。

（六）使用多媒体示证的，公诉人应向法庭简要说明该示证方式。

第二十六条　公诉人可以根据庭审需要，出示开庭前送交人民法院的证据目录以外的证据，但应说明理由及证明事项。

第二十七条　所有证据出示完毕后，公诉人应向审判长说明：“审判长，本案的有关证据现已全部出示完毕，以上证据确实、充分，足以证明起诉书指控的犯罪事实和情节，请合议庭依法采信。”

第二十八条　对于被告人、辩护人向合议庭提交的证据，公诉人应认真审查。认为该证据不具备证据的合法性、客观性或关联性的，应当及时向法庭提出。

前述证据如果对被告人的定罪、量刑有重大影响，当庭难以准确判断，符合延期审理条件的，公诉人应当提请法庭延期审理。

（三）法庭辩论

第二十九条　公诉人发表公诉意见，应参考出庭预案，结合庭审情况及时予以调整和完善。

（一）根据法庭调查的情况，概述法庭质证情况、各证据的证明作用，并运用各证据之间的逻辑关系说明被告人的犯罪事实已经得到充分证明。

（二）根据被告人的犯罪事实，论证应适用的法律条款并提出定罪及从重、从轻、减轻处罚等意见。

（三）根据法庭情况，在揭露被告人犯罪行为社会危害性的基础上，做必要的法律宣传教育工作。

第三十条　公诉人发表公诉意见，可以根据情况提出量刑建议。

第三十一条　公诉意见发表完毕，公诉人应告知审判长："审判长，公诉意见发表完毕。"

第三十二条　辩护人发表辩护意见后，公诉人应根据庭前准备的答辩提纲，结合庭审变化情况进行适当调整，有针对性地答辩。答辩应当重点突出，条理清晰，说理充分，论证严谨。

第三十三条　对控辩双方争议的焦点问题，公诉人必须答辩。答辩前应先向审判长表明坚持公诉意见的态度，同时表明将针对被告人或辩护人的辩护观点，作出答辩。

第三十四条　公诉意见已经阐明，但被告人（或其辩护人）仍重复公诉人已经答辩过的意见时，公诉人应向法庭说明："审判长，被告人（或其辩护人）所提意见，公诉人已在上一轮的论辩中作出答辩，鉴于被告人（或其辩护人）没有提出新的意见，公诉人不作重复答辩。"

第三十五条　对于控辩双方认识基本一致，或被告人及其辩护人提出的意见不影响对被告人定罪量刑或者与案件无关时，公诉人可以不辩论或者只作简单说明。

第三十六条　被害人及其代理人的意见与公诉意见不一致的，公诉人应参照前述规范进行答辩。

第三十七条　法庭辩论阶段，公诉人认为需要恢复法庭调查的，应当向法庭提出申请。

第三十八条　法庭辩论阶段，公诉人还有新的答辩意见，而审判长未征求公诉人意见即结束法庭辩论时，公诉人应向审判长提出："审判长，公诉人的答辩意见还没有发表完毕，请恢复法庭辩论或者允许公诉人补充进行答辩。"

（四）延期审理及宣判

第三十九条　在法庭审理过程中，遇有《中华人民共和国刑事诉讼法》第一百六十五条、《人民检察院刑事诉讼规则》第三百四十八条规定的情况，公诉人应当要求法庭延期审理："审判长，鉴于……情况，根据《中华人民共和国刑事诉讼法》第一百六十五条的规定，特提请法庭延期审理。"

第四十条　宣告判决时，公诉人和书记员应当按照法庭要求起立。

第四十一条　宣告判决后，公诉人一般不发表意见，如果审判长征求公诉人意见，公诉人可以回答："审判长，根据刑事诉讼法第一百八十三条规定，本院将依法对本案的判决进行审查，如有意见，将由本院在法定期限内正式提出。"

第三节　律师的行为规范

2004年3月20日五届全国律协第九次常务理事会审议通过试行；2009年12月27日七届二次理事会修订的《律师执业行为规范》是律师执业的详细指导性和规范性文件。律师要开展律师业务，必须在本规范指导和规定范围内进行。在《律师执业行为规范》中的第五章专门规定了律师出庭行为规范。

第五章　律师参与诉讼或仲裁规范

第一节　调查取证

第六十二条　律师应当依法调查取证。

第六十三条　律师不得向司法机关或者仲裁机构提交明知是虚假的证据。

第六十四条　律师作为证人出庭做证的，不得再接受委托担任该案的辩护人或者代理人出庭。

第二节　尊重法庭与规范接触司法人员

第六十五条　律师应当遵守法庭、仲裁庭纪律，遵守出庭时间、举证时限、提交法律文书期限及其他程序性规定。

第六十六条　在开庭审理过程中，律师应当尊重法庭、仲裁庭。

第六十七条　律师在执业过程中，因对事实真假、证据真伪及法律适用是否正确而与诉讼相对方意见不一致的，或者为了向案件承办人提交新证据的，与案件承办人接触和交换意见应当在司法机关内指定场所。

第六十八条　律师在办案过程中，不得与所承办案件有关的司法、仲裁人员私下接触。

第六十九条　律师不得贿赂司法机关和仲裁机构人员，不得以许诺回报或者提供其他利益（包括物质利益和非物质形态的利益）等方式，与承办案件的司法、仲裁人员进行交易。律师不得介绍贿赂或者指使、诱导当事人行贿。

第三节　庭审仪表和语态

第七十条　律师担任辩护人、代理人参加法庭、仲裁庭审理，应当按照规定穿着律师出庭服装，佩戴律师出庭徽章，注重律师职业形象。

第七十一条　律师在法庭或仲裁庭发言时应当举止庄重、大方，用词文明、得体。

模拟审判分论

第五章 民事一审普通程序

第一节 庭审程序

模拟审判中的民事案件审判程序，通常是针对民事权益存在争议的案件，即争讼案件的审判程序，主要包括第一审普通程序、简易程序和第二审程序。民事第一审普通程序，是指人民法院审理和裁判第一审民事案件通常适用的程序。在《民事诉讼法》中，普通程序列居众多程序之首，内容最复杂，集中体现了民事诉讼的系统性和完整性。下面主要介绍一下普通程序庭审的基本运作流程。

一、庭审准备

庭审前的准备包括开庭三日前及开庭当日的准备工作。

（一）开庭三日前的准备工作

《民事诉讼法》第一百三十六条规定："人民法院审理民事案件，应当在开庭三日前通知当事人和其他诉讼参与人。公开审理的，应当公告当事人姓名、案由和开庭的时间、地点。"对当事人采用传票传唤，对诉讼代理人、证人、鉴定人、翻译人员等则采用通知书的形式通知其按时出庭。按照法律规定应当公开审理的案件应在开庭前三日前就案由、当事人姓名、开庭时间和地点发布公告。

（二）开庭当日的准备工作

书记员应在开庭当日先期到达法庭，做好开庭前的准备工作。书记员首先请诉讼参加人入庭就座，检查原告、被告及其诉讼代理人、其他诉讼参与人的出庭情况，并请诉讼参加人出示身份证件，核实诉讼参加人的身份。公开开庭的，还应当检查参加旁听的人员是否适合，如有未成年人（经批准的除外）、精神病人和醉酒的人以及其他不宜旁听的人在场旁听，应当请其退出法庭。如有记者到庭采访，应当确认其是否办理了审批手续。未经批准，不得录音、录像或者摄影，但应当允许记者作为旁听人员参加旁听和记录。然后宣布法庭规则和法庭纪律，最后请所有诉讼参加人和旁听人员起立，请审判人员入庭。

二、宣布开庭

首先，在审判人员入庭就座后，书记员向合议庭报告庭前准备工作，由审判长核对当事人及其诉讼代理人的身份。审判长依次核对原告及其诉讼代理人、被告及其诉讼代理人、第三人及其诉讼代理人的基本情况，并依次询问原告和被告对对方出庭人员、第三人对原告和被告出庭人员的身份是否有异议，当事人若均表示无异议，审判长宣布："各方当事人及其诉讼代理人符合法律规定，准予参加本案的庭审活动。"如果被告或第三人经传唤无正当理由拒不到庭的，审判长依法宣布缺庭审理。

其次，宣布开庭。审判长先敲击法槌，然后庄严宣布："×××人民法院民事审判庭，依照《中华人民共和国民事诉讼法》第一百三十四条的规定，今天公开（不公开）审理原告×××与被告×××（案由）纠纷一案，现在开庭。"如果案件不公开审理的，应当说明理由。

再次，宣布合议庭的组成人员、书记员名单，并告知当事人诉讼权利义务，分别询问当事人是否提出回避申请。如果当事人提出回避申请，应当要求其说明理由。如果当事人提出法定的回避理由，法庭应立即宣布休庭，待作出是否回避的决定后继续开庭。当事人确认不提出回避申请的，庭审活动得以继续进行。

最后，审判长宣布庭审的阶段，先后进行法庭调查、法庭辩论、当事人最后陈述、法庭调解等程序，调解不成的，法庭将休庭评议后进行宣判。

三、法庭调查

法庭调查是民事审判流程中的中心环节，其主要任务是在合议庭的主持下，围绕双方当事人的争议，听取当事人对案情的陈述，听取证人证言，出示各种物证、书证和视听资料，宣读勘验笔录和鉴定结论，全面调查案件事实并审查核实各种证据，为之后的法庭辩论奠定基础。法庭调查的基本步骤包括：

（一）当事人陈述

当事人陈述的内容主要是诉讼请求或者反驳对方当事人诉讼请求及其所依据的事实和理由。根据《民事诉讼法》的规定，当事人陈述的顺序是原告—被告—第三人。具体程序如下：

首先，原告宣读起诉书。由于在前期法庭已经核对了原告和被告的基本情况，因此，原告在宣读起诉书时仅需要陈述诉讼请求及所依据的事实和理由即可。

其次，被告答辩。被告针对原告的陈述进行答辩，被告对原告的诉讼请求和理由提出异议和反驳的，应阐明所根据的事实和理由。

当事人有诉讼代理人的，可以由诉讼代理人陈述或进行答辩，也可以在当事人陈述或答辩结束之后由诉讼代理人进行补充。被告答辩后，审判长应该询问原告对被告的上述答辩是否有质证意见，让原告进行陈述。原告和被告陈述后，如果有第三人参加诉讼的，第三人再进行陈述。

在当事人进行陈述的过程中，审判人员不得随意打断，但应对陈述予以积极引导，及时提问，使当事人的陈述能够始终围绕案件的关键问题进行。需要注意的是，审判人员的提问和引导应当保持价值中立，不应先入为主或者存在立场倾向。

最后，审判长归纳小结。当事人陈述结束后，由审判长根据当事人的陈述及案件的其他诉讼材料，对案件的诉讼请求、当事人无争议的事实及争议的焦点问题进行归纳，并询问当事人的意见。

（二）举证质证

法庭调查的重点确定之后，审判长告知当事人举证的程序及注意事项，要求举证、质证应当围绕法庭确定的范围进行，并对证据的名称、种类、来源、内容以及证明对象等作出说明。当事人举证和质证的顺序是，首先由原告就自己的诉讼请求向法庭提交证据，由被告进行质证；其次由被告提交反驳原告主张的证据，由原告进行质证；最后由第三人举证，原告、被告与第三人进行质证。举证和质证的过程中需要注意以下几点：

第一，证据应当合法。当事人所举证据必须符合《民事诉讼法》第六十三条所规定的八种证据形式，即当事人的陈述、书证、物证、视听资料、电子数据、证人证言、鉴定意见、勘验笔录，所有证据必须当庭质证方可作为认定案件事实的依据。

第二，举证时应向法庭及对方当事人提交本方的证据复印件，书证、物证、视听资料应同时提交原件、原物以供当庭核对。原件、原物确实无法提供的，要说明原物存放的地点，在有证据证明复制件、复制品与原件或原物一致的，可以出示复制件、复制品。

第三，经人民法院通知，证人应当出庭做证。确有困难不能出庭做证的证人经人民法院许可，可以通过书面证言、视听传输技术或者视听资料等方式做证。“确有困难”的情形包括：（1）因健康原因不能出庭的；（2）因路途遥远，交通不便不能出庭的；（3）因自然灾害等不可抗力不能出庭的；（4）其他有正当理由不能出庭的。

第四，鉴定人或者审判人员应当庭宣读鉴定意见，审判长应当询问当事人的意见，经法庭许可后，当事人可以依次向鉴定人发问。当事人对鉴定意见有异议的，可以申请重新鉴定，由法庭根据情况作出是否准许的决定。

第五，勘验人或者审判人员应当庭宣读勘验笔录。审判长应当询问当事人的意见。经法庭许可后，当事人可以向勘验人发问。当事人对勘验笔录有异议的，可以申请重新勘验，由法庭根据具体情况作出是否准许的决定。

第六，质证时，应对对方所举证据的真实性、关联性和合法性予以确认，对该证据的取得是否合法提出意见。如果对对方的证据不作肯定或否定的表示，视为对该证据无异议。

法庭调查范围内的调查事项调查完毕后，可以征询当事人：是否还有其他事实需要调查或者有其他证据需要出示。当事人申请调查其他事实，经法庭评议许可后，组织当事人当庭举证、质证。如果法庭经评议认为无调查必要的，可以驳回当事人的申请。

当事人申请出示其他证据的，应当说明理由和证明的对象。如系逾期提供的证据，法庭不组织质证；但对方当事人同意质证的除外。如系“新的证据”，法庭应当给对方当事人质证准备和收集反驳证据的时间，但对方当事人同意当庭质证的除外。如属于无须举证、质证范围内的证据，可以驳回当事人举证的申请。

四、法庭辩论和当事人最后陈述

（一）法庭辩论

法庭辩论是指当事人、第三人及其诉讼代理人在合议庭的主持下，就案件事实、争议焦点和法律适用阐明自己的主张与意见，互相进行反驳和答辩的诉讼活动。《民事诉讼法》第一百四十一条规定：“法庭辩论按照下列顺序进行：（一）原告及其诉讼代理人发言；（二）被告及其诉讼代理人答辩；（三）第三人及其诉讼代理人发言或者答辩；（四）互相辩论。”

当事人应当围绕案件的争议焦点进行辩论，当出现偏离时审判人员应当及时予以制止和引导。审判人员不得对案件的性质、是非责任发表意见，不得与当事人进行辩论。在法庭辩论过程中，如果当事人及其诉讼代理人提出新的事实和证据，合议庭可以决定停止辩论，恢复法庭调查，待查清事实后再继续进行法庭辩论。

（二）当事人最后陈述

法庭辩论终结后，审判长应按照原告、被告、第三人的顺序依次询问各方意见，由当事人作最后陈述。当事人最后陈述的内容主要是归纳本方诉讼意见，并就案件的具体处理向法庭提出最后请求。最后陈述的内容应力求能够充分表明自己的观点，同时也要尽量做到简明扼要。为充分保障当事人的诉讼权利，合议庭应当认真、耐心听取当事人的最后陈述，不宜打断或制止当事人发言；如果当事人陈述过于冗长，或陈述的内容多次重复，或与案件没有直接关联的，法庭可适时给予提醒和制止。

（三）调解

《民事诉讼法》第一百四十二条规定："法庭辩论终结，应当依法作出判决。判决前能够调解的，还可以进行调解，调解不成的，应当及时判决。"需要注意的是，调解不是庭审的必经程序。审判长在法庭辩论结束后，分别征询当事人是否愿意在合议庭的主持下进行调解。当事人均表示同意的，应分别由各方当事人提出调解方案，合议庭也可以根据当事人的请求提出调解方案。当事人达成调解协议，法庭经审查确认调解协议内容的合法性和当事人意思表示的真实性后，制作调解书。调解书经双方当事人签收后，即具有法律效力。根据《民事诉讼法》第九十八条的规定不需要制作调解书的案件，当事人各方同意在调解协议上签名或者盖章后生效，经人民法院审查确认后，应当记入笔录或者将协议附卷，并由当事人、审判人员、书记员签名或者盖章后即具有法律效力。当事人请求制作调解书的，人民法院应当制作调解书送交当事人。当事人拒收调解书的，不影响调解协议的效力。调解成功后，审判长宣布闭庭。

调解不成的，合议庭应当及时进行评议并作出判决。

五、休庭评议和宣告判决

（一）休庭评议

法庭辩论环节终结后，不适合调解或者调解不成的，审判长应当宣布休庭进行评议。宣布休庭后应告知当事人复庭的时间；如果决定不当庭宣判的，应当告知宣判的时间或者交代：宣判时间另行通知。决定当庭宣判的，应于休庭后立即进行评议；择期宣判的，应在庭审结束后五个工作日内进行评议。

评议的主要内容包括：案件的事实是否清楚，证据是否确实充分，案件性质如何认定，责任如何划分，适用何种法律，诉讼费用如何承担等问题。评议由审判长主持，除书记员在评议室做记录以外，非合议庭成员不得参加评议。合议庭成员应当认真负责，充分陈述意见，独立行使表决权，不得拒绝陈述意见或者仅作同意与否的简单表态。同意他人意见的，也应当提出事实根据和法律依据，进行分析论证。合议庭有不同意见时，实行少数服从多数的原则，但少数人的意见应如实记入评议笔录，评议笔录由合议庭全体成员签名或盖章。评议结束后，应当依法制作判决书，判决书的内容包括：认定的事实、适用的法律、判决结果及理由、诉讼费用负担、当事人的上诉权利、上诉期限和上诉的法院。判决书由合议庭全体成员在判决书上签名。

（二）宣告判决

无论是公开审理还是不公开审理的案件，一律公开宣告判决。当庭宣判后，十日内向有关人员发送判决书。不能当庭宣判的，定期宣判，在宣判后立即发给判决书。宣告判决时，全体人员应当起立。对于离婚案件的宣判，还应当告知当事人在判决未生效前，不得另行结婚。

宣判后，审判长依次询问当事人对本判决（裁定）的意见。在当事人陈述意见后，审判长指示书记员将当事人的意见记录在案。庭审结束，由审判长宣布闭庭。

六、开庭审理中特殊情况的处理

在开庭审理的过程中，有时会发生一些特殊的情况导致诉讼不能按照正常的流程进行，具体包括以下几种情况：

（一）撤诉

撤诉是指在人民法院受理案件之后到宣告判决之前，原告撤回起诉的行为。根据《民事诉讼法》的规定，撤诉包括原告申请撤诉和法院按撤诉处理两种情况。

原告申请撤诉是指在案件受理后到一审判决宣告前，原告向人民法院申请撤回其起诉的诉讼行为。人民法院在接到原告的撤诉申请后，应当及时进行审查，认为原告的撤诉申请符合条件的，裁定准予撤回起诉；反之，裁定不准许撤回起诉。

法院按撤诉处理是指原告的行为符合法律规定的情况下，人民法院依法裁定按照原告申请撤诉处理。《民事诉讼法》第一百四十三条列举了按撤诉处理的两种情况，包括：原告经传票传唤，无正当理由拒不到庭的；未经法庭许可中途退庭的，人民法院可以按撤诉处理。另外，原告应当预交而未预交案件受理费，人民法院通知其预交，仍不预交或者申请减、缓、免交但未获人民法院批准仍不预交的，按自动撤诉处理。

撤诉也是人民法院结案的一种方式，人民法院作出撤诉的裁定后，诉讼程序即告终结。

（二）延期审理

延期审理是指人民法院确定了案件的审理日期或者在开庭审理的过程中，由于出现了法定的某些情形，导致不能按期开庭或者无法继续开庭，从而将开庭审理日期延后的制度。

根据《民事诉讼法》第一百四十六条的规定："有下列情形之一的，可以延期开庭审理：①必须到庭的当事人和其他诉讼参与人有正当理由没有到庭的；②当事人临时提出回避申请的；③需要通知新的证人到庭，调取新的证据，重新鉴定、勘验，或者需要补充调查的；④其他应当延期的情形。"

在开庭审理过程中发生的延期审理，其之前已经进行的诉讼行为，对延期后的审理仍然有效。

（三）缺席判决

缺席判决是指人民法院在一方当事人无正当理由拒不到庭或者未经法庭许可中途退庭的情况下依法审理后所作出的判决。

根据《民事诉讼法》的相关规定，有下列情形之一的，可以缺席判决：①原告经传票传唤，无正当理由拒不到庭，或者未经法庭许可中途退庭，被告反诉的；②被告经传票传唤，无正当理由拒不到庭的，或者未经法庭许可中途退庭的；③人民法院裁定不准许撤诉的，原告经传票传唤，无正当理由拒不到庭的；④无诉讼行为能力的被告的法定代理人经传票传唤无正当理由拒不到庭的。

（四）诉讼中止

诉讼中止，是指在诉讼过程中，因出现法定事由而使诉讼活动难以继续进行的，受诉法院裁定暂时停止案件的诉讼程序。

《民事诉讼法》第一百五十条规定："有下列情形之一的，中止诉讼：①一方当事人死亡，需要等待继承人表明是否参加诉讼的；②一方当事人丧失诉讼行为能力，尚未确定法定代理人的；③作为一方当事人的法人或者其他组织终止，尚未确定权利义务承受人的；④一方当事人因不可抗拒的事由，不能参加诉讼的；⑤本案必须以另一案的审理结果为依据，而另一案尚未审结的；⑥其他应当中止诉讼的情形。中止诉讼的原因消除后，恢复诉讼。”

（五）诉讼终结

诉讼终结，是指在诉讼过程中，由于法定的原因致使诉讼无法继续进行或者没有必要继续进行，从而终结诉讼程序。

《民事诉讼法》第一百五十一条规定：“有下列情形之一的，终结诉讼：①原告死亡，没有继承人，或者继承人放弃诉讼权利的；②被告死亡，没有遗产，也没有应当承担义务的人的；③离婚案件一方当事人死亡的；④追索赡养费、扶养费、抚育费以及解除收养关系案件的一方当事人死亡的。”

第二节　实验案例

张××诉吉林省××县××镇××小学、胡××、赵×、赵××、王××、××保险股份有限公司××支公司身体权、生命权、健康权纠纷一案模拟法庭审判脚本。

【案情简介】

张××与赵×同系吉林省××县××镇××小学六年级学生。2016 年×月××日下午放学后，张××与赵×到学校小卖店买东西，嬉戏打闹时赵×将张××绊倒，致其右肱骨外科颈骨折，住院治疗 14 天。事后，张××的父母多次与学校、校车负责人及赵×的父母协商赔偿问题，协商未果后，张××将××县××镇××小学、校车负责人胡××、赵×及赵×的父母、××保险股份有限公司××支公司告上法庭，请求各被告承担原告的各项损失及精神损害赔偿共计 41652. 34 元，并承担该案的诉讼费用。

【模拟审判】

书记员查明当事人及其诉讼代理人到庭后，引领原告、被告及其诉讼代理人进入法庭，指导他们在各自的席位就座。书记员就座。

书记员（面向旁听席站立）：请大家肃静！根据《中华人民共和国人民法院法庭规则》，现在宣布法庭纪律：诉讼参与人应遵守法庭规则，维护法庭秩序，不得喧哗、吵闹；发言、陈述和辩论，须经审判长许可。公开审理的案件，公民可以旁听。旁听人员必须遵守下列纪律：1. 未经允许，不得录音、录像和摄影；2. 不得随意走动和进入审判区；3. 不得发言、提问；不得吸烟；4. 有手机等通信工具的应当关闭，不得在庭审过程中使用；5. 不得鼓掌、喧哗、哄闹和实施其他妨害审判活动的行为。对于违反法庭规则的人，审判长可以口头警告、训诫，也可以没收录音、录像和摄影器材，责令退出法庭或者经院审判长批准予以罚款、拘留。对哄闹、冲击法庭，侮辱、诽谤、威胁、殴打审判人员等严重扰乱法庭秩序的人，依法追究刑事责任；情节较轻的，予以罚款、拘留。宣布完毕。

书记员：请全体人员起立，请审判长、审判员入庭。

书记员：请坐下。

书记员（面对审判长）：报告审判长，原告张××诉吉林省武州市××县××镇××小学、胡××、赵×、赵××、王××、××保险股份有限公司××支公司身体权、生命权、健康权纠纷一案，原告张××和被告赵×为未成年人，分别由其法定代理人出庭参加诉讼，被告王××因身体原因未到庭，其余被告及其委托诉讼代理人均已到庭，庭前准备工作就绪，请审判长开庭。

审判长：现在首先核对双方当事人及其诉讼代理人的基本情况。

原告张××，女，2004年×月××日出生，汉族，××县××镇××小学学生，住××镇××村×××号；法定代理人王××，女，系原告张××母亲，1980年×月××日出生，汉族，××县××镇××村村民，住××镇××村×××号。

被告××县××镇××小学，住所地××县××镇温泉路×号；法定代表人王××，职务校长；委托诉讼代理人景××，男，1968年××月×日出生，汉族，××县××镇××小学副校长，住××镇××小区。

被告胡××，男，1983年×月××日出生，汉族，个体运输户，校车负责人，住××镇凤凰花园小区。

被告赵×，女，2004年×月××日出生，汉族，××县××镇××小学学生，住××镇××村××号。

被告赵××，男，系被告赵×父亲，1979年×月××日出生，汉族，××县××镇××村村民，住××镇××村××号。

被告王××，女，系被告赵×母亲，1981年×月××日出生，汉族，××县××镇××村村民，住××镇××村××号。

被告××保险股份有限公司××支公司，住所地××县××路××号；负责人王××，职务总经理；委托代理人秦××，男，吉林××律师事务所律师。

审判长：原告，以上当事人情况是否属实？

原告法定代理人：属实。

审判长：第一被告××县××镇××小学，以上当事人基本情况是否属实？

第一被告诉讼代理人：属实。

审判长：第二被告胡××，以上当事人基本情况是否属实？

第二被告：属实。

审判长：第三被告赵×，以上当事人基本情况是否属实？

第三被告法定代理人：属实。

审判长：第四被告赵××，以上当事人基本情况是否属实？

第四被告：属实。

审判长：第六被告××保险股份有限公司××支公司，以上当事人基本情况是否属实？

第六被告诉讼代理人：属实。

审判长：原告，你方对被告出庭人员是否有异议？

原告法定代理人：无异议。

审判长：被告，你方对原告出庭人员是否有异议？

第一被告诉讼代理人：无异议。

第二被告：无异议。

第四被告：无异议。

第六被告诉讼代理人：无异议。

审判长：依据《中华人民共和国民事诉讼法》的规定，经本院审查，原、被告及其诉讼代理人符合法律规定，准许第一被告委托代理人景××、第六被告委托代理人秦××分别代理第一被告、第六被告参加诉讼。原告及第三被告为未成年人，未出庭参加诉讼，原告由其母亲王××作为法定代理人、第三被告由其父亲赵××作为法定代理人出庭参加诉讼。第五被告王××因身体原因未出庭。

审判长：（敲击法槌）现在宣布开庭。吉林省××县人民法院依照《中华人民共和国民事诉讼法》第一百三十四条的规定，今天在此公开开庭审理原告张××诉被告××县××镇××小学、被告胡××、被告赵×、被告赵××、被告王××、被告××保险股份有限公司××支公司身体权、生命权、健康权纠纷一案，本案依法适用普通程序进行审理。由本院审判员黄玲玲担任审判长，与代理审判员王悦、代理审判员陈宇轩组成合议庭，书记员董欣担任法庭记录。

根据《中华人民共和国民事诉讼法》第十一条、第十二条、第四十四条、第四十五条、第四十九条、第五十条、第六十四条、第一百一十八条、第一百四十八条之规定，当事人有如下诉讼权利和义务：使用本民族语言文字进行诉讼的权利；申请回避的权利；收集、提供证据的权利；进行辩论的权利；申请调解的权利；提起上诉的权利；申请执行的权利；自行和解的权利；查阅卷宗材料的权利。当事人必须依法行使诉讼权利，遵守诉讼秩序，履行发生法律效力的判决书、裁定书和调解书；当事人对自己提出的主张，有责任提供证据；当事人必须按照规定交纳案件受理费和其他诉讼费用。

审判长：对本庭宣读的诉讼权利和义务，原告是否清楚？

原告：清楚。

审判长：被告是否清楚？

第一被告诉讼代理人：清楚。

第二被告：清楚。

第三被告法定代理人：清楚。

第四被告：清楚。

第六被告诉讼代理人：清楚。

审判长：根据《中华人民共和国民事诉讼法》第四十四条、第四十五条的规定，如审判人员、书记员是本案当事人或者当事人、诉讼代理人的近亲属，或者与本案有利害关系，或者与本案当事人、诉讼代理人有其他关系，可能影响对本案公正审理的，审判人员接受当事人、诉讼代理人请客送礼，或者违反规定会见当事人、诉讼代理人的，当事人有权申请回避。经合议庭自查，本合议庭成员及书记员不存在上述自行回避的情形。原告是否申请回避？

原告法定代理人：不申请。

审判长：被告是否申请回避？

第一被告诉讼代理人：不申请。

第二被告：不申请。

第三被告法定代理人：不申请。

第四被告：不申请。

第六被告：不申请。

审判长：下面进行法庭调查。首先，由原告宣读起诉状。

原告法定代理人：我是原告的母亲，由我代原告宣读一下起诉状。原告张××，女，2004年×月××日出生，汉族，××县××镇××小学学生。诉讼请求有两项：第一，请求判令被告赔偿原告医疗费9000元，护理费1800元，住院伙食费1500元，营养费1000元，车费500元，精神损害赔偿金5000元，残疾赔偿金22652.34元，以上合计41652.34元；第二，本案诉讼费由各被告承担。事实与理由是，2016年×月××日下午，原告张××放学后在等待校车之际，到校园里的小卖店买东西，后遇到了被告赵×，两人在嬉戏打闹时，张××被赵×绊倒，导致张××受伤。经过医院检查，张××被诊断为右肱骨外科颈骨折，住院14天。出院后，原告母亲多次与学校、校车负责人、赵×的家人协商赔偿问题，但各被告互相推诿，未能就赔偿问题达成一致意见，致使原告利益受损，原告因此诉至法院，请求维护原告的合法权益。

审判长：被告××镇××小学进行答辩。

第一被告诉讼代理人：原告提供的事实予以认可。但是原告张××同学是在2016年×月××日下午放学后被赵×同学给绊倒导致胳膊摔伤，学校不应承担责任，答辩完毕。

审判长：被告胡××进行答辩。

第二被告：我答辩一点。原告是在校园内受伤的，我的校车停在校园外，原告受伤与我校车没有关系，我不应承担赔偿责任。答辩完毕。

审判长：被告赵×答辩。

第三被告法定代理人：孩子是无意间将原告绊倒的，也不是在家出的事，也没有什么看法。

审判长：被告赵××答辩。

第四被告：孩子也是无意识的，我也不知道是怎么回事。

审判长：被告保险公司进行答辩。

第六被告诉讼代理人：因本案是由侵权人造成的伤害，首先应该由侵权人承担赔偿责任。被保险人××镇××小学如在该行为中并无不当，则保险公司不应当承担责任。答辩完毕。

审判长：根据原告的诉讼请求和各被告的答辩，本庭归纳本案的争议焦点问题是：各被告对原告所受到的损伤应否承担责任，如承担责任，各自所应承担的份额及数额。原告，对法庭归纳的争议焦点问题有没有异议和补充？

原告法定代理人：没有。

审判长：各被告，对法庭归纳的争议焦点问题有没有异议和补充？

第一被告诉讼代理人：没有。

第二被告：没有。

第三被告法定代理人：没有。

第四被告：没有。

第六被告诉讼代理人：没有。

审判长：下面进行法庭调查，问各方当事人几个问题。原告，你是几点接到的电话告诉你孩子受伤了？

原告法定代理人：4点半之后了，4点半之后接到的孩子。

审判长：4点半是接到的电话还是接到的孩子？

原告法定代理人：4点半接到的孩子，接到电话不到10分钟我就赶到学校了。

审判长：当时看到孩子的时候，现场除了孩子以外还有什么人？

原告法定代理人：有赵×还有校车看管员杨××在场。

审判长：有没有学校的工作人员在场？

原告法定代理人：没有。我到那里的时候，学校已经关门了，校车看管员带着两个孩子在校外的一个小饭店里等着，没有学校的工作人员。

审判长：被告××小学，问你几个问题。第一，两个孩子玩闹的那个小卖店位置是在什么地方？

第一被告诉讼代理人：在我们校园内。

审判长：小卖店的房子属于谁的？

第一被告诉讼代理人：属于学校。

审判长：小卖店的经营者呢，是学校还是其他人？

第一被告诉讼代理人：是其他人。

审判长：学校与小卖店经营者是什么关系？

第一被告诉讼代理人：租赁关系。

审判长：学校与校车是什么关系？

第一被告诉讼代理人：校车属于单独承包方，与学校是承包关系。双方约定，校车方需要为每一辆校车配备一名看管员来负责学生的安全。在学校放学后，看管员需要接乘坐校车的学生上车。

审判长：校车看管员是从3点半就开始监管孩子还是说从孩子出校门之后的某一个时间节点及某个区域来接管孩子？

第一被告诉讼代理人：从3点半放学就开始了。

审判长：校车在哪里接孩子？是在校园内、教室门口还是在校园门外接孩子？

第一被告诉讼代理人：在班级门口。

审判长：校车能开到学校校园里面吗？

第一被告诉讼代理人：校车是在校园外面停放的，看管员到班级门口接孩子。我们与校车方有一个责任协议，写明了学生放学后一切安全都由校车方负责。

审判长：这份责任协议向法庭提交了吗？

第一被告诉讼代理人：没有。

审判长：咱们学校有几台校车接送学生？

第一被告诉讼代理人：三台。

审判长：那学生在等校车期间，学校有没有给学生提供一个候车的地方？

第一被告诉讼代理人：有，在我们校园警务室。一共就三台校车，我们学校坐校车的学生有 300 多人，一次拉不走，校车方是分批将学生送回家的，其他学生就在警务室候车。

审判长：那在轮流接孩子期间，平均每个孩子的候车时间有多长？

第一被告诉讼代理人：20—30 分钟，每台校车的路程不一样。

审判长：那孩子们在这个候车的时间是不是像你刚才说的都在警务室等候？

第一被告诉讼代理人：是的。

审判长：那在警务室候车期间，除了你刚才所说的校车管理员以外，学校有没有派专人去管理这些孩子？

第一被告诉讼代理人：我们学校有几位老师去做巡逻。

审判长：做巡逻？那×月××日当天张××和赵×她们两个在候车的时候，有没有老师在现场？

第一被告诉讼代理人：应该有。

审判长：那张××和赵×出现这个事儿的时候你们老师没有立即到现场吗？

第一被告诉讼代理人：应该到现场了。

审判长：那谁到现场了？说不清楚吗？

第一被告诉讼代理人：当时已经是 4：20 以后的事儿了，老师是 4 点下班。

原告法定代理人：审判长，我可以问被告几个问题吗？

审判长：可以。

原告法定代理人：我想问一下×校长，去年×月××日下午放学后，那天是有固定的老师把孩子交到校车看管员手中之后出的事儿呢还是看管员没接到孩子就出事了?

第一被告诉讼代理人：应该是交到校车看管员手中之后出的事。

审判长：被告××小学，你所说的这些有证据证明吗?

第一被告诉讼代理人：没有。

审判长：被告胡××，问你几个问题。你跟学校之间或者说校车与学校之间是个什么关系?

第二被告：我们属于单独承包者。

审判长：那你们的合同是怎么约定的?你们负责在什么位置接送孩子?跟学校怎么交接孩子?

第二被告：学生放学后，会有老师把学生交到我方照管员手中，有交接手续，我希望校方能提供交接手续。

审判长：你是说学校的老师会把孩子交到你们的照管员手中是吗?

第二被告：是的。

审判长：那这个时间节点能不能说清楚?

第二被告：是在放学后。我们与学校签订协议，学生在放学后，应该由学校的老师将乘坐校车的学生送到校车管理员身边，并非像学校说的那样，是校车管理员到班级门口接学生。

审判长：那校车管理员到底是在班级门口接孩子还是在校园里或者是在校园外接孩子?

第二被告：我们是在学校门口，门口那里有个警务室，在那里等候。

审判长：孩子们全都是在警务室那里等候上车是吧?

第二被告：是的，是在警务室。校车是停在校外的，照管员在门口等。

审判长：在警务室负责把孩子们送上车的这个负责人是管理员还是学校的老师?

第二被告：我们的管理员。

审判长：被告保险公司，问你几个问题。跟学校是什么时间签订的保险合同?

第六被告诉讼代理人：是2015年×月签订的。

审判长：有效期是?

第六被告诉讼代理人：是一年，到2016年×月。

审判长：保险的范围是什么?

第六被告诉讼代理人：保险的范围就是在学校内的公共场所因学校的过失或

者是疏忽造成学生的伤害，这属于保险的赔偿范围。但张××的意外虽然是发生在校园内，但是学校没有责任，所以保险公司不应该进行赔偿。

审判长：被告赵×法定监护人，问你几个问题。你是几点接到电话，说孩子导致他人受伤害的？

第三被告法定代理人：是孩子妈妈打电话告诉我的，那时候大约4：40。她接到电话后接着就给我打的电话。

审判长：孩子妈妈是怎么陈述的？

第三被告法定代理人：就是告诉我孩子出事了，赶紧去学校。

审判长：然后你到现场接的孩子还是到校车管理员那里接的孩子？

第三被告法定代理人：我到现场接孩子的时候，学校已经没人了。我们家孩子在照管员家里头。

审判长：下面进行举证质证。先由原告方举证。

原告法定代理人：出院诊断书两组、住院病历和住院期间的医用票据，证明张××在住院期间所支出的费用。

审判长：各被告对该份证据有没有异议？

第一被告诉讼代理人：没有。

第二被告：没有。

第三被告法定代理人：没有。

第四被告：没有。

第六被告诉讼代理人：没有。

审判长：法庭对此予以确认。原告继续举证。

原告法定代理人：吉林中正司法鉴定所法医临床司法鉴定意见书一份，证明被鉴定人张××右上肢外伤构成十级伤残。

审判长：各被告对该份证明是否有异议？

第一被告诉讼代理人：没有。

第二被告：没有。

第三被告法定代理人：没有。

第四被告：没有。

第六被告诉讼代理人：没有。

审判长：法庭对该份证据的真实性予以确认。原告继续举证。

原告法定代理人：还有两个证人，一个是学校小卖店的老板王×；另一个是校车看管员杨××。

审判长：请证人王×出庭。证人王×，请你陈述一下你所知道的案件事实。

证人一：那天张××和赵×去我的小卖店买东西，之后赵×把张××绊倒了，我就给校车管理员打电话了。

审判长：你那个小卖店是在什么地方？

证人一：是在学校院内。

审判长：当时发生这件事的时候，还有谁在场？

证人一：还有不少学生在场呢，都能做证。

审判长：原告，你对证人有没有发问？

原告法定代理人：你当时跟没跟这俩孩子对话？就是赵×有没有说是她绊倒的张××？

证人一：赵×说了一嘴。

原告法定代理人：她怎么说的？

证人一：就是说她俩不是特意绊倒。

原告法定代理人：你是不是没有亲眼看到她俩是疯玩还是说打架是吧？

证人一：没看着。

原告法定代理人：问完了。

审判长：证人退庭，继续传证人到庭。杨××，你向法庭陈述一下你所知道的案件事实。

证人二：×月××日那天刚刚放学，我在学校前院看着坐校车的孩子，这时小卖店老板王×给我打电话，说张××与赵×在小卖店买东西时，她俩疯玩，然后赵×用脚把张××给绊倒了，张××把胳膊给摔了。说完就把孩子给带到前院来了。我看到张××，我问她严重不严重，疼不疼。她说疼。我就给双方家长打电话了。一会儿张××的爸爸妈妈就来了，把孩子带走去医院检查了。

审判长：在学生等待校车的这个阶段，你是负责监管孩子的，是吗？

证人二：是的，我在前院监管她们。她们刚放学，就到后院去买东西去了，她们有买东西的时间。

审判长：小卖店在什么地方？

证人二：小卖店在后院。

审判长：你在哪个地方跟学校进行的交接？

证人二：那时候没有交接，她们放学后没有到我这儿来，直接到学校小卖店去买东西去了。

审判长：你的意思是说，你是在前院等着这些孩子过来还是说你到某个地点去接孩子？

证人二：我在前院等他们过来。

审判长：各位被告，有没有向证人发问的问题？

第一被告诉讼代理人：我想问一下证人，王×给你打电话是几点？

证人二：具体时间大约是4：10左右，不到4：20。

第一被告诉讼代理人：好，问完了。

审判长：其他被告还有没有发问的？

第二被告：当时是在校园内还是校园外发生的事情？

证人二：校园内。当时是在校园内，两个孩子买东西时出的事。

第二被告：那校车是在校园外接送学生，是吧？

证人二：对。

第二被告：事故是在校园内发生的，是吧？

证人二：对。

第六被告诉讼代理人：我想问一下，学校大概是几点放学？

证人二：4点。

第六被告诉讼代理人：4点放学，那王×是4：10左右给你打的电话？

证人二：是的。

第六被告诉讼代理人：那就是这10分钟左右她们去买东西就受伤了？

证人二：是。

第六被告诉讼代理人：那你们平时大概多长时间把孩子接走呢？

证人二：也就4：15左右吧。

第六被告诉讼代理人：好，问完了。

审判长：原告，对证人证言是否有异议？

原告法定代理人：没有。

审判长：各位被告，对证人证言是否有异议？

第一被告诉讼代理人：我有点异议。

审判长：什么异议？

第一被告诉讼代理人：当时事情是发生在×月××日，学校执行的是教育局规定的春季作息时间。我们学生是下午3点半放学，不是4点。

审判长：证人可以退庭，庭后在庭审笔录上签字。原告，是否还有证据向法庭提供？

原告法定代理人：没有了。

审判长：那下面由被告举证。

第一被告诉讼代理人：第一份证据是××县××小学作息时间表，证明学生是在3点半放学的。第二份证据是张××参加的校方责任保险单，证明张××在学校内发生的意外伤害应由保险公司承担责任。

审判长：各方当事人，对这两份证据是否有异议？原告是否有异议？

原告法定代理人：没有。

审判长：各位被告有没有异议？

第二被告：没有。

第三被告法定代理人：没有。

第四被告：没有。

第六被告诉讼代理人：没有。

审判长：法庭调查阶段结束，下面进行法庭辩论。首先由原告进行辩论发言。

原告法定代理人：我没有什么辩论的，因为事实依据都在这儿摆着呢，我相信法律和审判长、审判员最后会作出公平公正的裁决的。

审判长：被告××小学进行辩论发言。

第一被告诉讼代理人：服从法院的裁决。

审判长：被告胡××进行辩论发言。

第二被告：没有，服从法院裁决。

审判长：被告赵×进行辩论发言。

第三被告法定代理人：服从裁决。

审判长：被告赵××进行辩论发言。

第四被告：服从裁决。

审判长：被告保险公司××支公司进行辩论发言。

第六被告诉讼代理人：同意答辩质证意见。

审判长：由于各方当事人均没有其他的更多的辩论意见，法庭不再进行第二轮辩论。下面由各方当事人向法庭作最后陈述。原告，向法庭作最后陈述。

原告法定代理人：我请求法院按照民事起诉状上的诉讼请求，判令被告赔偿原告医疗费等各项费用共计41652.34元，诉讼费用由被告承担。

审判长：被告××小学向法庭作最后陈述。

第一被告诉讼代理人：原告张××发生这个事情是在2016年×月××日下午4：20以后，学校已经放学了，这时发生的事情与学校没有关系。回答完毕。

审判长：被告胡××向法庭作最后陈述。

第二被告：我请求法院判令我不承担赔偿责任。

审判长：被告赵×、被告赵××，向法庭作最后陈述。

第三被告法定代理人（第四被告）：我也不承担多大的责任。

审判长：被告保险公司××支公司向法庭作最后陈述。

第六被告诉讼代理人：没有了，请求法院依法裁决。

审判长：由于被告王××未到庭，本庭不再组织调解。如果各方当事人有调解的意愿，庭后咱们再组织调解。现在宣布休庭，休庭后各方当事人看笔录签字。休庭！（敲击法槌）

书记员：全体起立，请审判长、审判员退庭。旁听人员请退庭，出庭人员请阅笔录无误后签字。

【目标与任务】

目标：掌握第一审开庭审理的基本流程，并熟练运用民法基本理论与相关法条对该案作出裁判。

任务：

1. 同学们应该充分了解案件的基本情况，查找相关的法律、法规，就双方当事人的争议焦点进行分析，最终作出裁判意见。

2. 请同学们熟练掌握第一审普通程序的整个庭审过程，并结合该案讨论定期宣判所应注意的问题。

3. 本实验案例所需的证据由同学们自行准备，并撰写上诉状、答辩状和判决书。

第三节　与实验案例相关的法律文书写作

一、起诉状

（一）民事起诉状的写法

民事起诉状的形式结构分为首部、正文、尾部三部分：

1. 首部

首部包括文书名称：民事起诉状、当事人（原告、被告、第三人）的基本情况。当事人为自然人的，应写明姓名、性别、年龄（出生年月日）、民族、身份证号码、职业、住址、联系方式等事项。当事人为法人或其他组织的，应写明单位全称、住所、法定代表人或者主要负责人的姓名、职务。

2. 正文

正文是民事起诉状的主体部分，包括以下各项：

（1）诉讼请求。又称请求事项，是起诉人请求人民法院解决的具体事项，是起诉状的主要内容。诉讼请求应分项列明，而且必须做到全面、具体、明确、扼要。民事诉讼以“不告不理”为诉讼原则，原告未在诉讼请求中提出的请求，法院不会主动审理和保护。所以，对于诉讼请求的主张务必要全面，杜绝合法权益没有得到法律保护的情形发生。但同时要注意，要结合证据来提出自己的诉讼请求，无相应的证据支持的主张，势必得不到法律保护。最后，应明确提出诉讼费用由被告承担。

（2）事实与理由。这一部分至关重要。事实和理由要在简明扼要的基础上尽可能真实详尽，理由充分。这一部分要有明确的针对性，即服务于诉讼请求，避免冗长、离题、偏题。

（3）证据和证据来源。《民事诉讼法》规定“谁主张谁举证”的一般举证责任承担的原则，即除法律特别规定的“举证倒置”情形外，由原告承担举证责任。所以，原告对提出的诉讼请求和提出这种请求的事实与理由，有提供证据予以证明的法律义务。书证、物证、视听资料和其他证据，要列明证据名称和来源；证人证言，须注明证人姓名和住所，以备人民法院查对证言和通知其出庭做证。证据来源是指获取证据的地点、时间和途径。当事人提供证据比较多时，为了便于自己在庭上举证和便于法官了解你的主张，应当依据一定的标准进行分类、编号。

3. 尾部

尾部依次为：此致×××人民法院；起诉人签名盖章；起诉时间，写明年、月、日。附项，本状副本×份。根据被告人数定份数。如在正文中未列证据、证人等项时，也可记在附项里。

（二）民事起诉状基本格式

民事起诉状

（公民提起民事诉讼用）

原告：姓名、性别、出生年月日、民族、身份证号、职业

住址：×××

电话：×××

被告：姓名、性别、出生年月日、民族、身份证号、职业

住址：×××

电话：×××

诉讼请求

一、

二、

三、

……

事实与理由

证据和证据来源、证人姓名和住址

此致

×××人民法院

起诉人：×××（签字/盖章）

××××年××月××日

附件：

1. 本起诉状副本____份；

2. 证据材料____份。

民事起诉状

（法人或其他组织提起民事诉讼用）

原告：×××

住所地：×××

法定代表人（或主要负责人）：姓名、职务、电话

工商登记核准号（统一社会信用证代码）：××××××××××××××××××

委托代理人：姓名、性别、年龄、民族、职务、工作单位

被告：×××

住所地：×××

法定代表人（或主要负责人）：姓名、职务、电话

工商登记核准号（统一社会信用证代码）：××××××××××××××××××

委托代理人：姓名、性别、年龄、民族、职务、工作单位

诉讼请求

一、

二、

三、

事实和理由

证据和证据来源、证人姓名和住址

此致

×××人民法院

起诉人：×××（签字/盖章）

法定代表人：×××（签字）

××××年××月××日

附件：

1. 本起诉状副本____份；

2. 证据材料____份。

（三）民事起诉状范文

范文一：

民事起诉状

原告：张××，男，19××年××月××日出生，汉族，身份证号：××××××××××××××××××，住址，济南市××区××路风景公寓××号楼××号，电话：×××××××××××。

被告：济南××研究所，住所地济南市××路××号。

法定代表人××，职务：所长。

诉讼请求：

一、请求依法判令被告偿还原告，由原告垫付的社会保险费 5165. 18 元。

二、请求法院依法判令被告支付原告，第一项诉求中原告垫付的社会保险费 5165. 18 元的利息（自 2015 年 11 月起至实际履行之日止，按同期银行贷款利率计算）。

三、本案的诉讼费用由被告承担。

事实与理由：

原告于 1980 年至 1995 年 7 月在被告处工作，为被告员工。1995 年 7 月，原告解除与被告劳动关系。但，在原告不知情的情况下，被告没有为原告缴纳 1992 年至 1995 年 7 月期间的社会保险费。致使原告到达退休年龄时，无法办理退休手续。原、被告经过多次交涉，被告同意补缴所欠的社会保险费。但是一直没有补缴，原告为了办理退休手续，尽快领取养老金，于 2015 年 11 月 13 日垫付了所欠社会保险费用，共计 5165. 18 元。后，济南市社会保险事业局给原告办理了退休手续，发放了养老金。但是，原告多次找被告要求被告支付的原告垫付的社会保险费，被告一直不予支付。原告于 2016 年 6 月 20 日，向济南市××区劳动人事争议仲裁委员会申请劳动仲裁，2016 年 6 月 22 日，济南市××区劳动人事争议仲裁委员会作出不予受理仲裁裁定书，为维护原告合法权利，根据《中华人民共和国民事诉讼法》有关规定，向贵院提起诉讼，盼贵院判如所请。

此致

济南市××区人民法院

起诉人：××

××××年××月××日

附：民事起诉书副本2件

证据目录

证据一：山东省社会保险基金专用票据一张

证据二：补缴基本养老保险费审批表一张

证据三：济南市社保局出具的关于《张××退休的问题的意见》

证据四：济南市城镇职工养老保险待遇核定表一张

证据五：济南市××区人民法院作出（20××）民初字第××××号生效民事裁定书一份。

范文二：

民事起诉状

原告：中国××银行股份有限公司济南分行，住所地：济南市××大街22号。

负责人：陈××，职务：行长，联系电话：0531-×××××××。

被告：山东××矿业集团有限公司，住所地山东省泰安市××区××镇××村。

法定代表人：孙××，职务：董事长，联系电话：0538-×××××××。

被告：山东××轮胎集团有限公司，住所地山东省××市××大街001号。

法定代表人：翟××，职务：董事长，联系电话：053×-×××××××。

被告：孙××，男，汉族，生于19××年××月××日，住山东省××市××办事处××路××花园××号楼××单元××室。身份证号：××××××××××××××××××。联系电话：053×-×××××××。

被告：赵××，女，汉族，生于19××年××月××日，住山东省××市××办事处××路××花园××号楼××单元××室。身份证号：××××××××××××××××××。联系电话：053×-×××××××。

诉讼请求：

1. 请求法院依法判令被告山东××矿业集团有限公司立即偿还原告借款本金人民币24000000元，利息及罚息815368.42元（截止到2016年7月20日），自2016年7月21日起至本息付清之日止的利息及罚息按照《流动资金贷款借款合同》的约定计算；

2. 依法判令被告山东××矿业集团有限公司赔偿原告律师代理费损失658707元；

3. 依法判令被告山东××轮胎集团有限公司、孙××以及赵××对第一、二项诉讼请求的金额承担连带保证责任；

4. 本案全部诉讼费用和保全费用由四被告承担。

事实与理由：

2014 年 12 月 5 日，原告中国××银行股份有限公司济南分行与被告山东××矿业集团有限公司签订《综合授信合同》，约定最高授信额度为人民币 2400 万元，使用期限为 1 年，自 2014 年 12 月 5 日至 2015 年 12 月 5 日。

2014 年 12 月 5 日，被告山东××轮胎有限公司与原告签订《最高额担保合同》，约定山东××轮胎有限公司为被告山东××矿业集团有限公司与原告签订的《综合授信合同》项下的全部债权提供最高额连带保证责任，所担保的债权的发生期间为 2014 年 12 月 5 日至 2015 年 12 月 5 日，所担保的最高债权额为人民币 2400 万元。担保的范围包括本金、利息、罚息、复利、违约金、损害赔偿金、实现债权和担保权利的费用（包括但不限于诉讼费、律师费、差旅费等）和所有其他应付合理费用。

2014 年 12 月 5 日，被告孙××、赵××与原告签订《最高额担保合同》，约定孙××、赵××为被告山东××矿业集团有限公司与原告签订的《综合授信合同》项下的全部债权提供最高额连带保证责任，所担保的债权的发生期间为 2014 年 12 月 5 日至 2015 年 12 月 5 日，所担保的最高债权额为人民币 2400 万元。担保的范围包括本金、利息、罚息、复利、违约金、损害赔偿金、实现债权和担保权利的费用（包括但不限于诉讼费、律师费、差旅费、房产抵押人安置费用、保全费等）和所有其他应付合理费用。

2015 年 5 月 7 日，原告与被告山东××矿业集团有限公司分别签订合同编号为公借贷字第 ZH15 号、公借贷字第 ZH16 号、公借贷字第 ZH17 号的三笔《流动资金贷款借款合同》，约定第一被告向原告共计借款人民币 1200 万元，借款期限为一年，自 2015 年 5 月 7 日至 2016 年 5 月 7 日。贷款年利率为 5.885%，还款方式为按月还息，到期还本。逾期利率按执行年利率加收 50%，违约罚息利率按执行年利率加收 100%。

2015 年 5 月 8 日，原告与被告山东××矿业集团有限公司分别签订合同编号为公借贷字第 ZH18 号、公借贷字第 ZH19 号、公借贷字第 ZH20 号的三笔《流动资金贷款借款合同》，约定被告山东××矿业集团有限公司向原告共计借款人民币 1200 万元，借款期限为一年，自 2015 年 5 月 8 日至 2016 年 5 月 8 日。贷款年利率为 5.885%，还款方式为按月还息，到期还本。逾期利率按执行年利率加收 50%，违约罚息利率按执行年利率加收 100%。

合同签订后，原告分别于2015年5月7日和2015年5月8日向被告山东××矿业集团有限公司指定的账户发放了借款共计2400万元。但被告山东××矿业集团有限公司自2016年1月21日起未能按照合同约定按期还息，各保证人亦未按约定履行保证义务，已构成违约。

综上所述，为了维护原告的合法权益，特向贵院提起诉讼，恳请贵院查清事实，依法支持原告的诉讼请求。

此致

济南市中级人民法院

起诉人：中国××银行股份有限公司济南分行

2016年4月×日

附民事起诉状副本5件

证据目录：

证据一：综合授信合同

证据二：最高额保证合同

证据三：最高额担保合同

证据四：流动资金贷款借款合同6份

证据五：放款通知书及单位借款凭证

证据六：欠款明细

证据七：委托代理合同、律师费发票及转账支付凭证

二、民事答辩状

（一）民事答辩状的写法

民事答辩状，是民事被告、被上诉人针对原告或上诉人的起诉或上诉，阐述自己认定的事实和理由，予以答复和辩驳的一种书状。依照我国《民事诉讼法》的规定，人民法院应当在立案之日起5日内将起诉状副本发送被告或被上诉人，被告或被上诉人在收到之日起15日内提出答辩状。提出答辩状是当事人的一项诉讼权利，不是诉讼义务；但被告人或被上诉人逾期不提出答辩状，不影响人民法院审理。

民事答辩状由首部、正文、尾部三部分组成。

1. 首部

（1）标题。居中写明“民事答辩状”。

（2）答辩人的基本情况。写明答辩人的姓名、性别、出生年月日、民族、职业、工作单位和职务、住址等。如答辩人系无诉讼行为能力人，应在其项后写明其法定代理人的姓名、性别、出生年月日、民族、职业、工作单位和职务、住址，及其与答辩人的关系；答辩人是法人或其他组织的，应写明其名称和所在地址、法定代表人（或主要负责人）的姓名和职务。如答辩人委托律师代理诉讼，应在其项后写明代理律师的姓名及代理律师所在的律师事务所名称。

（3）答辩缘由。写明答辩人因××一案进行答辩。

2. 正文

（1）答辩的理由。应针对原告或上诉人的诉讼请求及其所依据的事实与理由进行反驳与辩解。答辩主要从实体方面针对上诉人的事实、理由、证据和请求事项进行答辩，全面否定或部分否定其所依据的事实和证据，从而否定其理由和诉讼请求。一审被告的答辩还可以从程序方面进行答辩，例如提出原告不是正当的原告，或原告起诉的案件不属于受诉法院管辖，或原告的起诉不符合法定的起诉条件，说明原告无权起诉或起诉不合法，从而否定案件。无论一审被告，还是二审被上诉人提出答辩理由，要实事求是，要有证据。

（2）答辩请求。答辩请求是答辩人在阐明答辩理由的基础上针对原告的诉讼请求向人民法院提出应根据有关法律规定保护答辩人的合法权益的请求。一审民事答辩状中的答辩请求主要有：①要求人民法院驳回起诉，不予受理；②要求人民法院否定原告请求事项的全部或一部分；③提出新的主张和要求，如追加第三人；④提出反诉请求。如果民事答辩状中的请求事项为两项以上，在写请求事项时应逐项写明。对上诉状的答辩请求应为支持原判决或原裁定，反驳上诉人的请求。

（3）证据。

答辩中有关举证事项，应写明证据的名称、件数、来源或证据线索。有证人的，应写明证人的姓名、住址。

3. 尾部

（1）致送人民法院的名称。

（2）答辩人签名。答辩人是法人或其他组织的，应写明全称，加盖单位公章。

（3）答辩时间。

(4) 附项主要应当写明答辩状副本份数和有关证据情况。

(二) 民事答辩状基本格式

民事答辩状

(公民对民事起诉提出答辩用)

答辩人：×××

住址：×××

联系方式：×××

因×××一案，提出答辩意见如下：×××××××××

此 致

×××人民法院

答辩人：×××

××××年××月××日

附：答辩书副本____份。

证据材料____份。

民事答辩状

(法人或其他组织对民事起诉提出答辩用)

答辩人：×××

住所地：×××

法定代表人（或主要负责人）姓名：××× 职务：×××

联系电话：××××××××

工商登记核准号：××××××××××××××××××

因×××一案，提出答辩意见如下：×××××××××

此 致

×××人民法院

答辩人：×××

××××年××月××日

附：答辩书副本____份。

证据材料____份。

（三）民事答辩状范文

范文一：

答辩状

答辩人：济南××研究所，住所地：济南市××路××号。

法定代表人：××，职务：所长。

被答辩人：张××，男，19××年××月××日出生，汉族，身份证号：××××××××××××××××××，住址，济南市××区××路××公寓××号楼××号，电话：××××-×××××××。

答辩事项：

请求依法驳回被答辩人的起诉。

事实和理由：

一、答辩人和被答辩人双方自1995年7月20日解除劳动合同关系时，双方明确了权利义务。被答辩人自此应当知道自己无故未在单位上班，其间单位没有给其缴纳社会保险，另其2000年自行缴纳保险时也应当知道自己社保的缴纳情况，否则无法确定续缴年限。故其现在的主张均已超过诉讼时效不应受到保护。

二、被答辩人的补交行为和办理退休行为均系其个人行为，与答辩人无关，并且根据鲁人社发〔2015〕29号文件的相关规定，无论被答辩人缴纳多少费用，均与已解除劳动合同关系的答辩人无任何法律关系。答辩人也从未答应过给其补缴相关保险。根据我国相关法律规定被答辩人的诉讼请求也不属于人民法院受理范围。

综上所述，答辩人认为被答辩人的缴纳行为系个人行为，与单位无关，且已超过诉讼时效期间，诉讼请求不属于人民法院受理范围，请求法院依法予以驳回。

此致

济南市××区人民法院

答辩人：济南××研究所

××××年××月××日

范文二：

答辩状

答辩人：山东××矿业集团有限公司，住所地：山东省泰安市××区××镇××村。

法定代表人：孙××，职务：董事长，联系电话：0538-×××××××。

被答辩人：中国××银行股份有限公司济南分行，住所地：济南市××大街×××号。

负责人：陈××，职务：行长，联系电话：0531-×××××××。

答辩事项：

答辩人对被答辩人起诉的借款事实没有异议，2014 年 12 月 5 日，答辩人与被答辩人签订《综合授信合同》，约定最高授信额度为人民币 2400 万元，使用期限为 1 年，自 2014 年 12 月 5 日至 2015 年 12 月 5 日。后陆续签订六笔《流动资金贷款借款合同》，共借款 2400 万元，且山东××轮胎集团有限公司、孙××以及赵××与被答辩人签订《最高额担保合同》，对涉案借款承担连带保证责任。答辩人因资金周转出现困难，自 2016 年 1 月 21 日起未能按照合同约定如期还息。

但答辩人认为被答辩人所主张的利息存在计算复利的问题，复利不应得到人民法院支持，对于律师代理费，答辩人认为过高，超过了山东省律师收费标准的规定。

答辩人希望能够与被答辩人达成和解，答辩人正在回笼资金，煤炭行业市场效益也在回暖，希望被答辩人能给予答辩人充足的准备时间。

此致

济南市中级人民法院

答辩人：山东××矿业集团有限公司

××××年××月××日

三、代理词

（一）民事诉讼代理词的写法

1. 首部

（1）正中书写标题：代理词。

（2）称呼语："尊敬的审判长、审判员、人民陪审员"，独任审判的写"审判员"。

（3）引言。简要说明是接受何方当事人的委托或者何单位的授托，担任本案某一方当事人的代理人，并标明代理人的合法身份。如："××律师事务所依法接受本案原告（被告）之委托，指派×××律师作为本案的代理人。"

（4）过渡语。通过与引言之间的过渡，引出正文。常见的表述为："本代理人根据庭审查明的事实和双方争议的焦点，发表如下代理意见：×××。"

2. 正文

这部分是代理词的核心内容。主要根据具体案情和法律规定，围绕案件争议焦点，阐明本方委托人的主张及其理由，驳斥对方当事人的主张及其理由。具体方法可以是据实论证，也可以是据法论证，或以情说理，或者各种方法的综合运用。

（1）说理部分：第一，要求观点明确，并紧紧围绕争议焦点展开代理意见；第二，要求说理透彻，论证严密；第三，文字表达清晰流畅，力求言简意赅。

（2）结论部分：代理人对自己的发言进行归纳总括，提出结论性看法，也即对本案的处理意见，以供法庭采纳。

3. 尾部

（1）代理律师署名

（2）代理词发表日期

（二）民事诉讼代理词基本格式

民事诉讼代理词

尊敬的审判长、审判员：

×××一案，受×××的委托/指派，×××律师事务所×××律师担任本案一审的诉讼代理人，出庭参与诉讼活动。现就本案争议事实，发表如下代理意见：×××。

诉讼代理人：×××

××××年××月××日

（三）民事诉讼代理词范文

范文一：

代理词

尊敬的审判长：

原告张××诉被告济南××研究所劳动争议一案，受济南市××区法律援助中心指派，山东××律师事务所××律师接受原告委托，指派××律师为原告诉讼代理人，代理人就本案发表如下代理意见：

一、原告曾为被告职工，被告作为用人单位，依法应为劳动者即原告缴纳社会保险基金等相关保险费用。

原告于1980年至1995年7月在被告处工作，为被告员工。1995年7月，原告解除与被告劳动关系。但，在原告不知情的情况下，被告没有为原告缴足1992年至1995年7月期间的社会保险费。《中华人民共和国社会保险法》第十条规定："职工应当参加基本养老保险，由用人单位和职工共同缴纳基本养老保险费。"第十二条规定"用人单位应当按照国家规定的本单位职工工资总额的比例缴纳基本养老保险费，计入基本养老保险统筹基金"。并不像被告所说："原告不是被告单位职工，缴纳社会保险费用与被告无关。"被告提交证据《脱离劳动关系的通知》亦证明了，原告曾为被告职工这一事实。被告的行为违反了我国法律强制性规定，对原告造成严重影响。即，致使原告到达退休年龄时，无法办理退休手续。

二、被告拒不补缴所欠原告的社会保险费。

原、被告经过多次交涉，被告同意补缴所欠的社会保险费。但是一直没有补缴，原告为了办理退休手续，尽快领取养老金，于2015年11月13日，根据《关于统一和规范企业职工基本养老保险费补缴政策的通知》（鲁人社发〔2015〕29号文件），垫付了所欠社会保险费用，共计5165.18元。济南市社会保险事业局给原告办理了退休手续，发放了养老金。被告一再强调原告补缴的行为是原告个人行为，与被告无关。但是，缴纳社会保险是用人单位的法定义务，负有不可推卸的责任。原告多次找被告要求被告支付的原告垫付的社会保险费，被告一直不予支付。

三、原告补缴相关社保费用后，被告构成不当得利，造成原告损失的，应当将取得的不当利益返还受损失的人即原告。

原告垫付应为被告缴纳的养老保险金和利息5165.18元后，被告则构成不当得利，取得向被告追偿权和享有要求被告赔偿利息损失的权利。依照《中华人民共和国民法通则》第九十二条，被告应当将取得的不当利益返还受损失的人即原告。

四、本案原告起诉时，并未超过诉讼时效。

原告于2015年11月13日，根据《关于统一和规范企业职工基本养老保险费补缴政策的通知》（鲁人社发〔2015〕29号文件），垫付了所欠社会保险费用，共计5165.18元，从而形成不当得利之债。原告于2016年6月30日向法院起诉主张该不当得利债权，故，本案未超过诉讼时效。

为职工缴纳社会保险费用是用人单位的法定义务，原告要求补缴相关社保费用，不是主张请求权。用人单位不为职工办理社保手续、缴纳社保费违反的是国家强制性规定，不适用时效制度。

综上，原告补缴相关社保费用后，被告构成不当得利，造成原告损失的，应当将取得的不当利益返还受损失的人即原告。

委托代理人：××

××××年××月××日

范文二：

代理词

尊敬的审判长、合议庭：

原告中国××银行股份有限公司济南分行与山东××矿业集团有限公司等金融借款合同纠纷一案，山东××律师事务所接受原告的委托，指派××律师，××实习律师为其诉讼代理人，代理人就本案发表如下代理意见：

一、中国××银行股份有限公司济南分行与山东××矿业集团有限公司、山东××轮胎集团有限公司、孙××、赵××分别签订的《综合授信合同》《最高额保证合同》《最高额担保合同》《流动资金贷款借款合同》，均系各方当事人真实意思表示，合同内容未违反法律和行政法规禁止性规定，合法有效。各方当事人均应按合同的约定履行义务。

二、中国××银行股份有限公司济南分行在签订上述合同后，依约履行了合同约定的放款义务，山东××矿业集团有限公司未能按照合同约定履行支付利息及还款义务；山东××轮胎集团有限公司、孙××、赵××亦未按照各方签订的《最高额保证合同》《最高额担保合同》的约定履行相应的保证责任，均构成违约，应承担相应的违约责任。故中国××银行股份有限公司济南分行主张山东××矿业集团有限公司依约付本还息，山东××轮胎集团有限公司、孙××、赵××依约承担相应的保证责任，符合法律规定，应予支持。

三、关于山东××矿业集团有限公司提出的对借款利息的异议，中国××银行股份有限公司济南分行有列举说明欠息计算公式及计算明细。关于律师费，山东××矿业集团有限公司主张过高，但中国××银行股份有限公司济南分行主张的律师费损失并未超过山东省律师服务收费标准。

综上，合同签订后，原告已按合同约定履行了发放借款义务，但被告山东××矿业集团有限公司自2016年1月21日起未能按照合同约定按期还息，各保证人亦未按约定履行保证义务，已构成违约。

委托代理人：××
××××年××月××日

四、调解书

（一）民事调解书的写法

民事调解书可分为一审、二审、再审民事调解书，写法除个别项目略有不同外，其余大致相同，故在此一并说明。民事调解书的结构可由首部、正文、尾部三部分组成。

1. 首部

（1）标题：分两行居中写明×××法院民事调解书。

（2）编号：写在标题右下方的位置。写明：“〔年度〕×民×字第××号。”

（3）当事人情况：如系一审的调解书，应按顺序分别写明原告、被告、第三人的基本情况。如系二审的调解书按上诉人、被上诉人、第三人的顺序写。如系再审的调解书按原审原告、原审被告、原审第三人的顺序写。具体写法与一审、二审、再审判决书相同，可分别参照。

（4）案由：写明案件的性质。如“婚姻纠纷或购销合同纠纷或损害赔偿”等。

2. 正文

一是当事人的诉讼请求和案件事实。如系二审或再审调解书，在其之前还应写上诉人提起上诉的情况和再审的提起情况，案件的事实可写法院确认的事实。如果案件是在法院受理后，尚未开庭的情况下，经审查认为法律关系明确和事实清楚，并经双方同意而调解达成协议的，案件的事实可写当事人争议的事实。无论是哪种情况，事实都应当写得简明扼要，无须像判决书那样写得那样详细。

二是写明调解达成协议的具体内容，这是调解书的核心部分。协议内容是指在当事人自愿、合法的原则下达成的解决纠纷的一致意见。写清事实之后，应另起一段，写明如下一段文字："本案在审理过程中，经本院主持调解，双方当事人自愿达成如下协议"，然后，用分条分项式写明协议的具体内容。最后，写明诉讼费用的负担。

3. 尾部

首先写明法院对协议内容予以确认的态度及调解书的效力："上述协议，符合有关法律规定，本院予以确认。本调解书经双方当事人签收后，即发生法律效力。"之后由审判庭人员署名，注明制作日期，加盖院印，书记员署名，左方打出"本件与原本核对无异"校对戳。

（二）民事调解书基本格式

×××人民法院

民事调解书

〔××××〕×民初字第××号

原告：姓名或名称、住所、法定代表人、联系方式等

被告：姓名或名称、住所、法定代表人、联系方式等

第三人：姓名或名称、住所、法定代表人、联系方式等

案由：×××

×××（写明当事人的诉讼请求和案件的事实）。

本案在审理过程中，经本院主持调解，双方当事人自愿达成如下协议：

×××（写明协议的内容）。

×××（写明诉讼费用的负担）。

上述协议，符合有关法律规定，本院予以确认。

本调解书经双方当事人签收后，即发生法律效力。

审判长：×××
审判员：×××
审判员：×××
××××年××月××日

本件与原本核对无异（院印）　　书记员：×××

（三）民事调解书范文

×××人民法院
民事调解书

〔2017〕×民初字第×号

原告：张××，男，34岁，汉族，×市人，×市电力公司职工，住×区×大街×号×号楼×单元×室。

被告：刘××，女，32岁，汉族，×市人，×市公交公司职工，住×区×大街×号×号楼×单元×室。

案由：离婚。

张××与刘××于2010年初经人介绍相识相恋，并于2011年2月登记结婚，2013年5月生育一女：张×宁。婚后初期夫妻感情较好，后因生活琐事双方经常发生矛盾，彼此不予谅解，严重影响了夫妻感情。现张××以夫妻感情破裂为由诉至本院，要求与刘××离婚，刘××当庭表示同意离婚。

本案在审理过程中，经本院主持调解，双方当事人自愿达成如下协议：

一、张××与刘××自愿离婚。

二、双方所生之女张×宁由刘××抚养，张××自2017年8月始每月付子女生活费1500元，至子女独立生活为止。

三、婚前个人财产归个人所有，夫妻关系存续期间存款共20万元，张××分得8万元，刘××分得12万元。

四、位于×区×大街×号×号楼×单元×室的共有住房归张××单独所有，张××给付刘××房屋折价款50万元。

本案受理费××元，由张××负担（已交纳）。

上述协议，符合有关法律规定，本院予以确认。

本调解书经双方当事人签收后，即发生法律效力。

审判员：冯××
二〇一七年八月十五日

本件与原本核对无异（院印）　　书记员：李××

五、民事一审判决书

（一）民事一审判决书的写法

按民事诉讼法的规定和最高人民法院关于民事诉讼文书格式的要求，此判决书由首部、正文和尾部组成。

1. 首部

（1）标题

分两行书写，第一行写法院名称；第二行写文书种类，即“民事判决书”。

（2）编号

在标题右下方写编号，表述为“〔年度〕×民初字第××号”。

（3）诉讼参加人及其基本情况

①原告：如系公民提起诉讼的，应写明其姓名、性别、年龄、民族、籍贯、工作单位、职业和住址等。如系法人提起诉讼的，应写明单位的全称和所在地址；然后另起一行写法定代表人的姓名和职务。在诉讼过程中，被告提起反诉的，在判决书中还应表明各自当事人在反诉中的称谓，如“原告”“被告”。当事人有诉讼代理人的，应写明是何种诉讼代理人，应具体写明其称谓：系法定代理人、指定代理人或是委托代理人，然后写明其姓名等基本情况。

②被告：除称谓为被告以外，其他基本情况写法同原告相同。

③第三人：写明其姓名或名称等基本情况。

（4）案由和审理经过

应表述为：“×××一案，本院于×年×月×日受理后，依法组成合议庭，公开开庭进行了审理。……到庭参加诉讼。本案已审理终结。”

2. 正文

这一部分包括事实、理由、判决三项内容。事实部分应当写明原告人的请求及双方争执的事实和主张；理由部分应当写明人民法院认定事实和适用法律的根据；判决部分应当写明案件的处理意见。判决书须注意应有思想性和说服力，段落层次分明，力求通俗。

3. 尾部

在判决书原本的最后依次写明："如不服本判决，应自接到判决书的次日起十五日内向本院提出上诉状和副本，上诉于×××人民法院"；作成判决书的年、月、日；"×××人民法院民事审判庭审判员（如系助理审判员，可以写代理审判员；院长或者庭长参加审判案件的判决书，应当写审判员）×××、人民陪审员×××、×××"。在判决书正本的最后，还要依次写明："本件证明与原本无异"；制成判决书正本的年、月、日；"书记员×××"（即负责按照判决书原本制成正本的书记员）。

（二）民事一审判决书的基本格式

×××人民法院

民事判决书

〔××××〕×民初字第××号

原告：×××（写明姓名或名称、性别、出生年月日、住址等）

法定代表人（或代表人）：×××（写明姓名、性别、职务等）

法定代理人（或指定代理人）：×××（写明姓名、性别、职务等）

委托代理人：×××（写明姓名、单位、代理权限等）

被告：×××（写明姓名或名称、性别、出生年月日、住址等）

法定代表人（或代表人）：×××（写明姓名、性别、职务等）

法定代理人：×××（写明姓名、性别、职务等）

委托代理人：×××（写明姓名、单位、代理权限等）

第三人：×××（写明姓名或名称、性别、出生年月日、住址等）

法定代表人（或代表人）：×××（写明姓名、性别、职务等）

法定代理人：×××（写明姓名、性别、职务等）

委托代理人：×××（写明姓名、单位、代理权限等）

×××诉×××一案，本院受理后，依法组成合议庭（或依法由审判员×××独任审判），公开（或不公开）开庭进行了审理，×××（写明本案当事人及其诉讼代理人等）到庭参加诉讼。本案现已审理终结。

原告×××诉称：××××××（概述原告提出的具体诉讼请求和所根据的事实与理由）

被告×××辩称：××××××（概述被告答辩的主要内容）

第三人×××述称：××××××（概述第三人的主要意见）

经审理查明，××××××（写明法院认定的事实和证据）

本院认为，××××××（写明判决的理由）依照××××××（写明判决所依据的法律条款项）的规定，判决如下：

××××××（写明判决结果）

××××××（写明诉讼费用的负担）

如不服本判决，可在判决书送达之日起十五日内，向本院递交上诉状，并按对方当事人的人数提出副本，上诉于××××人民法院。

审判长：×××
审判员：×××
审判员：×××
××××年××月××日

本件与原本核对无异（院印）　　书记员：×××

（三）民事一审判决书范文

范文一：

山东省济南市××区人民法院
民事判决书

〔2016〕鲁××民初××号

原告：张××，男，19××年××月××日出生，汉族，户籍所在地济南市，现住济南市。

委托诉讼代理人：××，山东××律师事务所律师。

委托诉讼代理人：××，山东××律师事务所实习律师。

被告：济南××研究所，住所地济南市。

法定代表人：××，所长。

委托诉讼代理人：××，济南××××法律服务所法律工作者。

原告张××与被告济南××研究所（以下简称××研究所）劳动争议一案，本院于2016年7月1日立案后，依法适用简易程序，于2016年8月2日公开开庭审理了本案。原告张××，被告××研究所的委托诉讼代理人××到庭参加诉讼。本案现已审理终结。

原告张××向本院提出诉讼请求：1. 依法判令被告偿还原告垫付的社会保险费5165.18元；2. 依法判令被告支付原告以上款项的利息（自2015年11月起至判决生效之日止，按同期贷款利率计算）；3. 依法判令被告承担诉讼费用。事实和理由：原告于1980年至1995年7月在被告处工作，为被告员工。1995年7月，原告解除与被告劳动关系。但，在原告不知情的情况下，被告没有为原告缴纳1992年至1995年7月期间的社会保险费，致使原告到达退休年龄时，无法办理退休手续。原、被告经过多次交涉，被告同意补缴所欠的社会保险费，但一直没有补缴。原告为了办理退休手续，尽快领取养老金，于2015年11月13日垫付了所欠社会保险费用，共计5165.18元。后，济南市社会保险事业局给原告办理了退休手续，发放了养老金。但原告多次找被告要求其支付原告垫付的社会保险费，被告一直不予支付。原告于2016年6月20日，向济南市××区劳动人事争议仲裁委员会申请劳动仲裁。6月22日，该委作出不予受理仲裁决定书。为维护原告的合法权益，诉请依法判决。

被告××研究所辩称，请求依法驳回原告的起诉。一、原被告双方自1995年7月20日解除劳动合同关系时，双方明确了权利义务。原告自此应当知道自己无故未在单位上班，其间单位没有给其缴纳社会保险，另其2000年自行缴纳保险时也应当知道自己社保的缴纳情况，否则无法确定续缴年限。故其现在的所有主张均已超过诉讼时效不应受到保护。二、原告的补缴行为和办理退休行为均系其个人行为，与被告无关，并且根据鲁人社发〔2015〕29号文件的相关规定，无论原告缴纳多少费用，均与已解除劳动合同关系的被告无任何法律关系。被告也从未答应过给其补缴相关保险。根据我国相关法律规定原告的诉讼请求也不属于人民法院受理范围。

本院经审理认定以下事实当事人双方无争议：1. 原告张××于1980年到被告××研究所工作，1995年7月双方解除劳动关系。原告张××于2000年开始自行缴纳养老保险。2. 2015年11月13日，原告张××在济南市社会保险事业局市中办事处缴纳了1992年3月—1995年7月的基本养老保险费5165.18元，该办事处开具的《山东省社会保险基金专用票据》载明缴款人为被告××研究所，单位缴纳额为1582.21元，个人缴纳额为154.63元，利息为3428.34元，合计为5165.18元。3. 原告张××作为申请人，于2016年6月20日向济南市××区劳动人事争议仲裁委员会提出申请，要求被申请人（本案被告）××研究所向其支付垫付的社会保险费5165.18元及利息。该委审查后认为申请人（本案原告）张××提出的请求事项不符合其受理范围，作出济××劳人仲不〔2016〕××号《仲裁决定书》，对申请人（本案原告）张××的申请不予受理。原告张××诉至本院。

以上事实有原告张××提供本院〔2015〕××民初字第××号《民事裁定书》《山东省社会保险基金专用票据》《关于张××退休问题的意见》及当事人双方的陈述为凭。

对当事人双方有争议的事实，原告张××提交：1. 单位名称为被告××研究所并加盖有其印章的《补缴基本养老保险费申请表》，载明职工为原告张××，参加工作时间为1980年，补缴年度起止月份、补缴年度欠缴月基数、年欠缴基数总额等均为空白。其说明在2014年退休前被告××研究所出具该表让其补缴社保费用。2.《济南市城镇职工养老待遇核定表》，载明原告张××累计缴费年限27年7个月，其中视同缴费年限21年2个月等；3. 济南市社会保险事业局市中办事处于2016年1月7日出具的《关于张××退休问题的意见》，内容为：退休人员××同志，来市社保局、社保市中办事处反映要求补发养老金问题，经请示市社保局有关处室，现将办理经过和处理意见告知如下：2014年6月原济南××研究所职工张××同志，1995年7月解除劳动合同，因该单位未给缴纳1992年3月—1995年7月养老保险，到社保局市中办事处提出补缴，原企业给予配合，办理了补缴手续，并承诺给予缴费。但自2014年7月市局审核批准补缴后，该企业一直不缴费。以后张××同志就落实补缴问题向槐荫区法院起诉济南××研究所要求缴费，法院裁决不在管辖范围驳回。市中办事处考虑张××同志确实生活困难，为能够办理退休，享受养老待遇，同其协商，建议按照新出台的鲁人社发〔2015〕29号文件进行补缴。由于该同志情况较特殊，需报市社保局进行研究决定。直到2015年11月市局审批补缴通过，于11月17日按29号文件补缴人员在济南××研究所办理退休，当月养老金纳入统筹。按照原省劳动保障厅鲁劳社〔2001〕29号文件第二条第一款“职工到达正常退休年龄或缓退年龄后，单位未及时申请的，其养老金从单位正式申报的次月起纳入统筹”。市中办事处考虑按29号文件进行补缴，有关政策、程序需要研究，在建议补缴时，协商同意需要时间等待，这期间不是单位或个人原因而未领取的养老金可以给予补发。12月根据当事人申请补发了2015年6—10月的养老金。张××同志对此持有异议，市社保局及市中办事处已按省、市规定为其办理退休并享受了养老金待遇。张××同志仍有意见，可通过行政复议或行政诉讼解决。

其说明由该意见证明被告××研究所办理手续的情况。

被告××研究所对原告张××提供的以上证据无异议，但主张并未答应为原告张××缴纳以上费用。

被告××研究所提供：1. 原告张××于2015年9月7日出具的《申请书》，载明因单位在1992—1995年少缴了35个月的社会保险费，其同意按“1999年7号文件”补缴。2. 其单位于2015年10月9日作出的《公示情况说明》，载明对原告张××申请补缴基本养老保险费在单位予以公示。后附《单位职工补缴基本养老保险费公示表》，载明原告张××应保未保年限为1992年3月—1992年12月、1993年1月—1993年12月、1994年7月—1994年12月、1995年1月—1995年7月，累计35个月。3. 原告张××于2015年10月22日出具的《个人补缴申请》，载明其申请按照鲁人社发〔2015〕29号文件补缴基本养老保险费。4. 原告张××签名、时间为2015年10月22日的《补缴基本养老保险费申报表（单位）》，载明单位为被告××研究所，职工为原告张××，补缴原因为“单位漏交”，补缴年度起止月份分别为1992年3月—1992年12月、1993年1月—1993年12月、1994年7月—1994年12月、1995年1月—1995年7月，补缴年度欠缴月基数分别为130元、153元、217元和293元。该表加盖有社会保险经办机构印章。5. 加盖有社会保险机构印章的《基本养老保险费补缴金额核定表（单位）》，载明单位为被告××研究所，姓名为原告张××，险种为养老，补缴时间为1992年3月—1992年12月、1993年1月—1993年12月、1994年7月—1994年12月、1995年1月—1995年7月，补缴月基数分别为130元、153元、217元和293元，补缴金额分别为1162.98元、1505.05元、636.60元、334.53元、1526.02元，合计为5165.18元，其中企业合计为1582.21元，个人为154.63元，单位利息为3129.41元，个人利息为298.93元。6. 制表时间为2015年11月17日、加盖社会保险机构印章的《济南市缴费人员基本信息表》，载明单位为被告××研究所，姓名为原告张××，视同缴纳年限为21年2个月，实际缴纳年限为6年5个月，间断缴费年限为14年。7.《长期中断缴费人员转入社会人员户办理退休申请表》，载明姓名为原告张××，原单位为被告××研究所，该表“征缴部门”处加盖济南市社会保险事业局市中办事处业务专用章，内容为“该人员符合长期中断缴费人员，请予以受理”；该表“养老部门”处加盖济南市社会保险事业局市中办事处职工退休审批专用章，内容为“我处于2015年11月17日为该职工办理退休手续”。其说明提供的以上证据系从济南市社会保险事业局市中办事处复印取得，目的是证明原告张××补缴行为为个人行为。

原告张××认为为职工缴纳养老保险是单位的法定责任，其并说明已于2015年10月份退休并领取社保退休金。

本院认为，《中华人民共和国劳动法》第七十条规定："国家发展社会保险事业，建立社会保险制度，设立社会保险基金，使劳动者在年老、患病、工伤、失业、生育等情况下获得帮助和补偿。"第七十二条规定："社会保险基金按照保险类型确定资金来源，逐步实行社会统筹。用人单位和劳动者必须依法参加社会保险，缴纳社会保险费。"依以上规定，被告××研究所作为用人单位，有参加社会保险、缴纳社会保险费的法定义务。从本案查明事实来看，原告张××于1980年到被告××研究所工作，1995年7月双方解除劳动关系，在此期间，被告××研究所在1992年3月—1992年12月、1993年1月—1993年12月、1994年7月—1994年12月、1995年1月—1995年7月，累计35个月未为原告张××缴纳养老保险。原告张××后自行补缴了此期间的养老保险费用5165.18元，在本案中其向被告××研究所提出追偿的诉讼请求。被告××研究所提出多项答辩意见，一是认为原告张××的缴纳行为系个人行为，与其单位无关，其并未答应给原告张××补缴相应费用；二是认为原告张××的起诉已超过诉讼时效期间；三是认为原告张××的诉讼请求不属于人民法院受理范围。对此，本院认为，用人单位为职工缴纳社会保险（包括养老保险）系法定义务，此在前面已经说明。另，原告张××在本案审理中提供了济南市社会保险事业局市中办事处于2016年1月7日出具的《关于张××退休问题的意见》，其中明确载明"因该单位未给缴纳1992年3月—1995年7月养老保险，到社保市中办事处提出补缴，原企业给予配合，办理了补缴手续，并承诺给予缴费。但自2014年7月市局审核批准补缴后，该企业一直不缴费"。尽管被告××研究所不认可该意见中载明的"并承诺给予缴费"，但济南市社会保险事业局市中办事处作为社会保险部门，其出具的书面说明具有充分的证明力，本院予以采信；另一方面，从原告张××提供的《补缴基本养老保险费申请表》及被告××研究所提供的2015年10月9日《公示情况说明》、2015年10月22日《个人补缴申请》、2015年10月22日《补缴基本养老保险费申报表（单位）》《基本养老保险费补缴金额核定表（单位）》《济南市缴费人员基本信息表》《长期中断缴费人员转入社会人员户办理退休申请表》等均显示在原告张××补缴社保过程中，被告××研究所实际一直参与。鉴于此，原告张××补缴社保费用后，有权利向被告××研究所索要应由被告××研究所缴纳的部分。且原告张××补缴社保费用的时间为2015年11月13日，其提出劳动仲裁申请的时间为2016年6月20日，并未超过法定的仲裁时效期间，故被告××研究所辩称原告张××起诉超过诉讼时效期间的意见不能成立。本院对原告张××要求被告××研究所返还其垫付社保费用的诉讼请求予以支持。但原告张××现主张的5165.18元中包括应由其自行缴纳的部分154.63元，该部分应予扣除。原告张××还要求被告××研究所承担以上费用的利息，因原告张××补缴了应由被告××研究所缴纳的费用，客观上产生了利息损失，被告××研究所应予承担，但计算基数亦应以扣除的金额5010.55元来计。另，本案原告张××主张内容系与用人单位之间的劳动争议，人民法院应予受理并审理。

依照《中华人民共和国劳动法》第七十条、第七十二条、《中华人民共和国劳动争议调解仲裁法》第二十七条第一款、《中华人民共和国民事诉讼法》第六十四条第一款的规定，判决如下：

一、被告济南××研究所于本判决生效之日起十日内向原告张××返还原告张××垫付的社会保险费用5010.55元；

二、被告济南××研究所向原告张××承担垫付社会保险费用5010.55元产生的利息（自2015年11月14日起计算至本判决生效之日止，参照中国人民银行规定的同期流动资金贷款利率计算），于本判决生效之日起十日内支付；

三、驳回原告张××的其他诉讼请求。

如果未按本判决指定的期间履行给付金钱义务，应当依照《中华人民共和国民事诉讼法》第二百五十三条之规定，加倍支付迟延履行期间的债务利息。

案件受理费10元，减半收取计5元，由被告济南××研究所负担。

如不服本判决，可在判决书送达之日起十五日内，向本院递交上诉状，并按对方当事人的人数提出副本，上诉于山东省济南市中级人民法院。

审判长：××
审判员：××
审判员：××
二〇一六年十月三十日

本件与原本核对无异（院印）　　**书记员：××**

范文二：

济南市中级人民法院
民事判决书

〔201×〕鲁××民初××号

原告：中国××银行股份有限公司济南分行，住所地济南市。

负责人：陈××，行长。

委托诉讼代理人：赵××，山东××律师事务所律师。

委托诉讼代理人：卢××，山东××律师事务所实习律师。

被告：山东××矿业集团有限公司，住所地山东省××市。

法定代表人：孙××，董事长。

委托诉讼代理人：夏××，男，该公司工作人员。

委托诉讼代理人：魏××，山东××律师事务所律师。

被告：山东××轮胎有限公司，住所地山东省××市。

法定代表人：翟××，董事长。

被告：孙××，男，19××年××月××日出生，汉族，住山东省××市。

被告：赵××，女，19××年××月××日出生，汉族，住山东省××市。

原告中国××银行股份有限公司济南分行（以下简称××银行济南分行）与被告山东××矿业集团有限公司（以下简称矿业公司）、山东××轮胎有限公司（以下简称轮胎公司）、孙××、赵××金融借款合同纠纷一案，本院于2016年7月28日立案后，依法适用普通程序，于2017年1月11日公开开庭进行了审理。原告中国××银行股份有限公司济南分行的委托诉讼代理人赵××、卢××，被告矿业公司的委托诉讼代理人夏××、魏××到庭参加诉讼，××轮胎公司、孙××、赵××经本院合法传唤，无正当理由未到庭参加诉讼，本院依法缺席审理。本案现已审理终结。

原告诉称中国××银行股份有限公司济南分行向本院提出诉讼请求：1. 请求判令被告矿业公司立即偿还我行借款本金2400万元，利息及罚息815368.42元（截至2016年7月20日），自2016年7月21日起至本息付清之日止的利息及罚息按照《流动资金贷款借款合同》的约定计算；2. 依法判令被告矿业公司赔偿我行律师代理费损失658707元；3. 依法判令被告轮胎公司、孙××、赵××对上述第1、2项诉讼请求的金额承担连带保证责任；4. 本案全部诉讼费用和保全费用均由矿业公司、轮胎公司、孙××、赵××承担。事实和理由：2014年12月5日，我行与被告矿业公司签订《综合授信合同》，约定最高授信额度为2400万元，使用期限为1年。2014年12月5日，我行与轮胎公司签订《最高额保证合同》，约定轮胎公司为矿业公司与我行签订的上述《综合授信合同》项下的全部债权提供最高额连带保证责任，所担保的债权的发生期间为2014年12月5日至2015年12月5日，所担保的最高债权额为2400万元。2014年12月5日，我行与被告孙××、赵××签订《最高额担保合同》，约定孙××、赵××为被告矿业公司与我行签订的上述《综合授信合同》项下的全部债权提供最高额连带保证责任，所担保的债权的发生期间为2014年12月5日至2015年12月5日，所担保的最高债权额为2400万元。2015年5月7日，我行与被告矿业公司分别签订三笔《流动资金贷款借款合同》，约定被告矿业公司向我行共计借款1200万元，借款期限为一年，自2015年5月7日至2016年5月7日。贷款年利率为5.885%。2015年5月8日，我行与被告矿业公司分别又签订三笔《流动资金贷款借款合同》，约定被告矿业公司向我行共计借款1200万元，借款期限为一年，自2015年5月8日至2016年5月8日。贷款年利率为5.885%。上述合同签订后，我行分别于2015年5月7日和2015年5月8日向被告矿业公司指定的账户发放了借款共计2400万元。但被告矿业公司自2016年1月21日起未能按照合同约定按期还息，各保证人亦未按约定履行保证义务，已构成违约。为了维护我行的合法权益，特向贵院提起诉讼，恳请贵院查清事实，支持我行的诉讼请求。

被告矿业公司辩称，我公司对中国××银行股份有限公司济南分行起诉的上述借款事实没有异议，但认为中国××银行股份有限公司济南分行所主张的利息存在计算复利的问题，复利不应得以支持；对于律师代理费，我公司认为过高。我公司希望能够与中国××银行股份有限公司济南分行达成和解。

被告轮胎公司、孙××及赵××均未作答辩。

原告中国××银行股份有限公司济南分行围绕诉讼请求依法提交了证据，本院组织当事人对证据进行了质证。根据各方当事人陈述及中国××银行股份有限公司济南分行提交的证据，本院认定事实如下：2014年12月5日，中国××银行股份有限公司济南分行与矿业公司签订《综合授信合同》，约定最高授信额度为2400万元，使用期限为1年，自2014年12月5日至2015年12月5日。同日，中国××银行股份有限公司济南分行与轮胎公司签订《最高额保证合同》，约定轮胎公司为矿业公司与中国××银行股份有限公司济南分行签订的公授信字《综合授信合同》项下的债权提供最高额连带保证责任，所担保的债权的发生期间为2014年12月5日至2015年12月5日，所担保的最高债权额为2400万元。担保的范围包括本金、利息、罚息、复利、违约金、损害赔偿金、实现债权和担保权利的费用（包括但不限于诉讼费、律师费、差旅费等）和所有其他应付合理费用。2014年12月5日，中国××银行股份有限公司济南分行与孙××、赵××签订《最高额担保合同》，约定孙××、赵××为矿业公司与中国××银行股份有限公司济南分行签订的《综合授信合同》项下的债权提供最高额连带保证责任，所担保的债权的发生期间为2014年12月5日至2015年12月5日，所担保的最高债权额为2400万元。担保的范围包括本金、利息、罚息、复利、违约金、损害赔偿金、实现债权和担保权利的费用（包括但不限于诉讼费、律师费、差旅费、房产抵押人安置费用、保全费等）和所有其他应付合理费用。

2015年5月7日，中国××银行股份有限公司济南分行与矿业公司分别签订合同编号为公借贷字第ZH15号、公借贷字第ZH16号、公借贷字第ZH17号的三笔《流动资金贷款借款合同》，约定矿业公司向原告共计借款1200万元，借款期限为一年，自2015年5月7日至2016年5月7日。贷款年利率为5.885%，还款方式为按月还息，到期还本。逾期利率按执行年利率加收50%，对矿业公司不能按时支付的利息和逾期罚息，按逾期利率按月在结息日或结息日的对日计收复利，按实际逾期天数计算，逐月累算。

2015年5月8日，中国××银行股份有限公司济南分行与矿业公司分别签订合同编号为公借贷字第ZH18号、公借贷字第ZH19号、公借贷字第ZH20号的三笔《流动资金贷款借款合同》，约定矿业公司向中国××银行股份有限公司济南分行共计借款1200万元，借款期限为一年，自2015年5月8日至2016年5月8日。贷款年利率为5.885%，还款方式为按月还息，到期还本。逾期利率按执行年利率加收50%，对矿业公司不能按时支付的利息和逾期罚息，按逾期利率按月在结息日或结息日的对日计收复利，按实际逾期天数计算，逐月累算。

原告中国××银行股份有限公司济南分行为证明产生律师费损失658707元，提交了委托代理合同、律师费发票和实际支付凭证。

上述《流动资金贷款借款合同》签订后，中国××银行股份有限公司济南分行分别于2015年5月7日和2015年5月8日向矿业公司指定的账户发放了借款共计2400万元。但矿业公司自2016年1月21日起未能按照合同约定按期还息，各保证人亦未能按约定履行保证义务。

截至2016年7月20日，被告矿业公司尚未归还原告中国××银行股份有限公司济南分行借款本金2400万元，尚欠利息815368.42元。

上述事实，由《综合授信合同》《最高额保证合同》《最高额担保合同》《流动资金贷款借款合同》、放款通知书、单位借款凭证、欠款明细、委托代理合同、律师费发票、转账记账凭证、各方当事人的当庭陈述及庭审笔录等在案佐证。

本院认为，中国××银行股份有限公司济南分行与矿业公司、轮胎公司、孙××、赵××分别签订的《综合授信合同》《最高额保证合同》《最高额担保合同》《流动资金贷款借款合同》，均系各方当事人真实意思表示，合同内容未违反法律和行政法规禁止性规定，合法有效。各方当事人均应按合同的约定履行义务。中国××银行股份有限公司济南分行在签订上述合同后，依约履行了合同约定的放款义务，矿业公司未能按照合同约定履行支付利息及还款义务；轮胎公司、孙××、赵××亦未按照各方签订的《最高额保证合同》《最高额担保合同》的约定履行相应的保证责任，均构成违约，应承担相应的违约责任。现中国××银行股份有限公司济南分行主张矿业公司依约付本还息，轮胎公司、孙××、赵××依约承担相应的保证责任，依法应予支持。矿业公司提出的对借款利息的异议，经中国××银行股份有限公司济南分行列举说明欠息计算公式及计算明细后，矿业公司已当庭表示清楚明白。关于律师费，矿业公司主张过高，经审查中国××银行股份有限公司济南分行主张的律师费损失并未超过山东省律师服务收费标准，矿业公司亦未能提交中国××银行股份有限公司济南分行实际支出律师费少于其现主张律师费数额的反驳证据，故对其该项抗辩，本院不予采信。被告轮胎公司、孙××、赵××经本院合法传唤，无正当理由拒不到庭参加本案诉讼，应视为对自身权利的放弃。综上，依照《中华人民共和国民事诉讼法》第一百三十四条、第一百四十四条，《中华人民共和国合同法》第二百零六条、第二百零七条，《中华人民共和国担保法》第十八条规定，判决如下：

一、被告山东××矿业集团有限公司于本判决生效之日起十日内偿还原告中国××银行股份有限公司济南分行借款本金2400万元及利息815368.42元（上述利息计算至2016年7月20日，嗣后至本判决生效之日止的利息按照《流动资金贷款借款合同》约定另行计付）；

二、被告山东××矿业集团有限公司于本判决生效之日起十日内赔偿原告中国××银行股份有限公司律师代理费损失658707元；

三、被告山东××轮胎有限公司、孙××、赵××对本判决第一项、第二项所确定被告山东××矿业集团有限公司的债务承担连带清偿责任；

四、被告山东××轮胎有限公司、孙××、赵××承担保证责任后，有权向被告山东××矿业集团有限公司追偿；

五、驳回原告中国××银行股份有限公司济南分行的其他诉讼请求。

如果未按本判决指定的期间履行给付金钱义务，应当依照《中华人民共和国民事诉讼法》第二百五十三条规定，加倍支付迟延履行期间的债务利息。

案件受理费169170元，财产保全费5000元，由被告山东××矿业集团有限公司、山东××轮胎有限公司、孙××、赵××负担。

如不服本判决，可在判决书送达之日起十五日内，向本院递交上诉状，并按对方当事人的人数或者代表人的人数提出副本，上诉于山东省高级人民法院。

审判长：荣××

审判员：李××

审判员：王××

二〇一×年××月××日

本件与原本核对无异（院印）

书记员：魏××

第六章　民事诉讼简易程序

第一节　庭审程序

一、简易程序的适用范围

根据《民事诉讼法》一百五十七条的规定，简易程序在两种情况下适用：一是基层人民法院及其派出法庭审理事实清楚、权利义务关系明确、争议不大的简单的民事案件；二是基层人民法院及其派出法庭审理前款规定以外的民事案件，当事人双方约定适用简易程序，经人民法院审查同意的。

可以适用简易程序审理民事案件的人民法院，仅限于基层人民法院和它的派出法庭。基层人民法院的派出法庭包括两种形式：一种是基层人民法院在其辖区内的乡、镇常设的人民法庭；另一种是基层人民法院为巡回审判，临时派出的审判组织。除此以外，中级人民法院、高级人民法院、最高人民法院审理第一审民事案件均不得适用简易程序。

可以适用简易程序审理的案件，仅限于事实清楚、权利义务关系明确、争议不大的简单民事案件。根据《最高人民法院关于适用〈中华人民共和国民事诉讼法〉的解释》（以下简称《民诉解释》）第二百五十六条的规定，所谓“事实清楚”，是指当事人对争议的事实陈述基本一致，并能提供相应的证据，无须人民法院调查收集证据即可查明事实；所谓“权利义务关系明确”是指能明确区分谁是责任的承担者，谁是权利的享有者；所谓“争议不大”是指当事人对案件的是非、责任承担以及诉讼标的争执无原则分歧。上述三个条件，是互相联系、不可分割的一个整体，是认定简单民事案件的标准。只有同时具备这三个条件，才构成简单的民事案件，才能适用简易程序审理。

根据《民诉解释》第二百五十七条的规定，下列案件不得适用简易程序审理：

（1）起诉时被告下落不明的案件；（2）发回重审的案件；（3）共同诉讼中一方或者双方当事人人数众多的案件；（4）法律规定应当适用特别程序、审判监督程序、督促程序、公示催告程序审理的案件；（5）人民法院认为不宜适用简易程序审理的案件。

二、简易程序的特点

1. 当事人起诉和人民法院受理的程序简易。根据《民事诉讼法》第一百五十八条的规定，原告可以口头起诉；普通程序则必须由原告递交起诉状。

2. 传唤当事人和通知其他诉讼参与人的方式简易。根据《民事诉讼法》第一百五十九条规定，人民法院可以用简便方式传唤当事人和证人，但应当保障当事人陈述意见的权利。可以采取电话、传真、电子邮件、捎口信等简便方式随时传唤双方当事人和证人；普通程序则必须在法定期间内按法定方式传唤当事人。

3. 审理案件的审判组织简易。《民事诉讼法》第一百六十条规定，简单的民事案件实行独任制审判，即由审判员一人独任审理，并不受本法第一百三十六条、第一百三十八条、第一百四十一条规定的限制；普通程序则必须采用组成合议庭的审制方式进行审理。

4. 审理案件的程序简易。简易程序的审理不受开庭前三日通知当事人及其他诉讼参与人的限制，在庭审过程中也不受法庭调查和法庭辩论顺序的约束，均由独任审判员根据案件的具体情况灵活掌握；普通程序则必须严格根据《民事诉讼法》规定的各个阶段进行，否则即为程序违法。

5. 审理期限较短。根据《民事诉讼法》的规定，适用简易程序审理案件，应当在立案之日起三个月内审结。《民诉解释》第二百五十八条修改了之前简易程序审理期限不得延长的规定，“适用简易程序审理的案件，审理期限到期后，双方当事人同意继续适用简易程序的，由本院院长批准，可以延长审理期限。延长后的审理期限累计不得超过六个月。”

三、简易程序的基本流程

（一）起诉和答辩

1. 起诉和受理

根据《民事诉讼法》第一百五十八条的规定，对于简单的民事案件，原告可以口头起诉。当事人双方可以同时到基层人民法院或者它派出的法庭，请求解决纠纷。基层人民法院或者它派出的法庭可以当即审理，也可以另定日期审理。

原告口头起诉的，人民法院应当将当事人的基本情况、联系方式、诉讼请求、事实和理由予以准确记录，登记好相关证据，然后将上述记录和登记的内容向原告当面宣读，原告确认无误后应当签名或者捺印。当然，原告也可以通过向人民法院提交起诉状的方式起诉。符合当即审理的案件，实际上是将起诉、审查起诉、受理和审理案件等程序一并进行。

2. 答辩

简易程序中，被告可以选择以口头或者书面的方式进行答辩。双方当事人同时到庭，被告同意口头答辩的，人民法院可以当即开庭审理；被告要求书面答辩的，人民法院应当告知当事人提交答辩状的期限和开庭的具体日期。

（二）审理前的准备

1. 关于举证期限的特殊规定

双方当事人同时到基层人民法院或者其派出法庭请求解决简单民事纠纷的，如果未协商举证期限，或者被告一方经简便方式传唤到庭的，当事人要求当庭举证的，应予准许。当事人当庭举证有困难的，举证期限由当事人协商决定，但最长不得超过十五日；协商不成的，由人民法院决定。

适用简易程序审理的民事案件，当事人及其诉讼代理人申请人民法院调查收集证据和申请证人出庭做证，应当在举证期限届满前提出，但其提出申请的期限不受《最高人民法院关于民事诉讼证据的若干规定》第十九条第一款（当事人及其诉讼代理人申请人民法院调查收集证据，不得迟于举证期限届满前七日）、第五十四条第一款（当事人申请证人做证，应当在举证期限届满十日前提出，并经人民法院许可）的限制。

2. 当事人一方或者双方就适用简易程序提出异议后，人民法院应当进行审查，并按下列情形分别处理：（1）异议成立的，应当将案件转入普通程序审理，并将合议庭的组成人员及相关事项以书面形式通知双方当事人；（2）异议不成立的，口头告知双方当事人，并将上述内容记入笔录。转入普通程序审理的民事案件的审理期限自人民法院立案的次日起开始计算。

（三）开庭审理

1. 简易程序中的调解

根据《简易程序若干规定》第十四条的规定，六类案件应当在开庭审理时先行调解：（1）婚姻家庭纠纷和继承纠纷；（2）劳务合同纠纷；（3）交通事故和工伤事故引起的权利义务关系较为明确的损害赔偿纠纷；（4）宅基地和相邻关系纠纷；（5）合伙协议纠纷；（6）诉讼标的额较小的纠纷。但是根据案件的性质和当事人的实际情况不能调解或者显然没有调解必要的除外。

调解达成协议并经审判人员审核后，双方当事人同意该调解协议经双方签名或者捺印生效的，该调解协议自双方签名或者捺印之日起发生法律效力。当事人要求摘录或者复制该调解协议的，应予准许。这种情况下，人民法院应当另行制作民事调解书。调解协议生效后一方拒不履行的，另一方可以持民事调解书申请强制执行。人民法院可以当庭告知当事人到人民法院领取民事调解书的具体日期，也可以在当事人达成调解协议的次日起十日内将民事调解书发送给当事人。当事人以民事调解书与调解协议的原意不一致为由提出异议，人民法院审查后认为异议成立的，应当根据调解协议裁定补正民事调解书的相关内容。

2. 传唤当事人和通知其他诉讼参与人出庭

以捎口信、电话、传真、电子邮件等形式发送的开庭通知，未经当事人确认或者没有其他证据足以证明当事人已经收到的，人民法院不得将其作为按撤诉处理和缺席判决的根据。开庭前已经书面或者口头告知当事人诉讼权利义务，或者当事人各方均委托律师代理诉讼的，审判人员除告知当事人申请回避的权利外，可以不再告知当事人其他的诉讼权利义务。

3. 庭审过程

适用简易程序审理的案件，法庭调查和法庭辩论环节不受普通程序中顺序的约束，由独任审判员根据案件具体情况灵活掌握。开庭时，审判人员可以根据当事人的诉讼请求和答辩意见归纳出争议焦点，经当事人确认后，由当事人围绕争议焦点举证、质证和辩论。当事人对案件事实无争议的，审判人员可以在听取当事人就适用法律方面的辩论意见后径行判决、裁定。适用简易程序审理的民事案件，应当一次开庭审结，但人民法院认为确有必要再次开庭的除外。

书记员应当将适用简易程序审理民事案件的全部活动记入笔录。对于下列事项，应当详细记载：（1）审判人员关于当事人诉讼权利义务的告知、争议焦点的概括、证据的认定和裁判的宣告等重大事项；（2）当事人申请回避、自认、撤诉、和解等重大事项；（3）当事人当庭陈述的与其诉讼权利直接相关的其他事项。

庭审结束时，审判人员可以根据案件的审理情况对争议焦点和当事人各方举证、质证和辩论的情况进行简要总结，并就是否同意调解征询当事人的意见。审判人员在审理过程中发现案情复杂需要转为普通程序的，应当在审限届满前及时作出决定，并书面通知当事人。

（四）宣判与送达

1. 当庭宣判

适用简易程序审理的民事案件，除人民法院认为不宜当庭宣判的以外，应当当庭宣判。当庭宣判的案件，除当事人当庭要求邮寄送达的以外，人民法院应当告知当事人或者诉讼代理人领取裁判文书的期间和地点以及逾期不领取的法律后果。上述情况，应当记入笔录。

人民法院已经告知当事人领取裁判文书的期间和地点的，当事人在指定期间内领取裁判文书之日即为送达之日；当事人在指定期间内未领取的，指定领取裁判文书期间届满之日即为送达之日，当事人的上诉期从人民法院指定领取裁判文书期间届满之日的次日起开始计算。当事人因交通不便或者其他原因要求邮寄送达裁判文书的，人民法院可以按照当事人自己提供的送达地址邮寄送达。人民法院根据当事人自己提供的送达地址邮寄送达的，邮件回执上注明收到或者退回之日即为送达之日，当事人的上诉期从邮件回执上注明收到或者退回之日的次日起开始计算。原告经传票传唤，无正当理由拒不到庭或者未经法庭许可中途退庭的，可以按撤诉处理；被告经传票传唤，无正当理由拒不到庭或者未经法庭许可中途退庭的，人民法院可以根据原告的诉讼请求及双方已经提交给法庭的证据材料缺席判决。按撤诉处理或者缺席判决的，人民法院可以按照当事人自己提供的送达地址将裁判文书送达给未到庭的当事人。

2. 定期宣判

定期宣判的案件，定期宣判之日即为送达之日，当事人的上诉期自定期宣判的次日起开始计算。当事人在定期宣判的日期无正当理由未到庭的，不影响该裁判上诉期间的计算。当事人确有正当理由不能到庭，并在定期宣判前已经告知人民法院的，人民法院可以按照当事人自己提供的送达地址将裁判文书送达给未到庭的当事人。适用简易程序审理的民事案件，有下列情形之一的，人民法院在制作裁判文书时对认定事实或者判决理由部分可以适当简化：（1）当事人达成调解协议并需要制作民事调解书的；（2）一方当事人在诉讼过程中明确表示承认对方全部诉讼请求或者部分诉讼请求的；（3）当事人对案件事实没有争议或者争议不大的；（4）涉及个人隐私或者商业秘密的案件，当事人一方要求简化裁判文书中的相关内容，人民法院认为理由正当的；（5）当事人双方一致同意简化裁判文书的。

第二节 实验案例

李××诉刘××婚约财产纠纷案模拟法庭审判脚本。

本模拟法庭审判角色：①审判员 1 人；②书记员 1 人；③原告 1 人；④被告 1 人；⑤原告委托代理人 1 人；⑥证人 1 人。

模拟法庭审判道具：①法官袍 1 件；②书记员服 1 套；③律师袍 1 件；④法槌 1 个；⑤书证及照片若干份。

【案情简介】

2016 年农历腊月，原告李××与被告刘××经人介绍相识确立了恋爱关系，当时经介绍人李××给被告人民币 15 万元用于购置结婚用品，并定于 2017 年×月×日举行结婚仪式。在此期间，原、被告双方感情破裂，被告提出终止恋爱关系。关于现金及财物的返还，经介绍人协商，被告退还现金和财物约 10 万元，剩余 5 万元未退还。现原告李××诉至法院，要求被告刘××退还原告人民币 5 万元。

【模拟审判】

（书记员就位，面向旁听席站立）

书记员：请肃静。请双方当事人及其委托代理人入庭。

（以上人员依次入庭就座）

书记员：原告是否到齐？

原告：到齐。

书记员：被告是否到齐？

被告：到齐。

书记员：请大家肃静，现在宣布法庭纪律。

1. 旁听人员必须保持肃静，不得喧哗、鼓掌、插话，应听从审判员统一指挥，一律关闭通信工具，遵守法庭秩序；

2. 旁听人员不得随便走动，不得进入审判区，有意见可以在闭庭后提出；

3. 当事人及其诉讼参与人不得中途退庭，如擅自退庭，是原告的按撤诉处理；是被告的则依法缺席判决。未经审判员同意不得发言、提问，发言时应当起立，注意文明礼貌，不得攻击、侮辱他人；

4. 未经法庭许可，任何人不得在法庭录音、录像、摄影；

5. 不准吸烟和随地吐痰。

审判人员或法警有权制止违反法庭纪律、妨碍民事诉讼活动的行为，对不听制止的，可依法予以训诫、责令退出法庭或者予以罚款、拘留；对情节严重的依法追究其刑事责任。

书记员：全体起立，请审判员入庭。

（审判员入庭，全体坐下）

书记员：（面向审判员）报告审判员，原告李××与被告刘××婚约财产纠纷一案，双方当事人均已到庭，庭审准备工作已就绪，请开庭。

审判员：现在开庭。首先核对当事人身份。原告，你的姓名、年龄、职业、住址，有无代理人？

原告：李××，男，1982年×月×日生，汉族，武阳市××区×××村农民，现住本村。我委托河南××律师事务所律师李××作一般代理人。

委托代理人：我叫李××，河南××律师事务所律师。

审判员：被告，你的姓名、年龄、职业、住址，可有代理人？

被告：刘××，女，1983年×月×日生，汉族，武阳市××区×××村农民，住本村。没有委托代理人。

审判员：原告对对方出庭人员有无异议？

原告：没有。

审判员：被告对对方出庭人员有无异议？

被告：没有。

审判员：经审查，原、被告对对方出庭人员均无异议，双方当事人符合法律规定，可以参加本案诉讼。

审判员：（敲法槌）根据《中华人民共和国民事诉讼法》第一百三十四条第一款、第一百五十七条的规定，江林区人民法院民事审判庭今天在此依法适用简易程序审理原告李××与被告刘××婚约财产纠纷一案。本案由本院审判员张×独任审理，本院书记员王×担任庭审记录。有关当事人诉讼权利和义务本院已书面告知，不再重复。下面本庭根据《中华人民共和国民事诉讼法》第四十四条的规定，交代回避权。审判人员有以下三种情况，可能影响案件公正审理的，当事人有权口头或书面申请他们回避：1. 是本案当事人或者是当事人、诉讼代理人的近亲属的；2. 与本案有利害关系的；3. 与本案当事人、诉讼代理人有其他关系，可能影响对案件公正审理的。现在询问当事人是否申请回避？

原告：不申请。

被告：不申请。

审判员：下面进行法庭事实调查，先由原告陈述起诉的事实、理由及诉讼请求。

原告委托代理人：原告李××诉称，2016 年农历腊月，原、被告经人介绍相识确立了恋爱关系，当时经介绍人李××给被告人民币 15 万元用于购置结婚用品，并定于 2017 年×月×日举行结婚仪式。但在此期间，被告提出许多无理要求，原告无法接受，为此被告提出终止恋爱关系。但是被告却不愿退还原告给的 15 万元，后经中间人协商，被告仅退还现金和财物约 10 万元，剩余的 5 万元拒不退还。现诉至法院，要求被告退还原告人民币 5 万元。

审判员：下面请被告针对原告所述进行答辩。

被告：1. 原告所诉与事实不符，请依法驳回原告的诉讼请求。原告在诉状中称，是因被告提出无理要求和条件致使婚礼不能举行，而真正的原因是原告与其他女人有暧昧关系，在微信聊天里有很多缠绵情话。原告所诉给付被告 15 万元也不是事实，原告通过中间人给付被告彩礼大包干 148000 元，另有 2000 元是赠予被告购买订婚衣服的钱，且被告也给原告订婚钱 2000 元。在 148000 元中还抽出 2000 元作为富贵钱退给了原告。2017 年 7 月 30 日晚上，原告委托媒人与被告家协商解决此事，经协商被告退还原告 8 万元现金及折价 19000 多元的金银首饰作为对此事的了结，且中间人写了收条。2. 原告给被告造成了精神上的伤害，要求原告赔偿被告精神损失费 5 万元。从原、被告相识，到确定举行婚礼的时间，最后到双方关系了结，原告始终哄骗被告，使被告付出了全部身心，而原告却脚踏两只船，致使被告精神上受到了极大的打击，要求原告给予赔礼道歉，并赔偿精神损失费 5 万元，以慰藉遭受创伤的心灵。

审判员：通过原告陈述、被告答辩，本案争议的焦点：1. 5 万元是否应当返还。2. 是否应当赔偿精神损失费 5 万元。下面由双方围绕争议的焦点进一步陈述并举证。

原告：大包干 148000 元还有 2000 元的订婚钱一共 15 万元，这里有一份 2017 年×月×日中间人李××的证明，能证明被告大约退了 10 万元的财产，还有 5 万元，被告拒不退还，除此证明外，中间人李××也要到庭做证。

审判员：传证人李××到庭做证。

证人：我叫李××，女，××区×××村农民，住本村。

审判员：证人李××，根据《中华人民共和国民事诉讼法》第七十二条、第一百三十四条的规定，凡是知道案件情况的个人都有出庭做证的义务，如做伪证、毁灭证据等都要承担法律责任，听清了没有？

证人：听清了。

审判员：请证人向法庭陈述有关情况。

证人：说好大包干148000元，订婚钱2000元，一共15万元，其中从女方抽富贵抽出2000元给了男方。订婚时，男方给了磕头钱和见面钱共2100元，其他的我不知道了。关于退钱方面，退了人民币现金8万元和金银首饰。

审判员：原告方对证人证言有无异议，是否有问题要问？

原告：没有异议。有问题要问：你作为中间人，是不是一次性了结此事，将首饰与8万元退还后，以此了结？

证人：只能说女方退多少，我收多少，没有一次性了结。

审判员：被告对证人证言有无异议，是否有问题要问？

被告：关于证人证言无异议，关于证人说没有一次性了结有异议。证人，7月30日你和男方家的一个人协商解决此事，你去的时候，就说是要全部了结，我才给你退的钱，你去的时候就说是要全部了结的是不是？

证人：不是。

审判员：被告还有什么问题要问？

被告：没有了。

审判员：证人你看一下笔录，与你说的是否一致，如无误，请签字，然后就可以退庭了。

审判员：由被告围绕争议的焦点进一步陈述并举证。

被告：不退钱的理由他们自己很清楚，在交往过程中我怀孕了，而原告又提出悔婚，即使是金钱也弥补不了我的损失。原告曾用过我的手机，还给我时我无意间发现了他给他另外一个女朋友发的一条信息。收件人手机号是130××××××××，内容是：“我也想和你在一起，可我们是不可能的，只能做情人。”

审判员：下面由原告进行质证。

原告：我不记得是否用过这手机，我没有用过这手机，短信不是我发的。

审判员：下面由被告方提供证据。

被告：这是××区人民医院诊断建议书一份，没有住院，能证明被告曾做过人工流产手术。

审判员：由原告方进行质证。

原告：我们之间没有发生过关系。

审判员：被告方就事实部分以及证据还有补充吗？

被告：没有了。

审判员：双方事实部分还有无补充，还有无证据提供？

原告：没有。

被告：没有。

审判长：法庭调查结束。

进行法庭辩论，法庭辩论的焦点：1.5万元是否应当返还；2. 是否应当赔偿精神损失5万元。下面由双方围绕争议的焦点发表辩论意见。

原告代理人：我作为原告的代理人发表如下代理意见：

原、被告婚约关系不受任何法律保护，原告给被告结婚购物款15万元是附条件的民事法律行为，这个条件是以双方登记结婚举行婚礼为条件的，这一条件成立，被告才有权使用这15万元的权利。现在双方的婚约已解除，被告就不能继续占有这15万元。所以应支持原告的诉讼请求。被告答辩中称，2000元是原告赠予被告的这一说法不能成立，2000元应当退还原告。

原告：同意代理人的意见。

审判员：下面由被告方就争议的焦点进行辩论，发表辩论意见。

被告：按农村乡俗，订婚后就将为结婚而购物的钱全部交付女方，这本身就是为举行婚礼而准备的。原告方称发生的法律关系不予保护，既然法律不予保护，原告方你还发生关系。法庭应以事实为依据，法律为准绳，实事求是地讲，要结婚就得先花钱准备婚事，这是合乎客观情况的，谁家也是结婚前为筹备婚礼而用钱。筹备婚礼期间发现原告对感情不忠诚，我遭受了很大的伤害，要求赔偿精神损失。

审判员：双方无新的辩论，辩论结束，下面征询双方当事人最后意见。原告，还有什么意见？

原告：坚持诉讼请求，请求法院支持我的诉讼请求。

审判员：被告，还有什么意见？

被告：不同意原告诉讼请求，请求驳回原告的诉讼请求。

审判员：下面依据法律有关规定，对本案进行调解。被告，你有何调解意见？

原告：最少再退我35000元。

审判员：被告，有何调解意见？

被告：我不退。

审判员：由于双方调解意见差距太大，本庭不再做调解工作，下面进行宣判。

本庭认为，本案事实清楚，可以结案。

本院认为，原、被告建立恋爱关系后，按农村风俗订婚，原告给被告订婚钱2000元，是赠予被告的，且双方均有赠予，属于赠予法律关系，故互不返还。在原告给被告的大包干款148000元中，有原告抽回的富贵钱2000元，应从中扣除。另，被告为准备结婚购置必要的用品，也在情理之中。被告所购个人生活用品，系个人专用的生活必需品，退还原告也没有必要，这种结果的发生，是双方的行为造成的，所以所购物品应归被告所有，但被告应酌情退还原告购物款。被告提供的××区人民医院的诊断建议书，该建议书应作为本案认定的证据，现在是因原告这个附条件的婚约关系未实现而致使原、被告解除了这种关系，在退还原告财产时应同时考虑本案双方发生矛盾后，经中间人协商被告已退还大部分财物及被告曾怀孕的事实。被告提出的反诉请求，因其未在规定时间内缴纳案件受理费，本院对其反诉请求不予合并审理。依照《中华人民共和国婚姻法》第十八条第一款第（一）项、第（四）项，最高人民法院《关于适用〈中华人民共和国婚姻法〉若干问题的解释（二）》第十条第一款第（一）项的规定，判决如下：

书记员：全体起立！

审判员：由被告于本判决生效后十五日内酌情退还原告大包干款2940元［（148000-2000）元×70%-（80000+19260）元］。

如果被告未按本判决指定的期间履行给付义务，应当依照《中华人民共和国民事诉讼法》第二百五十三条之规定，加倍支付迟延履行期间的债务利息。

案件受理费减半收取150元，由原告负担100元，被告负担50元。

如不服本判决，可在判决书送达之日起十五日内，向本院递交上诉状，并按对方当事人的人数提出副本，上诉于武阳市中级人民法院。

书记员：坐下。

现在闭庭。当事人在闭庭后五日内至本院阅读笔录签字。

书记员：全体起立！在主审法官退出法庭后当事人及旁听人员退出法庭。

第三节　与实验案例相关的法律文书写作

简易程序中诉讼文书（起诉状、答辩状、判决书）的格式与第一审普通程序的相关诉讼文书格式相同，在此不再重复列出，此处仅提供写作范文。

一、起诉状范文

民事起诉状

原告：赵某甲，男，×年×月×日出生，汉族，身份证号：××××××××××××××××××

住址：山西省×市×区××路×号，电话：130××××××××

被告：赵某乙，女，×年×月×日出生，汉族，身份证号：××××××××××××××××××

住址：广东省×市×××路×号，电话：159××××××××

被告：赵某丙，男，×年×月×日出生，汉族，身份证号：××××××××××××××××××

住址：山西省×市×××路×号，电话：159××××××××

案由：继承纠纷。

诉讼请求

一、请求依法对原告名下位于本市××街×号××小区16号楼×单元×××号房产进行分割，判决涉案房产归原告所有，由原告赵某甲向其他继承人支付相应的价款。

二、诉讼费由被告负担。

事实与理由

原告与李××原系夫妻关系，在夫妻关系存续期间购买了位于本市××街×号××小区16号楼×单元×××号房产一处，登记在原告名下（房屋所有权证编号：××市房权证房改×字第××号）。李××于2004年去世，原、被告未对上述房产进行分割。2005年被告赵某丙结婚，涉案房屋作为婚房由被告赵某丙居住，原告搬出涉案房屋租房另住。现因原告年事渐高，租房居住多有不便，多次希望搬回涉案房屋居住，被告赵某丙均予以拒绝。就涉案房屋的继承问题，原告多次与被告赵某丙协商，均未能达成一致意见。为了维护原告的合法权益，依据《中华人民共和国继承法》的相关规定，特向贵院提出上述书面请求，望贵院判如所请。

此致

×市×区人民法院

起诉人：赵某甲

2017年9月13日

附：民事起诉书副本2件

证据目录

证据一：房屋产权证（××市房权证房改×字第××号）1份

证据二：户口本常住人口登记卡1份

二、民事答辩状范文

民事答辩状

答辩人：赵某丙，男，×年×月×日出生，汉族，身份证号：××××××××××××××××××

住址：山西省×市××路×号，电话：159××××××××

被答辩人：赵某甲，男，×年×月×日出生，汉族，身份证号：××××××××××××××××××

住址：山西省×市×区××路×号，电话：130××××××××

因被答辩人赵某甲诉答辩人赵某丙继承纠纷一案，现提出答辩意见如下：

一、涉案房产系答辩人个人财产

涉案房屋确系登记在被答辩人名下，但被答辩人在2005年答辩人结婚时明确将该房屋赠予答辩人所有，被答辩人另行租房居住。该赠予系被答辩人的真实意思表示，符合《中华人民共和国合同法》的相关规定，因此，涉案房屋应属答辩人的个人合法财产，被答辩人无权要求分割。

二、被答辩人诉讼实体权利已消灭

答辩人母亲李××于2004年11月20日去世，对于其遗产的继承至今早已超过2年的诉讼时效，被答辩人的诉讼实体权利已经消灭。

综上所述，本案涉案房屋的所有权应属于答辩人所有，且被答辩人的诉讼实体权利已经消灭，请求法院依法驳回被答辩人的诉讼请求。

答辩人：赵某丙

2017年9月28日

三、民事判决书范文

×××人民法院
民事判决书

〔××××〕晋××××民初字第××××号

原告：赵某甲，男，××××年×月×日出生，汉族，住山西省×市××路×号。

委托诉讼代理人：李×，山西××律师事务所律师。

被告：赵某乙，女，××××年×月×日出生，汉族，住广东省×市×××路×号。

被告：赵某丙，男，××××年×月×日出生，汉族，山西省×市××物流公司职工，住山西省×市××街×号××小区 16 号楼。

委托诉讼代理人：孙××（特别授权），山西××律师事务所律师。

原告赵某甲与被告赵某丙继承纠纷一案，本院于 2017 年 9 月 19 日立案后，依法适用简易程序，公开开庭进行了审理。原告赵某甲及其委托诉讼代理人李×，被告赵某丙的委托诉讼代理人孙××到庭参加诉讼。被告赵某乙经本院合法传唤未到庭参加诉讼。本案依法缺席审理。本案现已审理终结。

原告赵某甲向本院提出诉讼请求：1. 请求依法对原告名下位于本市××街×号××小区 16 号楼×单元×号房产进行分割，判决涉案房产归原告所有，由原告赵某甲向其他继承人支付相应的价款。2. 诉讼费由被告负担。事实与理由：原告与李××原系夫妻关系，在夫妻关系存续期间购买了位于本市××街×号××小区 16 号楼×单元×号房产一处，登记在原告名下。李××于 2004 年去世，原、被告未对上述房产进行分割，原告多次与被告赵某丙协商，未有结果。因此诉至法院，请求支持原告的诉讼请求。

被告赵某乙在其提交的放弃房屋财产继承的说明中，表示对应当继承的房屋财产，其自愿放弃继承，由法院依法判决。

被告赵某丙辩称，涉案房产系在赵某丙结婚时，原告赠予给了赵某丙，该赠予行为符合相关法律规定，因此该房产系赵某丙的个人财产。其次，继承纠纷至今已超过两年的诉讼时效，原告的诉讼实体权利已失。不同意原告的诉讼请求。

原告赵某甲围绕诉讼请求向本院提交了以下证据：

一、房权证（××市房权证房改×字第××号）一份，证明涉案房产坐落于××小区 9 号楼×单元×层东户，房屋所有权人系原告，确权时间为 2003 年，是原告与前妻李××的夫妻共同财产。

二、户口本常住人口登记卡一份，证明原告的前妻李××于2004年去世，赵某乙、赵某丙系原告的儿女。

被告赵某丙对证据一的真实性没有异议，但认为原告的诉讼请求房屋坐落的位置是××小区16号楼，房产证上却是9号楼，楼号不一致。对户口本常住人口索引的真实性没有异议，对李××系其母亲并已去世的事实亦无异议。

针对被告的上述质证意见，原告表示其户口本以及身份证上登记的住址均系××小区16号楼，其名下只有这一套房产，后来小区楼号变更为9号楼，请求以房权证上的楼号为准。

本院认为，原告提交的上述证据中，被告对其真实性无异议的，本院予以确认。原告提交的房产证记载的楼号虽然与其在诉状中请求分割继承的房产楼号不一致，但实为同一套房产，庭审过程中原告亦主张涉案房产所在楼号以房产证记载为准，因此，对原告提交的房屋产权证书以及所载明的事实本院予以确认。

根据当事人陈述和经审查确认的证据，本院认定事实如下：原告赵某甲与被继承人李××系夫妻关系，生育子女两人，分别为女儿赵某乙、儿子赵某丙。原告赵某甲与被继承人李××婚姻关系存续期间购买位于本市××街×号××小区9号楼×单元×号房产一处，2003年确权并颁发房权证书（××市房权证房改×字第××号），房屋所有权人为赵某甲。李××于2004年去世，除原、被告外无其他法定继承人。原、被告一直未对上述房产进行分割，该房屋由被告赵某丙与原告先后居住，现赵某丙居住该房，原告在外租房居住。因原告多次与被告赵某丙协商上述房产的分割未果，后原告诉来本院，要求对被继承人李××的遗产依法进行分割继承。

诉讼期间，原告赵某甲提交评估申请，要求对本市××街×号××小区9号楼×单元×号房产市场价值评估。经本院委托，山西××土地房地产评估有限公司出具晋至房估（2017）××××号房地产评估报告，认为上述房屋的总价分别为501192元（单价7165元/平方米）。经质证，原告、被告均在限定的期限内对上述评估结论未提出异议，对上述评估报告的证明力，本院予以认定。

另外，关于被告赵某丙辩称的诉讼时效问题，本院认为，被继承人李××与原告于夫妻关系存续期间购买了涉案房屋，并于2003年取得了房权证，故自涉案房产产权登记时间至本案诉讼未超过20年，在此期间涉案当事人对上述房产的产权亦未曾产生争议；本案中对被告关于涉案房产的继承超过诉讼时效的辩解意见，本院不予采纳。另外，被告赵某丙辩称上述房产系原告已在其结婚时赠予其所有，原告对此不认可，针对其辩解意见，被告未能提交相应证据，对其上述辩解意见本院不予采纳。

综上所述，本院认为，《中华人民共和国继承法》第二十六条第一款规定：夫妻在婚姻关系存续期间所得的共同所有的财产，除有约定的以外，如果分割遗产，应当先将共同所有的财产的一半分出为配偶所有，其余的为被继承人的遗产。本案所诉争房产位于本市××街×号××小区9号楼×单元三层东户，应系原告赵某甲与被继承人李××的夫妻共同财产，上述房产的一半为李××的遗产，由原、被告依法共同继承。因原告赵某甲对诉争房产享有的份额较大，且房产登记在原告赵某甲名下，房产应归原告赵某甲所有，由原告赵某甲按照房产评估价值支付给被告相应折价款。继承人赵某乙放弃继承的份额由原、被告均等分割。依照《中华人民共和国继承法》第三条第一款第（二）项、第八条、第十条、第十三条第一款、第二十五条第一款、第二十六条、第二十九条，《中华人民共和国民事诉讼法》第六十四条之规定，判决如下：

一、位于本市××街×号××小区9号楼×单元三层东户，归原告赵某甲所有，原告给付被告赵某丙房屋折款125298元。

二、上述款项，限原告赵某甲于本判决生效后十日内付清。

如果未按本判决指定的期间履行给付金钱义务，应当依照《中华人民共和国民事诉讼法》第二百五十三条之规定，加倍支付迟延履行期间的债务利息。

案件受理费4406元，原告赵某甲负担3304元，被告赵某丙负担1102元。鉴定费7500元，由原告赵某甲负担5625元，被告赵某丙负担1875元。

如不服本判决，可以在判决书送达之日起十五日内，向本院递交上诉状，并按照对方当事人或者代表人的人数提出副本，上诉于山西省××市中级人民法院。

审判员：××

二〇一八年一月九日

本件与原件核对无异（院印）　　书记员：张××

第七章　民事二审程序

第一节　庭审程序

民事第二审程序即上诉审程序，是指民事诉讼当事人不服第一审法院未生效的第一审判决和裁定，在法定期间内向上一级人民法院提起上诉而引起的诉讼程序。第二审程序是中级以上人民法院审理第二审民事案件的终审程序，该程序非人民法院审理民事案件的必经程序，如果当事人对一审判决和裁定在上诉期内未上诉，或者一审案件经调解达成协议，以及依照法律规定实行一审终审的案件，均不会启动第二审程序。

根据《民事诉讼法》的规定，第二审程序的基本流程与第一审普通程序大致相同，都包括审理前的准备与开庭审理等诉讼环节，开庭审理包括开庭准备、法庭调查、法庭辩论、合议庭评议与宣判等过程。《民事诉讼法》第一百七十四条规定："第二审人民法院审理上诉案件，除依照本章规定外，适用第一审普通程序。"故本章仅介绍第二审程序的启动和程序的特别规定。

一、民事第二审程序的启动

（一）上诉的提起

上诉是指当事人不服第一审人民法院作出的尚未生效的第一审裁判，在法定期间内请求上一级人民法院对案件进行审理的诉讼行为。当事人行使上诉权，依照法律规定必须具备以下条件：

1. 必须针对依法允许上诉的判决或裁定提出。能够成为上诉对象的，只能是地方各级人民法院第一审未发生法律效力的判决或裁定，包括适用第一审普通程序或简易程序作出的未发生法律效力的判决，或不予受理、对管辖权异议、驳回起诉等未发生法律效力的裁定。调解协议不能成为上诉对象。最高人民法院的判决或裁定，地方各级人民法院依照特别程序审理的案件作出的判决或裁定，都不准上诉。法律规定的裁定，除以上可以上诉的三种裁定外，其他裁定，也不准上诉。

2. 有适格的上诉人和被上诉人。根据《民事诉讼法》的规定，上诉人与被上诉人必须是第一审程序中的当事人，包括第一审程序中的原告、被告、共同诉讼人、共同诉讼中的代表人和被代表的成员以及有独立请求权的第三人。无独立请求权的第三人，人民法院判决其承担民事责任的，也享有上诉权。

上诉人是指提起上诉的一方当事人，被上诉人是指与上诉人的上诉请求有直接利害关系的对方当事人，双方当事人、第三人都提起上诉的，均为上诉人。上诉权可以由当事人自己行使，也可以委托他人代为行使。第一审案件中，公民作为当事人的，只要具有民事诉讼行为能力，都可由自己行使上诉权依法提起上诉；无民事诉讼行为能力，由他的法定代理人或者人民法院指定的代理人，代理被代理人行使上诉权。法人作为当事人的，由法人的法定代表人行使上诉权；其他组织作为当事人的，由他们的主要负责人行使上诉权。

普通共同诉讼的共同诉讼人对诉讼标的不存在共同利害关系，他们各自享有独立的上诉权，其中一人的上诉行为对其他共同诉讼人不发生拘束力。未提出上诉或者未被提出上诉的普通共同诉讼人，均不能追加为上诉人和被上诉人。

必要共同诉讼的情况较为复杂，应区分不同情况确定上诉人和被上诉人。必要共同诉讼人可以全体提起上诉，也可以一人或部分人提起上诉。根据《民诉解释》第三百一十九条的规定：必要共同诉讼人的一人或者部分人提起上诉的，按下列情形分别处理：（1）该上诉是对与对方当事人之间权利义务分担有意见，不涉及其他共同诉讼人利益的，对方当事人为被上诉人，未上诉的同一方当事人依原审诉讼地位列明；（2）该上诉仅对共同诉讼人之间权利义务分担有意见，不涉及对方当事人利益的，未上诉的同一方当事人为被上诉人，对方当事人依原审诉讼地位列明；（3）该上诉对双方当事人之间以及共同诉讼人之间权利义务承担有意见的，未提出上诉的其他当事人均为被上诉人。

3. 必须在法定期限内提起上诉。当事人对第一审人民法院的判决、裁定提起上诉，必须在法律规定的期限内进行。民事诉讼法规定，对判决提起上诉的期限为十五日，对裁定提起上诉的期限为十日，从判决书、裁定书送达当事人之日起算。一审判决书和可以上诉的裁定书不能同时送达双方当事人的，上诉期从各自收到判决书、裁定书之日起计算。过了法定期限，法律文书发生了法律效力，当事人不能再行使上诉权。在上诉期间，当事人因不可抗拒的事由或者其他正当理由耽误了上诉期限的，在障碍消除后的十日内，可以申请顺延期限。人民法院查明确系由于不可抗拒的事由或者有其他正当理由而延误上诉期的，应当准许顺延期限，以保护当事人的上诉权利。

4. 上诉必须递交上诉状。上诉状是当事人提起上诉的根据，没有上诉状就难以判明当事人是否行使上诉权和上诉请求的范围，第二审人民法院也无从进行审理和裁判。上诉状依照法律规定应包括：当事人的姓名、法人的名称及其法定代表人的姓名或者其他组织的名称及其主要负责人的姓名；原审人民法院名称、案件的编号和案由；上诉的请求和理由，上诉的请求和理由是上诉状的重要内容。“上诉请求”，是上诉人通过上诉所要达到的目的，即上诉人通过上诉要求上一级人民法院变更或撤销原裁判的一种意思表示。“上诉理由”，则是上诉人提出上诉请求的具体根据，包括对第一审查明的事实、证据的不同认识，在第一审未提供的新的事实、理由和证据，也包括请求追加当事人的理由、根据，以及对适用法律、执行审判程序的不同意见的理由和根据等。在宣告判决、裁定时，当事人上诉的口头表示，不能代替上诉状，但当事人已口头表示上诉的，应当告知他们在法定上诉期限内书写上诉状，不要采取简单的做法，等到上诉期满以当事人没有提出上诉处理。但当事人在人民法院告知后，未在法定上诉期间递交上诉状的，则视为未提出上诉。上诉状中欠缺的部分可告知上诉人补正，但不能以此为理由剥夺其上诉权。上诉状应当通过原审人民法院提出，并按照对方当事人或者代表人的人数提出副本。如果当事人将上诉状直接寄交第二审人民法院，第二审人民法院应当在收到后的五日内，将上诉状移交原审人民法院。当事人提起上诉，应依法交纳诉讼费。诉讼费一般应在递交上诉状的同时交纳。

以上四个条件，必须同时具备，上诉才能成立，才能引起第二审程序的发生。当事人已提出上诉的案件，第一审判决、裁定不发生效力。但对第一审人民法院所作的财产保全、先予执行的裁定效力不发生影响，仍应执行。

（二）上诉的受理

上诉的受理，是指人民法院通过法定程序对当事人所提起的上诉经过审查后，对符合法定条件的上诉予以接受审理的诉讼行为。

原审人民法院在收到上诉人提出的上诉状或者第二审人民法院移交的上诉状后，应当首先对上诉人的上诉资格以及是否在上诉期内提起上诉进行审查；其次再对提交的上诉状进行审查，如果上诉状的内容存在欠缺，应告知当事人及时补正，对于符合法定条件的上诉状，应当在五日内将上诉状副本送达对方当事人，并告知其在十五日内提出答辩状。对方当事人在法定期限内提出答辩状的，人民法院应当在收到答辩状之日起五日内将副本送达上诉人。对方当事人不提出答辩的，不影响第二审人民法院的审理。

原审人民法院收到上诉状、答辩状，应当在五日内连同全部案卷和证据，报送第二审人民法院。当事人提起上诉后，原审人民法院发现本院的判决、裁定确有错误，仍应将案件按上诉程序在法定期限内报上一级人民法院，原审人民法院可以提出原判决有错误的意见，由第二审人民法院按照第二审程序进行审理，但不能另行组成合议庭按审判监督程序自行改判。因为当事人上诉，原审人民法院的判决、裁定并没有发生法律效力，也就不能适用审判监督程序予以纠正。

上诉审人民法院审查上诉人的上诉后，认为符合法定条件的，应当立案受理；认为不符合法定条件的，应当裁定不予受理，已经受理的，应当裁定驳回上诉。

（三）上诉的撤回

上诉的撤回，是指上诉人依法提起上诉后，在二审法院作出裁判前，要求撤回上诉的诉讼制度。上诉人撤回上诉应当经人民法院准许，人民法院经审查认为一审判决确有错误，或者当事人之间恶意串通损害国家利益、社会公共利益及他人合法权益的，人民法院不应准许。当事人在二审过程中达成和解协议的，人民法院可以根据当事人的请求，对双方达成的和解协议进行审查并制作调解书送达当事人。因达成和解而申请撤诉的，经人民法院审查符合撤诉条件的，应予准许。

二审法院裁定准许撤回上诉的，二审程序即告终结，同时一审裁判发生法律效力；二审法院裁定不准撤回上诉的，诉讼继续进行。

二、第二审程序的特别规定

根据《民事诉讼法》第一百七十四条的规定，上诉案件的审理应当首先依照第二审程序的规定进行，第二审程序没有规定的，适用第一审普通程序的相关规定。

（一）开庭审理前的准备

第二审法院在开庭审理前，通常应当做好以下准备工作：

1. 依法组成合议庭。根据《民事诉讼法》第四十条的规定，人民法院审理第二审民事案件，应由审判员组成合议庭，且合议庭成员人数应为单数。与一审案件相比较，人民法院审理上诉案件既不能由审判员和陪审员组成合议庭，也不能由审判员一人独任审判。

2. 审阅案卷、调查和询问当事人。第二审法院的合议庭成员在开庭审理前应当认真审阅案卷，一方面进一步审查上诉人与被上诉人的资格，以及是否超过上诉期限等问题；另一方面审查上诉请求答辩主张及其他一些材料，以便明确与案件有关的事实是否清楚，证据是否充分、确凿，适用法律是否正确。通过审阅案卷，以明确哪些案情是清楚的，哪些问题是需要调查和询问当事人的。

3. 确定上诉案件的审理范围。《民事诉讼法》第一百六十八条规定："第二审人民法院应当对上诉请求的有关事实和适用法律进行审查。"上诉请求的有关事实，既包括上诉人在一审中已经提出但不服第一审裁判认定的事实，也包括上诉人在上诉请求中提出的新事实和证据；上诉请求的法律适用则是指第一审法院审理过程中对实体法和程序法的适用。《民诉解释》第三百二十三条进一步规定："第二审案件的审理应当围绕当事人上诉请求的范围进行，当事人没有提出请求的，不予以审查；但一审判决违反法律的禁止性规定，或者损害国家利益、社会公共利益、他人合法权益的除外。"对于上诉案件审理范围的确定原则，简言之，即当事人上诉什么，二审法院就审理什么。对于上诉人未提出异议的原审裁判所认定的事实和权利义务，第二审法院原则上不予审理。但第二审法院在审理中发现上诉请求未涉及的原判决确有错误的，也应予以纠正，以保证对案件作出正确的裁决。

4. 确定上诉案件的审理方式。根据《民事诉讼法》第一百六十九条的规定，第二审人民法院审理上诉案件有两种方式，即开庭审理和不开庭审理，以开庭审理为原则，不开庭审理为例外。对没有提出新的事实、证据或者理由，合议庭认为不需要开庭审理的，可以不开庭审理。根据《民诉解释》第三百三十三条的规定，第二审人民法院对下列上诉案件，依照《民事诉讼法》第一百六十九条规定可以不开庭审理：（1）不服不予受理、管辖权异议和驳回起诉裁定的；（2）当事人提出的上诉请求明显不成立的；（3）原判决、裁定认定事实清楚，但适用法律错误的；（4）原判决严重违反法定程序，需要发回重审的。

不开庭审理不等同于书面审理。书面审理是指在不开庭、不调查、不询问当事人的情况下，经过对当事人提供的书面材料以及第一审案卷材料进行审查即作出裁判。而第二审程序的不开庭审理，除了阅卷以外，还必须进行调查、询问当事人，听取当事人的陈述，在查清案件事实后，合议庭才能直接作出裁判。

5. 确定上诉案件的审理地点。根据《民事诉讼法》第一百六十九条第二款的规定，第二审人民法院审理上诉案件，可以在本院进行，也可以到案件发生地或者原审人民法院所在地进行。司法实践中，对于不开庭审理的案件一般在第二审人民法院本院进行，而开庭审理的案件，第二审人民法院可以根据上诉案件的具体情况到案件发生地或者原审人民法院所在地进行审理。

6. 确定上诉案件的举证期限。第二审举证期限的规则与第一审程序基本相同，如果有新的证据提供的，应当在第二审开庭前或者开庭审理时提出，第二审不需要开庭审理的，应当在人民法院指定的期限内提出。一方当事人提出新的证据，人民法院应当通知对方当事人在合理的期限内提出意见或者举证。

（二）上诉案件的调解

人民法院可以根据当事人自愿的原则对上诉案件进行调解。根据《民事诉讼法》第一百七十二条的规定，调解达成协议，应当制作调解书，由审判人员、书记员署名，加盖人民法院印章。调解书送达后，原审人民法院的判决即视为撤销。调解不成的，通常情况下可以及时作出裁判。鉴于我国实行二审终审制，《民诉解释》规定了在四种特殊情形下调解不成的处理规则。

1. 关于漏审、漏判诉讼请求的情形

根据《民诉解释》第三百二十六条的规定，对当事人在一审中已经提出的诉讼请求，原审人民法院未作审理、判决的，第二审人民法院可以根据当事人自愿的原则进行调解；调解不成的，发回重审。

2. 关于遗漏必要共同诉讼人的情形

根据《民诉解释》第三百二十七条的规定，必须参加诉讼的当事人或者有独立请求权的第三人在一审中未参加诉讼，第二审人民法院可以根据当事人自愿的原则予以调解；调解不成的，发回重审。

3. 关于新增加独立诉讼请求或者提出反诉的情形

根据《民诉解释》第三百二十八条的规定，在第二审程序中，原审原告增加独立的诉讼请求或者原审被告提出反诉的，第二审人民法院可以根据当事人自愿的原则就新增加的诉讼请求或者反诉进行调解；调解不成的，告知当事人另行起诉。双方当事人同意由第二审人民法院一并审理的，第二审人民法院可以一并裁判。

4. 关于离婚案件

根据《民诉解释》第三百二十九条的规定，一审判决不准离婚的案件，上诉后，第二审人民法院认为应当判决离婚的，可以根据当事人自愿的原则，与子女抚养、财产问题一并调解；调解不成的，发回重审。双方当事人同意由第二审人民法院一并审理的，第二审人民法院可以一并裁判。

（三）上诉案件的裁判

上诉案件的裁判包括判决和裁定两种形式。根据《民事诉讼法》第一百七十条的规定，第二审人民法院对上诉案件，经过审理，按照下列情形，分别处理：

1. 原判决、裁定认定事实清楚，适用法律正确的，以判决、裁定方式驳回上诉，维持原判决、裁定。根据《民诉解释》第三百三十四条的规定，原判决、裁定认定事实或者适用法律虽有瑕疵，但裁判结果正确的，第二审人民法院可以在判决、裁定中纠正瑕疵后，依照民事诉讼法第一百七十条第一款第（一）项规定予以维持。

2. 原判决、裁定认定事实错误或者适用法律错误的，以判决、裁定方式依法改判、撤销或者变更。原判决认定事实错误或者适用法律错误的，第二审人民法院以判决方式直接改判；原裁定认定事实错误或者适用法律错误的，第二审人民法院以裁定方式撤销或者变更。

3. 原判决认定基本事实不清的，裁定撤销原判决，发回原审人民法院重审，或者查清事实后改判。根据《民诉解释》第三百三十五条的规定，“基本事实”是指用以确定当事人主体资格、案件性质、民事权利义务等对原判决、裁定结果有实质性影响的事实。

4. 原判决遗漏当事人或者违法缺席判决等严重违反法定程序的，裁定撤销原判决，发回原审人民法院重审。根据《民诉解释》第三百二十五条的规定，该项所规定的“严重违反法定程序”包括以下几种情形：（1）审判组织的组成不合法的；（2）应当回避的审判人员未回避的；（3）无诉讼行为能力人未经法定代理人代为诉讼的；（4）违法剥夺当事人辩论权利的。

原审人民法院对发回重审的案件作出判决后，当事人提起上诉的，第二审人民法院不得再次发回重审。

需要注意的是，根据《民事诉讼法》第一百七十一条的规定，第二审人民法院对不服第一审人民法院裁定的上诉案件的处理，一律使用裁定。另外，《民诉解释》第三百三十二条规定，第二审人民法院查明第一审人民法院作出的不予受理裁定有错误的，应在撤销原裁定的同时，指令第一审人民法院立案受理；查明第一审人民法院作出的驳回起诉裁定有错误的，应在撤销原裁定的同时，指令第一审人民法院进行审理。

（四）上诉案件的审理期限

根据《民事诉讼法》第一百七十六条的规定，人民法院审理对判决的上诉案件，应当在第二审立案之日起三个月内审结。有特殊情况需要延长的，由本院院长批准。人民法院审理对裁定的上诉案件，应当在第二审立案之日起30日内作出终审裁定。

第二节 实验案例

上诉人李××与被上诉人王××、原审被告鲁×民间借贷纠纷一案模拟法庭审判脚本。

本模拟法庭审判角色如下：①审判人员3人；②书记员1人；③上诉人委托代理人1人；④被上诉人1人；⑤被上诉人委托代理人1人；⑥原审被告1人。

模拟法庭审判道具：①法官袍3件；②书记员服1套；③律师袍2件；④法槌1个；⑤书证若干份。

【案情简介】

上诉人李××（原审被告）因与被上诉人王××（原审原告）、原审被告鲁×民间借贷纠纷一案，不服清河市××区人民法院（2014）市民初字第342号民事判决，向清河市中级人民法院提起上诉。一审法院认定李××与王××之间的借贷关系成立，判令被告李××偿还原告王××借款本金201000元及自2013年12月3日至判决生效之日的逾期还款利息，被告鲁×作为担保人对上述债务承担连带还款责任。

上诉人李××认为，原审法院没有查清被上诉人王××如何完成支付款项的履行情况，直接认定由李××承担还款责任及鲁×负担保证义务显属认定事实错误，主张该借款合同未生效，其本人不应承担还款责任，且鲁×不应承担连带还款责任。请求二审法院撤销原判，依法改判驳回王××要求李××承担还款责任及要求鲁×承担连带还款责任的诉讼请求，由被上诉人王××承担相关诉讼费用。

【模拟审判】

书记员：请肃静。请双方当事人及其委托代理人入庭。（以上人员依次入庭就座）

书记员：上诉人李××及其委托代理人刘×（系××法律服务所法律工作者）是否到齐？

上诉人委托代理人：到齐。

书记员：被上诉人王××及其委托代理人赵××（系××律师事务所律师）是否到齐？

被上诉人委托代理人：到齐。

书记员：法庭肃静，准备开庭。根据《中华人民共和国人民法院法庭规则》现在宣布法庭纪律：诉讼参与人应遵守法庭规则，维护法庭秩序，不得喧哗、吵闹；发言、陈述和辩论，须经审判长许可。公开审理的案件，公民可以旁听。旁听人员必须遵守下列纪律：未经允许，不得录音、录像和摄影；不得随意走动和进入审判区；不得发言、提问；不得吸烟；有手机等通信工具的应当关闭，不得在庭审过程中使用；不得鼓掌、喧哗、哄闹和实施其他妨害审判活动的行为。对于违反法庭规则的人，审判长可以口头警告、训诫，也可以没收录音、录像和摄影器材，责令退出法庭或者经院审判长批准予以罚款、拘留。对哄闹、冲击法庭，侮辱、诽谤、威胁、殴打审判人员等严重扰乱法庭秩序的人，依法追究刑事责任；情节较轻的，予以罚款、拘留。宣布完毕。

书记员：全体起立，请审判长、审判员入庭。

书记员：请坐下。

书记员：报告审判长，上诉人李××及其委托代理人刘×，被上诉人王××及其委托代理人赵××，原审被告鲁×均已到庭参加诉讼，其身份情况已于庭前核查完毕。法庭准备工作就绪，请审判长开庭。

审判长：各方当事人陈述姓名、职业、住所地，委托代理人陈述身份、代理权限。

上诉人（原审被告）李××，男，1972年×月×日出生，汉族，个体工商户，户籍地清河市××区××街道办事处×××村××号，现住清河市××区××街×号×号楼×单元×室。

委托代理人刘×，男，1971年×月×日出生，汉族，清河市××区××法律服务所法律工作者，住清河市××区××小区×号楼×单元×室。（代理权限：特别授权，代为承认、放弃、变更诉讼请求，代为调解，代收法律文书。）

被上诉人（原审原告）王××，男，1971年×月×日出生，汉族，无业，住清河市××区×××街道办事处××村×号。

委托代理人赵××，××律师事务所律师。（代理权限：特别授权，代为承认、放弃、变更诉讼请求，代为和解，代收法律文书。）

原审被告鲁×，男，1973年×月×日出生，汉族，无业，住清河市××区×××街道办事处×××村×号。

审判长：各方当事人确认送达地址。

上诉人委托代理人：清河市××区党校三楼××法律服务所，收件人：刘×，联系方式：133××××××××。

被上诉人委托代理人：清河市××路×号××大厦××号，收件人：赵××，联系方式：130××××××××。

原审被告：清河市××区×××街道办事处×××村××号，收件人：鲁×，联系方式：130××××××××。

审判长：根据最高人民法院《关于以法院专递方式邮寄送达民事诉讼文书的若干规定》第一条、第三条、第四条、第五条和第十一条之规定，因受送达人自己提供或者确认的送达地址不准确、拒不提供送达地址、送达地址变更未及时告知人民法院、受送达人本人或者受送达人指定的代收人拒绝签收、导致诉讼文书未能被受送达人实际接收的，文书退回之日视为送达之日。上诉人是否听清？

上诉人委托代理人：听清了。

审判长：被上诉人是否听清？

被上诉人委托代理人：听清了。

审判长：原审被告是否听清？

原审被告：听清了。

审判长：上诉人对被上诉人及原审被告的出庭人员有无异议？

上诉人委托代理人：无异议。

审判长：被上诉人对上诉人及原审被告的出庭人员有无异议？

被上诉人委托代理人：无异议。

审判长：原审被告对上诉人及被上诉人的出庭人员有无异议？

原审被告：无异议。

审判长：经本庭核对，各方当事人的出庭人员符合法律规定，可以参加本案诉讼。

本院已于开庭三日前将开庭传票送达各方当事人及诉讼参加人，庭前进行了公告，本次开庭符合法律规定。

根据《中华人民共和国民事诉讼法》第一百六十九条之规定，清河市中级人民法院民事审判第五庭，今天在这里依法公开审理上诉人李××与被上诉人王××、原审被告鲁×民间借贷纠纷一案。

（敲击法槌）现在开庭。

审判长：根据《中华人民共和国民事诉讼法》第四十条第一款、第四十一条之规定，本案由审判员李林担任审判长，与代理审判员孟磊、代理审判员陈文琪组成合议庭，书记员马东慧担任法庭记录。

根据《中华人民共和国民事诉讼法》第十一条、第十二条、第四十四条、第四十五条、第四十九条、第五十条、第六十四条、第一百一十八条、第一百九十九条之规定，当事人有如下诉讼权利和义务：使用本民族语言文字进行诉讼的权利；申请回避的权利；收集、提供证据的权利；进行辩论的权利；申请调解的权利；提起上诉的权利；申请再审的权利；申请执行的权利；自行和解的权利；查阅卷宗材料的权利。当事人必须依法行使诉讼权利，遵守诉讼秩序，履行发生法律效力的判决书、裁定书和调解书；当事人对自己提出的主张，有责任提供证据；当事人必须按照规定交纳案件受理费和其他诉讼费用。

审判长：对本庭宣读的诉讼权利和义务，上诉人是否清楚？

上诉人委托代理人：清楚。

审判长：被上诉人是否清楚？

被上诉人委托代理人：清楚。

审判长：原审被告是否清楚？

原审被告：清楚。

审判长：根据《中华人民共和国民事诉讼法》第四十四条、第四十五条的规定，如审判人员、书记员是本案当事人或者当事人、诉讼代理人的近亲属，或者与本案有利害关系，或者与本案当事人、诉讼代理人有其他关系，可能影响对本案公正审理的，审判人员接受当事人、诉讼代理人请客送礼，或者违反规定会见当事人、诉讼代理人的，当事人有权申请回避。经合议庭自查，本合议庭成员及书记员不存在上述自行回避的情形。上诉人是否申请回避？

上诉人委托代理人：不申请。

审判长：被上诉人是否申请回避？

被上诉人委托代理人：不申请。

审判长：原审被告是否申请回避？

原审被告：不申请。

审判长：现在开始法庭调查。各方当事人对原审判决是否清楚？对本庭不再宣读该判决有无异议？

均：无。

审判长：下面进行法庭调查。法庭调查的重点是双方争议的事实，对上述原审判决已经认定且当事人无争议的事实不再做法庭调查。法庭调查的方式采取当事人陈述、举证、质证和合议庭认证的形式。当事人应当对自己提出的主张提供证据，反驳对方主张的，也应提供证据或说明理由。证据应当提供原件，并且逐一说明证据的形成时间、名称、来源、主要内容及证明目的。对方质证时，对有异议的证据，应逐一说明异议内容。有证不举或举证不能的，应承担对自己不利的法律后果。提供伪证的，应当负法律责任。

审判长：下面请上诉人陈述上诉请求和理由。

上诉人委托代理人：详见上诉状。

审判长：请被上诉人针对上诉人的上诉请求及理由陈述答辩意见，有无书面答辩状，请提交法庭。

被上诉人委托代理人：详见答辩状。

审判长：原审被告陈述意见。

原审被告：同意上诉人的意见。

审判长：根据《最高人民法院关于民事诉讼证据的若干规定》第四十一条第（二）项之规定，二审程序中新的证据包括：一审庭审结束后新发现的证据；当事人在一审举证期限届满前申请人民法院调查取证未获准许，二审法院经审查认为应当准许并依当事人申请调取的证据。如当事人非因客观原因不在一审中举证，而在二审中提出的证据，本庭将不予采纳。双方当事人有无新的证据需要提供？

上诉人委托代理人：提交营业执照复印件一份，证明鲁×曾经为上诉人打工。

审判长：为何没有原件？

上诉人委托代理人：原件今天没有带。

审判长：将证据交被上诉人及原审被告质证并发表质证意见。

被上诉人委托代理人：该证据为复印件，我方不予质证。

原审被告：对该证据无异议。

审判长：被上诉人在二审期间是否有新证据提供？

被上诉人委托代理人：无。

审判长：原审被告在二审期间是否有新证据提供？

原审被告：无。

审判长：下面法庭调查几个问题。上诉人，被上诉人向一审法院提交的 2013

年10月2日的借条是谁写的？

上诉人：是我写的。

审判长：借款人处的签字呢？

上诉人：是我签的。

审判长：借款的数额是多少？

上诉人：本金及利息累计201000元。

审判长：有无实际支付？

上诉人：没有支付，这是本金和利息累计下来的数额。

审判长：借款的用途是什么？

上诉人：用于食品厂的建设。

审判长：你所称的食品厂就是今天提交的营业执照的厂吗？

上诉人：是用于我的食品厂的建设，对此提交食品厂的营业执照复印件一份。

审判长：被上诉人，上诉人所述是否属实？

被上诉人：不属实，不存在累计的数额，也不存在利息，201000元都是本金，上诉人连本金都没有偿还。我开始不认识上诉人，是鲁×找到的我向上诉人出借的款项。

审判长：原审被告陈述意见。

原审被告：我同意上诉人的陈述，涉案的借款就是本金和利息累计形成的。

审判长：当时约定的借款用途是什么？

被上诉人：是用于上诉人食品厂的周转和投资。

原审被告：上诉人投资食品厂需要资金，所以我作为中间人，具体情况是上诉人和被上诉人两人协商的。

审判长：原审被告，上诉人和被上诉人是你介绍的吗？

原审被告：是我介绍的，利息是其两人协商的。

审判长：借款是何时形成的？

原审被告：2008年我介绍两人认识，被上诉人同意向上诉人借款15万元本金，约定的利息是2分，一年的利息数额为36000元。

审判长：利息是如何约定的？

原审被告：两人口头约定的，每年支付一次利息。

审判员：2008年借款本金是多少？

原审被告：15万元，在2008年到2013年出具借条期间上诉人已经支付了很多次利息了。

审判长：几次换条时，你都签字了吗？

原审被告：几次换条我都签字了，我也提醒过被上诉人让其抓紧时间催促上诉人还款，而且我也表示过不想为本案的借款担保。

审判长：2013 年 10 月 2 日借条上担保人处的签名是你的吗？

原审被告：是我本人所签。

审判长：上诉人，原审被告的陈述是否属实？

上诉人：属实。

审判长：被上诉人，原审被告的陈述是否属实？

被上诉人：原审被告的陈述与本案 2013 年 10 月 2 日的借条无关。我只认可被上诉人向我出具的 2013 年 10 月 2 日的借条及担保人的签字，至于原审被告陈述的其他事实我不清楚，且与本案无关。

审判长：原审被告是否有证据证明 2013 年之前的借条？

原审被告：没有。每次换条时，都将之前的借条销毁。2013 年 10 月 2 日形成的借条就是 15 万元的本金加上利息形成的。参与人还有被上诉人王××的妻子，我们一起打了这张借条，她可以证明我所述的事实。

审判长：原审被告为何庭前没有申请？

原审被告：我在一审时开庭没有到庭，而且被上诉人为何到现在才提交此借条？

审判员：上诉人是否有证据证明你的主张？

上诉人委托代理人：在原审开庭笔录第 3 页中有记载，鲁×刚刚的陈述与王××在原审中的陈述基本一致。例如：被上诉人自认该借款发生在 2011 年 11 月 25 日，中间在 2012 年 10 月份更换过借条，截至 2013 年 10 月 2 日前曾发生过两次更换借条的事实，因此鲁×刚刚陈述称“2013 年 10 月 2 日的借条是之前累计的数额”的事实与原审王××的陈述是基本一致的。

审判长：被上诉人，上诉人所述是否属实？

被上诉人：不管更换几次，借条与本案的借款不存在什么关系。

审判长：被上诉人，你认为更换几次借条，属于什么性质？

被上诉人：我向上诉人催促还款，其到期不还，我怕超过了诉讼时效，所以才要求上诉人更换借条。

审判长：为何之前没有起诉？

被上诉人：我们鉴于关系比较好，一直没有起诉。

审判员：被上诉人，本案借款是否交付？

被上诉人：已经交付。

审判员：对此有无证据证明？

被上诉人委托代理人：在原审中提供了活期存款明细，2011 年 11 月 25 日被上诉人提取 30 万元，给了上诉人 201000 元。

审判员：上诉人是否收到借款？

上诉人：2011 年 11 月 25 日没有收到钱，只收到 2008 年的 15 万元。

审判员：原审被告，你是否知道被上诉人向上诉人交付款项？

原审被告：没有见到过现金，只知道他们更换借条。

审判长：被上诉人，借款是何时交付的？

被上诉人委托代理人：2011 年 11 月 25 日。

审判长：交付方式是什么？

被上诉人委托代理人：现金交付。

审判长：交付的地点是哪里？

被上诉人：是在李××的车里交付的，车牌号最后好像是 999，具体什么车我记不清楚了。

审判长：当时有谁在场？

被上诉人：鲁×和李××在场。

审判长：为什么当时是现金交付？

被上诉人：当时鲁×找到我时称急需用钱，作为食品厂的投资和周转，当时也不知道转账，所以提取现金给了上诉人。

审判长：根据被上诉人提交的银行交易明细看出，2011 年 11 月 25 日先存了 30 万元后又取款 30 万元是吗？

被上诉人：是的，当时取了 30 万元，给了上诉人 201000 元，就在取款银行的门口给的上诉人。

审判长：你当时有无清点数额？

被上诉人：清点了。

审判长：上诉人有无清点数额？

被上诉人：双方都清点了数额。

审判长：上诉人，被上诉人所述情况是否属实？

上诉人委托代理人：除在尾号为 999 的商务车内交付外，其他的均有异议。在

2008年5—6月份，被上诉人向上诉人交付了15万元现金，是在尾号为999的商务车内交付的，对该事实有相关证据可以提交。上诉人所有的鲁E××999商务车在2009年发生了交通事故，先后被公安局和市北区法院扣押，自2009年后，该车辆上诉人一直没使用过，一直扣在市北区法院，因此被上诉人所说的2011年在商务车内交付款项的事实是不存在的，庭后我方将法院的扣押清单及判决书提供给法庭。

审判长：限上诉人于庭后7日内将证据提交法庭，逾期不提供将承担举证不能的法律后果，上诉人是否听清？

上诉人委托代理人：听清了。

审判长：原审被告，你与李××是什么关系？

原审被告：既是朋友关系，同时我也在上诉人厂里打工。

审判长：你是在清河市××区××食品厂打工吗？

原审被告：是的，我在2004年至2008年7月份之前给上诉人打工，后来我有了自己的厂，就不再给上诉人打工了。

审判长：被上诉人，201000元对你来说数额是大还是小？

被上诉人：属于大额。

审判长：那为何当时没有约定利息？

被上诉人：因为我们关系都比较好。

上诉人委托代理人：被上诉人称借款时没有约定利息是不正确的，在原审诉讼期间，被上诉人自认在2011年11月25日借款时，口头约定利息按照银行同期贷款利率的4倍，约定借期1年，因此上诉人刚刚所称的2013年10月2日的借条是由本金和利息累计组成的，与被上诉人在原审诉讼期间的陈述是相吻合的，从而排除了被上诉人刚刚向法庭陈述称没有约定利息这一事实。原审判决以201000元作为本金基数，判令上诉人及担保人鲁×承担欠款利息，违背了利息折合本金重新计算利息的法律规定。

审判长：上诉人，确认一下是否有利息的约定？

上诉人委托代理人：当时确认的利息是2分，本金15万元，每年的利息是36000元，从2008年至今已经支付给被上诉人十几万元的利息。

审判长：被上诉人对此是否认可？

被上诉人：不认可。

审判员：利息2分是指什么意思？

上诉人：是月息2分。

审判员：上诉人，你是否向被上诉人归还过借款？

上诉人：每年都还利息，但没有还过本金。

审判长：对此有无证据提供？

上诉人：没有证据。

审判员：被上诉人，上诉人有无偿还过款项？

被上诉人：没有偿还过。

审判员：你既然已经偿还了利息，为何还在201000元的借条上签字？

上诉人：因在2013年10月2日之前累计了51000元的利息没有偿还，再加上本金15万元共计201000元。

审判长：上诉人确认一下偿还利息的时间段。

上诉人：从2008年还了4年的利息。

审判长：对此有无证据证明？

上诉人：没有。

审判长：各方还有无其他问题需要调查或新的证据提交？

上诉人委托代理人：没有了。

被上诉人：我所说的尾号为999的商务车只是一种印象，具体是什么车，车牌号是多少我根本没有注意。

原审被告：没有了。

审判长：上述调查的问题，待合议庭评议后再作确认。法庭调查结束。根据《中华人民共和国民事诉讼法》第一百四十一条之规定，下面进行法庭辩论。本庭提醒各方当事人注意，对本庭已经认定的无争议的事实和证据，不得再进行辩论。双方在法庭调查阶段已经发表过的对证据的质证意见，本庭已听清并记录在案，如无新的意见，不得重复发言。法庭辩论应围绕双方争议的事实、责任的承担及法律适用问题进行。辩论应当实事求是，以理服人，不得进行人身攻击。上诉人是否明白？

上诉人委托代理人：明白。

审判长：被上诉人是否明白？

被上诉人委托代理人：明白。

审判长：原审被告是否明白？

原审被告：明白。

审判长：首先请上诉人辩论发言。

上诉人委托代理人：坚持刚刚庭审中的意见。

审判长：被上诉人辩论发言。

被上诉人委托代理人：坚持答辩意见。

审判长：原审被告辩论发言。

原审被告：希望上诉人与被上诉人尽快解决纠纷。

审判长：上诉人有无补充意见？

上诉人委托代理人：无。

审判长：被上诉人有无补充意见？

被上诉人委托代理人：无。

审判长：原审被告还有无补充？

原审被告：无。

审判长：各方的辩论意见本庭已经听清并记录在案。法庭辩论结束。根据法律规定，各方当事人有陈述最后意见的权利，首先由上诉人陈述最后意见。

上诉人委托代理人：坚持上诉请求。

审判长：被上诉人陈述最后意见。

被上诉人委托代理人：驳回上诉，维持原判。

审判长：原审被告陈述最后意见。

原审被告：希望法庭依法处理。

审判长：根据《中华人民共和国民事诉讼法》第九条的规定，人民法院审理民事案件，应当根据自愿和合法的原则进行调解；调解不成的，应当及时判决。另外，根据《国务院诉讼费用交纳办法》第十五条之规定，以调解方式结案的，减半交纳案件受理费。因此如能调解解决本次纠纷，还能节省诉讼成本。现在征求各方当事人的意见：上诉人是否同意调解？

上诉人委托代理人：不同意。

审判长：鉴于一方当事人不同意调解，本庭不再组织调解工作，当事人也可自行和解，如和解不成，合议庭评议后将依法判决。宣判的时间、地点另行通知。结案文书将在中国法院裁判文书网上公开，各方当事人是否听清？

均：听清楚了。

审判长：现在休庭。（敲击法槌）

书记员：全体起立，请审判长、审判员退庭。

书记员：旁听人员请退庭，出庭人员请阅笔录无误后签字。

【目标与任务】

目标：掌握第二审开庭审理的基本流程，并熟练运用民法基本理论与相关法条对该案作出裁判。

任务：

1. 同学们应该充分了解案件的基本情况，查找相关的法律、法规，就双方当事人的争议焦点进行分析。

2. 请同学们就本案的审理程序展开讨论，分析上诉案件的开庭审理与第一审案件适用普通程序开庭审理的区别。

3. 本实验案例所需的证据由同学们自行准备，并撰写上诉状、答辩状和判决书。

第三节　与实验案例相关的法律文书写作

第二审诉讼文书中的上诉状、答辩状与第一审中的相关法律文书格式无实质区别，此处不再重复列明。下面仅列出上诉状和答辩状的范文以及第二审判决书的格式与范文。

一、上诉状范文

民事上诉状

上诉人：中国××财产保险股份有限公司××中心支公司

住所地：山东省××市××路×号。

负责人：刘××，总经理。

被上诉人：吕××，女，生于×年×月×日，汉族，个体工商户，住××市。

被上诉人：王×，男，生于×年×月×日，汉族，出租车司机，住××市。

被上诉人：王××，女，生于×年×月×日，汉族，无业，住××市。

被上诉人与上诉人机动车交通事故责任纠纷一案，不服山东省××市××区人民法院（2015）××民初字第119号民事判决，现提出上诉。

上诉请求

一、撤销原审判决书中第三、四、五、六项判决，依法改判或者发回重审。

二、诉讼费用由被上诉人承担。

事实与理由

一审判决认定事实不清，适用法律错误。原审被告徐×所有的鲁C73×××号小型普通客车在上诉人处投保了机动车交通事故责任强制保险和第三者商业责任险（保险金额为50万元），在保险期间发生了交通事故。一审法院认定，2014年11月21日19时57分，原审被告向××（系原审被告徐×之夫）驾驶鲁C73×××号小型普通客车沿S102线由东向西行驶至22.7千米处，与由北向南行走的王×鑫发生碰撞，王×鑫倒地后随即被后来路过的车辆碾压，致使王×鑫死亡，车辆损坏。根据××区交警大队作出的×公交认字〔2014〕第00824号交通事故认定书，本案受害人王×鑫倒地后被另外一辆车碾压过，碾压车辆逃逸，造成王×鑫当场死亡。受害人王×鑫在该事故中无事故责任，但未认定被保险车辆和逃逸车辆的事故责任。在无法查实后一辆碾压王×鑫的车辆及车辆驾驶员、车主状况情况下，一审判决认定："被告向××与后来路过致死王×鑫的车辆对王×鑫的死亡构成共同侵权。被告向××应当对王×鑫的死亡进行赔偿。被告未能提供王×鑫在事故中有过错的证据，被告向××应当与后来路过碾压王×鑫的车辆承担连带责任。"但根据交通事故认定书，仅确定王×鑫无事故责任，并未表明上诉人的被保险人在本事故中的责任，因此，一审判决系认定事实不清。依据《中华人民共和国民法通则》第四条公平原则的规定，商业保险无垫付的义务，一审判决仅适用《中华人民共和国侵权责任法》《中华人民共和国道路交通安全法》《机动车交通事故责任强制保险条例》等认定由上诉人与后来路过碾压王×鑫的车辆承担连带责任，在无法查实后一辆碾压王×鑫的车辆及车辆驾驶员、车主状况情况下，判令上诉人对商业险部分承担全部责任系适用法律错误。

综上所述，上诉人不应对商业险部分承担全部责任，应由两事故车辆按照同等责任赔付，即在第三者商业责任险的保险金额范围内承担50%的责任。故请求贵院依法撤销原审判决书中第三、四、五、六项判决，依法改判或者发回重审，诉讼费用由被上诉人承担。

此致

山东省××市中级人民法院

上诉人：中国××财产保险股份有限公司××中心支公司

2015年9月18日

附：上诉状副本 5 份

二、第二审答辩状范文

民事答辩状

答辩人：吕××，女，生于×年×月×日，汉族，个体工商户，住××市。

答辩人：王×，男，生于×年×月×日，汉族，出租车司机，住××市。

答辩人：王××，女，生于×年×月×日，汉族，无业，住××市。

被答辩人：中国××财产保险股份有限公司××中心支公司

住所地：山东省××市××路×号。

负责人：刘××，总经理。

答辩人就被答辩人诉答辩人机动车交通事故责任纠纷一案，现提出答辩意见如下：

一审法院认定事实清楚，判决正确。虽然交通事故认定书仅认定受害人王×鑫在该事故中无事故责任，而未对被保险车辆和逃逸车辆的事故责任作出认定。但原审被告向××在事发路口限速 20 千米/小时的情况下，在交警部门的询问笔录中自述其事发时车速达到 80—90 千米/小时，通过交警部门提供的车辆事故照片也可以看出原审被告的车辆左侧挡风玻璃及车头部分均严重受损，再结合交警部门对王×鑫的尸检报告中可以清楚地看出受害人身体受损的情况，向××驾驶车辆足以能造成受害人死亡的结果，因此根据《中华人民共和国侵权责任法》第十一条的规定，向××应当与逃逸车辆承担连带赔偿责任。向××所驾驶车辆向被答辩人投保了交强险和商业险，故被答辩人应承担全部的赔偿责任。

综上所述，答辩人认为，一审法院认定事实清楚，证据确实充分，适用法律正确。请求二审法院维持原判，上诉费用由被答辩人自行承担。

此致

山东省××市中级人民法院

答辩人：吕××

王 ×

王××

2015 年 9 月 29 日

附：答辩状1份

三、第二审判决书范文

山东省×× 市中级人民法院
民 事 判 决 书

（2015）×民五终字第318号

上诉人（原审被告）：中国××财产保险股份有限公司××中心支公司，住所地山东省××市。

负责人：刘××，总经理。

委托代理人：倪××，山东××律师事务所律师。

被上诉人（原审原告）：吕××，女，生于×年×月×日，汉族，个体工商户，住××市。

被上诉人（原审原告）：王×，男，生于×年×月×日，汉族，出租车司机，住××市。

被上诉人（原审原告）：王××，女，生于×年×月×日，汉族，无业，住××市。

三被上诉人共同委托代理人：周××，山东××律师事务所律师。

原审被告：向××，男，生于×年×月×日，汉族，无业，住山东省××市。

委托代理人：徐×（系原审被告向××之妻），女，生于×年×月×日，汉族，无业，住山东省××市。

原审被告：徐×，身份同上。

上诉人中国××财产保险股份有限公司××中心支公司（以下简称××保险××公司）因与被上诉人吕××、王×、王××，原审被告向××、徐×机动车交通事故纠纷一案，不服××市××区人民法院〔2015〕××民初字第119号民事判决，向本院提起上诉，本院依法组成合议庭审理了本案，现已审理终结。

原审法院认定：2014年11月21日19时57分，被告向××驾驶被告徐×所有的鲁C73×××号小型普通客车沿S102线由东向西行驶至22.7千米处，与由北向南行走的王×鑫发生碰撞，王×鑫倒地后被另一辆车碾过，造成王×鑫当场死亡，车辆损坏的交通事故。后经交警认定，王×鑫无事故责任。双方就赔偿事宜未达成一致意见，为维护原告的合法权益，原告要求判令被告赔偿死亡赔偿金496774元、丧葬费 1721 元、被扶养人生活费 102672 元、精神损害抚慰金 10000 元、处理丧葬事宜人员的误工费 3485 元、交通费 1000 元，以上共计 615652 元。

被告徐×、向××辩称，应当由被告××保险××公司赔偿。

被告××保险××公司辩称，在交强险范围内依法赔偿，根据交通事故认定书，仅确定王×鑫无事故责任，并未表明我公司被保险人在本事故中的责任，商业险部分不予承担全部责任。

原审法院查明，2014 年 11 月 21 日 19 时 57 分，被告向××驾驶被告徐×所有的鲁 C73×××号小型普通客车沿 S102 线由东向西行驶至 22.7 千米处，与由北向南行走的王×鑫发生碰撞，王×鑫倒地后随即被另一辆车碾过，造成王×鑫当场死亡，车辆损坏。2014 年 12 月 23 日，××区交警大队作出道路交通事故认定书，认定无证据证明受害人王×鑫在该次交通事故中具有过错，确定王×鑫无事故责任。至今，无法查实后一辆撞压王×鑫的车辆及车辆驾驶员、车主状况。

另查明，原告吕××系王×鑫之妻，原告王××系王×鑫之女，原告王×系王×鑫之子。被告向××系被告徐×之夫。被告徐×所有的鲁 C73×××号小型普通客车在被告××保险××公司购买了交强险和商业险。

关于事故的发生，被告向××在 2014 年 11 月 21 日的公安询问笔录中陈述，“走到出事的路口，当时我走的是中间车道，我看见有人从北向南跑，跑到中间护栏就往回返，我就看见个人影，我车就撞上那个人了；（当时车速）大约八九十迈，在 5 挡；不知道 102 线限速多少”。本院调取的公安部门的现场照片中，能够证实王×鑫系自北向南横过马路时发生的事故，事故发生地无红绿灯控制，但有横过马路路口标志。

关于原告主张的死亡赔偿金问题，原告主张按 2014 年度山东省城镇居民人均可支配收入 29222 元/年的标准赔偿 17 年计 496774 元。被告××保险××公司辩称，对于死亡赔偿金应当按照 2013 年度的赔偿标准计算。关于原告主张的丧葬费，原告主张按自己实际支付的 24721 元丧葬费扣除被告向××垫付的 23000 元计 1721 元赔偿。被告××保险××公司辩称应当按照 2013 年度标准赔偿。关于原告主张的被扶养人生活费问题，原告主张被告应当赔偿王×鑫之妻吕××的被扶养人生活费，被告××保险××公司辩称，吕××不符合被扶养人的身份标准，不予赔偿。关于原告主张的精神损害抚慰金问题，被告××保险××公司要求法院酌情处理。关于原告主张的处理丧葬人员的误工费、交通费问题，被告××保险××公司辩称，上述款项已经包含于丧葬费中，不予赔偿。

上述事实，由原告提供的责任认定书、户口本、死亡证明书、尸检鉴定书、殡葬收费票据、营业执照以及双方当事人的当庭陈述予以证实。

原审法院认为：被告向××由东向西驾车行驶，在行至位于南北通行路口的十字路口时，应当减速慢行。因被告向××未能注意路口标志而减速慢行，且行车速度已经超过道路限速，将由北向南行走的王×鑫撞倒，致使王×鑫随即被后来路过的车辆撞压，致使王×鑫死亡。以上事实证明被告向××与后来路过致死王×鑫的车辆对王×鑫的死亡构成共同侵权。被告向××应当对王×鑫的死亡进行赔偿。被告未能提供王×鑫在事故中有过错的证据，被告向××应当与后来路过撞压王×鑫的车辆共同承担全部民事责任。《最高人民法院关于审理道路交通事故损害赔偿案件法律若干问题的解释》第十六条规定：同时投保机动车第三者责任强制保险和第三者责任商业保险的机动车发生交通事故造成损害，当事人同时起诉侵权人和保险公司的，人民法院应当按照下列规则确定赔偿责任：（一）先由承保交强险的保险公司在责任限额内予以赔偿；（二）不足部分，由承保商业三者险的保险公司根据保险合同予以赔偿；（三）仍有不足的，依照道路交通安全法和侵权责任法的相关规定由侵权人予以赔偿。被侵权人或者其近亲属请求承保交强险的保险公司优先赔偿精神损害的，人民法院应予支持。

关于原告主张的精神损害抚慰金的问题，原告要求被告赔偿 1 万元过高，原审法院酌情考虑，被告××保险××公司在交强险限额内赔偿原告 5000 元。关于原告主张的死亡赔偿金问题，被告××保险××公司应当按照 2014 年度城镇居民人均可支配收入 29222 元/年的标准赔偿 17 年计 496774 元，被告××保险××公司在交强险限额内赔偿原告死亡赔偿金 105000 元，被告××保险××公司在商业险限额内赔偿原告死亡赔偿金 391774 元。关于原告主张的丧葬费问题，依照法律规定，被告应当按照 2014 年度山东省职工月平均工资 46386 元/年赔偿 6 个月即 23193 元，被告向××已经向原告支付 23000 元，被告××保险××公司应当在商业险限额内赔偿原告丧葬费 193 元，被告向××所支付原告的丧葬费 23000 元，可向被告××保险××公司主张权利。关于原告主张的被扶养人生活费问题，原告要求被告赔偿王×鑫之妻吕××的被扶养人生活费证据不足，对原告要求被告赔偿被扶养人生活费的诉讼请求，原审法院不予支持。关于原告主张的处理丧葬事宜人员的误工费 3485 元、交通费 1000 元，原审法院酌情考虑，被告××保险××公司分别赔偿原告误工费 1000 元、500 元。被告向××与后来撞压王×鑫的车辆驾驶员应当承担连带责任，被告××保险××公司向原告赔付后，有权向后来撞压王×鑫的车辆进行追偿。据此，原审法院依照《中华人民共和国侵权责任法》第六条、第十一条、第十四条、第十六条、第四十八条，《中华人民共和国道路交通安全法》第七十六条，《机动车交通事故责任强制保险条例》第三条、第二十一条，最高人民法院《关于审理道路交通事故损害赔偿案件适用法律若干问题的解释》第十六条，《中华人民共和国民事诉讼法》第六十四条、第六十八条之规定，判决一、被告中国××财产保险股份有限公司××中心支公司在交强险限额内赔偿原告吕××、王×、王××精神损害抚慰金5000元。二、被告××保险××公司在交强险限额内赔偿原告吕××、王×、王××死亡赔偿金105000元。三、被告××保险××公司在商业险限额内赔偿原告吕××、王×、王××死亡赔偿金391774元。四、被告××保险××公司在商业险限额内赔偿原告吕××、王×、王××丧葬费193元。五、被告××保险××公司在商业险限额内赔偿原告吕××、王×、王××处理丧葬事宜人员的误工费1000元。六、被告××保险××公司在商业险限额内赔偿原告吕××、王×、王××处理丧葬事宜人员的交通费500元。七、驳回原告吕××、王×、王××的其他诉讼请求。案件受理费9956元，分别由原告吕××、王×、王××负担1804元，被告向××、徐×负担8152元。

上诉人××保险××公司不服原审判决上诉称：原审法院认定事实不清，适用法律错误，根据×公交认字（2014）第00824号交通事故认定书认定，本案受害人王×鑫倒地后被另外一辆车碾压过，碾压车辆逃逸，造成王×鑫当场死亡。受害人王×鑫在该事故中无事故责任。但未认定被保险车辆和逃逸车辆的事故责任。依据《中华人民共和国民法通则》第四条公平原则的规定，商业保险无垫付的义务，应由两事故车辆按照同等责任赔付。故请求二审法院1. 撤销原审判决书中第三、四、五、六项判决，依法改判或者发回重审。2. 诉讼费用由被上诉人承担。

被上诉人吕××、王×、王××答辩称：原审被告向××在事发路口限速20千米/小时的情况下，在交警部门的询问笔录中自述其事发时车速达到80—90千米/小时，通过交警部门提供的车辆事故照片也可以看出原审被告的车辆左侧挡风玻璃及车头部分均严重受损，再结合交警部门对王×鑫的尸检报告中可以清楚地看出受害人身体受损的情况，向××驾驶车辆也足以能造成受害人死亡的结果，因此根据《中华人民共和国侵权责任法》第十一条的规定，向××应当与逃逸车辆承担连带赔偿责任。原审法院认定事实清楚，适用法律正确，请求二审法院维持原判，上诉费由上诉人自行承担。

原审被告向××、徐×均没有发表意见。

经审理本院认定，原审判决认定事实属实，本院予以确认。

二审另查明，原审被告向××驾驶为徐×所有的鲁 C73×××事故车辆，在××保险××公司投保了机动车交通事故责任强制保险和第三者商业责任险（保险金额为 50 万元）。在保险期间发生了本次交通事故。

××区交警大队出具的×公交认字（2014）第 00824 号道路交通事故认定书认定交通事故发生的经过，2014 年 11 月 21 日 19 时 57 分许，向××驾驶鲁 C73×××号小型普通客车，沿 S102 线由东向西行驶，行至 22.7 千米处，与由北向南行人王×鑫发生碰撞，王×鑫倒地后被另一辆车碾过，碾压车辆逃逸，造成王×鑫当场死亡，并确定王×鑫生前在此次交通事故中无事故责任。对两辆肇事车辆的事故责任没有作出认定。山东××司法鉴定中心出具交通司法鉴定意见书对事故过程分析认为，鲁 C73×××事故车辆由东向西行驶至事故地点时，恰遇行人至此，客车前部左侧与行人接触。碰撞后，停止于最终停止位置。××市公安局交通物证鉴定所出具的（×）公（交）鉴（尸）字（2014）213 号认为，王×鑫系因交通工具作用致颅脑及胸腹腔脏器严重损伤而死亡。

二审期间，被上诉人吕××、王×、王××提交了放弃索赔声明书一份，声明事故车辆鲁 C73×××投保的××保险××公司向声明人履行完赔偿义务后，如日后追查到碾压王×鑫的车辆，由××保险××公司向碾压王×鑫的车辆及其车辆投保的保险公司进行追偿，三声明人自动放弃向该逃逸车辆索赔。

本院认为：本案的焦点问题是上诉人××保险××公司商业保险赔付的责任承担问题，即该公司在第三者商业责任险的保险金额范围内承担 100%还是 50%的赔付责任。

本案中，受害人王×鑫被向××驾驶的车辆碰撞倒地后，又被第二辆车碾压，第二辆车逃离现场，至今无法查明肇事车辆下落。××市公安局交通警察支队××区大队的工作人员赶到现场时，王×鑫已死亡，无法确定王×鑫死亡系向××驾驶车辆撞击还是逃逸的第二辆车碾压所致。在该事故中，造成王×鑫死亡的有两个行为，一是向××驾驶的鲁 C73×××号事故车辆的撞击行为，二是逃逸车辆的碾压行为。向××与逃逸车辆驾驶人并无共同故意和共同过失，双方无共同的意思联络，两人的侵权行为属于无意思联络的数人侵权行为。

无意思联络的数人侵权行为，分为直接结合和间接结合。直接结合的侵权行为，数侵权人之间对损害后果承担连带责任。本案中事故车辆鲁 C73×××的撞击行为和逃逸车辆的碾压行为结合程度非常紧密，对加害后果而言，各自的原因力和加害部分无法区分，共同对受害人产生损害，两人的侵权行为属于直接结合的侵权行为，两侵权人对侵权后果承担连带责任。因此向××与逃逸车辆驾驶员应当对王×鑫的死亡承担连带赔偿责任。由于向××所驾驶的车辆在××保险××公司处投保了第三者商业责任险，根据法律规定，机动车发生交通事故造成人身伤亡、财产损失的，由保险公司在机动车第三者商业责任险的保险金额范围内予以赔偿。二审期间吕××、王×、王××向本院提交放弃索赔声明书，声明书的内容系当事人真实意思表示，不违反法律禁止性规定，该声明的内容合法有效。故××保险××公司在第三者商业责任险的保险金额范围内承担赔付责任，待逃逸车辆找到后，××保险××公司可向其另行追偿。综上，原审判决认定事实清楚，适用法律正确，判决结果并无不当，本院予以维持；上诉人××保险××公司主张向××应与第二辆逃逸车辆驾驶员承担同等责任，在第三者商业责任险的保险金额范围内承担50%的责任的上诉请求，无事实和法律根据，不能成立，本院不予支持。依照《中华人民共和国民事诉讼法》第一百六十九条、第一百七十条第一款第（一）项、第一百七十五条之规定，判决如下：

驳回上诉，维持原判。

二审案件受理费9956元，由上诉人中国××保险股份有限公司××中心支公司负担。

本判决为终审判决。

审判长：×××

代理审判员：×××

代理审判员：×××

二〇一五年十二月九日

本件与原本核对无异（院印）

书记员：×××

第八章　刑事一审普通程序

第一节　庭审程序

刑事一审普通程序，是指人民法院对人民检察院提起公诉的案件进行初次审判所必须遵循的步骤、方式和方法。包括庭前工作、审判前准备和开庭宣布、法庭调查、法庭辩论和被告人最后陈述、休庭评议和宣判等诉讼环节。

一、庭前工作

公诉案件的庭前审查是人民法院行使国家审判权的开始程序，其法律性质是对案件的接受和审查，而不是审判，其任务是解决是否将被告人交付法庭审判，案件是否符合开庭审判的条件。其本质是属于程序性措施，决不能把审查同审判混为一谈。

对公诉案件的审查，有实体审查和程序审查之说。所谓实体审查是对案件实行全案移送，开庭前由法官对案件的事实、证据、法律适用等进行全面性审查，审查内容主要是证据是否能足以认定犯罪，法律上是否构成犯罪，当然也包括案件的侦查、起诉、交付审判的程序是否合法。程序性审查是指起诉机关移送的材料和法院审查的内容，紧紧围绕是否将被告人交付法庭审判，亦即是否符合开庭审判的条件，不从实体上解决案件的定性处理，即事实是否清楚、证据是否充分，定性是否恰当。程序性审查的具体内容应包括案件的管辖、侦查、起诉程序是否合法，各种诉讼文书是否完备完全，起诉书指控是否有明确的犯罪事实，并附有相应的证据目录说明等。至于案件事实是否清楚，罪名是否成立，证据是否充分、确实，均由开庭审判加以解决。

（一）庭前审查

庭前审查的内容，主要是围绕着是否具备开庭条件进行，其具体内容包括：

1. 案件是否属于本院管辖。对于属于本院管辖的，可以进行进一步的内容审查；对于不符合管辖规定的，应当具函说明理由，连同案件材料一并送请人民检察院按照有关规定，向有管辖权的人民法院起诉。

2. 起诉书指控的被告人身份、实施犯罪的时间、地点、动机、目的、手段、犯罪事实、危害后果和罪名以及其他可能影响定罪量刑的情节是否明确；如果被告为单位的，应附有代表该单位出庭的代表人的姓名、职务。

3. 起诉书中是否载明被告人被采取强制措施的种类、羁押地点、是否在案以及扣压、冻结在案的被告人的财物及存放地点。

4. 起诉书是否附有拟在法庭上出示的所有证据目录及能够证明指控犯罪行为性质、情节等内容的主要证据复印件或照片。所谓主要证据是指对认定被告人是否构成犯罪起主要作用、对定罪量刑有重要影响的证据，比如作为法定量刑情节的自首、立功、累犯、中止、未遂、防卫过当等证据。

5. 是否附有起诉前提供证言的证人名单。证人名单应当分别列明出庭做证和拟不出庭做证的证人的姓名、性别、年龄、职业、住址和通信处。

6. 是否附有被害人的姓名、住址、通信处。

7. 已委托辩护人、诉讼代理人的，是否附有辩护人、诉讼代理人的姓名、住址、通信处。

8. 侦查、起诉程序的各种法律手续和诉讼文书复印件是否完备。

9. 有无《刑事诉讼法》第十六条规定的不追究刑事责任的情形。

10. 提起附带民事诉讼的，是否附有相关证据材料。

审查的方法，原则上限于书面审查，即通过审阅移送的案卷材料，了解起诉书指控的案件事实和证据情况。人民法院在庭前审查中不宜提审被告人，或询问有关证人、被害人。

（二）审查后的处理

《刑事诉讼法》第一百八十六条规定，人民法院对提起公诉的案件进行审查后，对于起诉书中有明确的指控犯罪事实的，应当决定开庭审判。

人民法院对公诉案件进行审查后，应当根据案件的具体情况，作出如下处理：

1. 决定开庭审理。对于决定开庭审判的案件，人民法院应当适用决定书，载明经过审查，符合开庭条件，将被告人交付法庭审判。决定书一旦作出，案件即进入开庭前的准备阶段。

2. 要求补充材料。经审查，认为案件存在以下情况的，应要求人民检察院在限期内补充材料：起诉书对犯罪事实的指控不甚明确的；未附有拟在法庭上出示的所有证据的目录及缺少证明指控犯罪行为性质、情节等内容的主要证据复印件或者照片的；未附有出庭做证的证人、鉴定人、勘验、检查笔录制作人名单，以及被害人、已受委托的辩护人、诉讼代理人的姓名、住址、通信处不明确的；被告人被采取强制措施的种类、是否在案及羁押地点，扣押、冻结其财物情况说明不够清楚的；侦查、起诉程序的各种法律手续和诉讼文书复印件尚不完备，可能影响开庭审理的。有上述情况之一的，应当通知人民检察院于三日内补送，经补充后符合开庭条件的，人民法院应当决定开庭审理。

3. 不予受理。案件经审查后，认为有下列情况之一的应当决定不予受理：对于不属于本院管辖的案件，应当决定退回人民检察院；对经检察机关补充后仍不符合开庭条件，或者逾期未予补充的，应当决定不予受理；裁定准许人民检察院撤诉的案件，没有新的事实、证据，人民检察院重新起诉的，人民法院不予受理。

4. 对于有《刑事诉讼法》第十六条规定的情形的，应当裁定终止审理或者决定不予受理。

当然，经过审查如果发现移送的案件，在审判管辖或诉讼文书或某些证据目录等方面不齐备、不正确，可以退回人民检察院改变管辖，或要求限期补充材料。经补充仍不明确、完备或者逾期未予补充的，应当决定不予受理；如果人民检察院未补充而要坚持起诉的，人民法院应当开庭审理，实事求是地作出判决。但是，这种管辖的改变或材料的补充，只是手续和工作上的完善，同过去那种涉及实体问题的补充侦查，完全是两回事。在审查中乃至开庭前应当准许人民检察院撤回起诉，因为本诉是人民检察院提起的，起诉方在未开庭前主动撤诉，是符合诉讼原理的。

以上做法，不仅对法庭审判的要求更为严格，更重要的是加强了对人民检察院提起公诉的质量和责任，同时，也提高了对案件事实的证明标准，不能再借助于庭前退查或撤诉加以补救。起诉书一旦制作和移送，就要达到交付审判的条件和要求，否则，其法律后果很可能是由于指控事实不清，证据不足，而判决被告人无罪。因此，人民检察院的公诉人员，必须高度负责，严格起诉标准，提高公诉质量，以适应我国审判方式改革的形势。

（三）开庭准备

决定受理案件的，人民法院应当确定合议庭组成人员或独任审判员和开庭日期，并依法做好如下开庭前的准备工作：

1. 确定合议庭的组成人员。

2. 将检察院的起诉书副本至迟在开庭十日以前送达当事人。对于被告人未委托辩护人的，告知被告人可以委托辩护人，或者在必要的时候指定承担法律援助义务的律师为其提供辩护。

3. 通知被告人、辩护人于开庭五日前提供出庭做证的身份、住址、通信处明确的证人、鉴定人名单及不出庭做证的证人、鉴定人名单和拟当庭宣读、出示的证据复印件、照片。

4. 将开庭的时间、地点在开庭三日以前通知检察院。

5. 传唤当事人，通知辩护人、法定代理人、诉讼代理人、证人、鉴定人、勘验、检查笔录制作人和翻译人员，传票和通知书至迟在开庭三日以前送达。应当注意的是，人民法院通知公诉机关或者辩护人提供的证人时，如果该证人表示拒绝出庭做证或者按照所提供的证人通信地址未能通知到该证人的，应当及时告知申请通知该证人的公诉机关或者辩护人。

6. 公开审判的案件，在开庭三日以前先期公布案由、被告人姓名、开庭时间和地点。

上述活动应当写入笔录，由审判人员和书记员签名。

（四）调取证据

关于庭前调取证据，结合我国相关规定，具体内容如下：

1. 关于举证责任制度。刑事公诉案件的举证责任分担如下：公诉机关有责任向人民法院提供起诉书所指控的犯罪事实相应的证据目录、证人名单和主要证据复印件或者照片。公诉机关应当对所提供的证据作必要的说明。被害人、附带民事诉讼当事人应当对其主张的事实承担举证责任。被告人有举证的权利，于开庭五日前提供证人、鉴定人名单和拟当庭宣读、出示的证据复印件、照片。当事人及其辩护人、代理人有权申请法院通知新的证人到庭、调取新的证据、重新鉴定或者勘验。

2. 关于辩护人律师调查取证制度。辩护律师有权向人民法院申请《准许调查书》，依法向被害人及其近亲属、被害人提供的证人收集与本案有关材料。是否准许，由人民法院决定。

3. 关于法院调取证据制度。人民法院在审理刑事公诉案件中不主动依职权调查取证。但有下列情形，且人民法院认为确有必要的，可以依申请调查取证：当事人及其辩护人、代理人申请通知新的证人到庭、调取新的证据、重新鉴定或者勘验，并提供相应的证据线索的；辩护律师经申请未获得《准许调查书》，或在依《准许调查书》进行调查取证时被拒绝而直接申请人民法院收集、调取有关证据材料的。

4. 关于关键证人等出庭做证制度。公诉人、当事人或者辩护人、诉讼代理人对证人证言有异议，且该证人证言对案件定罪量刑有重大影响，人民法院认为证人有必要出庭做证的，证人应当出庭做证。

（五）庭前证据开示制度

为了确保刑事审判的公正、公平，人民法院应当在开庭前将控告方的证据材料向被告人开示，以保证被告方质证权利的充分、有效行使。

1. 开示证据的范围：公诉机关向人民法院提供的证据目录、证人名单和主要证据复印件或者照片等，以及被害人、附带民事诉讼当事人在开庭前提供的证据材料。被告人提供的证据也可以开示。

2. 法庭根据案件的实际情况确定证据开示的方式：有辩护人的，由辩护人复制、摘抄证据材料后向被告人出示和说明；在送达起诉状副本时向被告人出示，并由被告人及其辩护人逐一予以辨认、核对；案情重大复杂，证据材料较多，人民法院可以决定召开证据开示庭。

3. 证据未经开示的法律后果：控方的证据未经开庭前开示即当庭出示的，法庭应当决定不予采纳；或者不组织当庭质证，宣布休庭并给予被告方必要的质证准备时间。但被告人同意当庭质证的除外。

二、审判前准备和开庭宣布

1. 书记员的审判前准备工作

书记员应先期到达法庭，做好以下审判前准备工作：

宣布公诉人和诉讼参加人入庭就座。公诉人和诉讼参加人入庭就座后，检查出庭人员的到庭情况，并到案前核对当事人及其诉讼代理人、辩护人的身份等情况。如有证人、鉴定人、勘验检查人、专家出庭的，经核对其身份后，请其退席，等候传唤。公开开庭的，应当检查参加旁听的人员是否适合，是否有现场采访的记者。如发现有未成年人（经批准的除外）、精神病人和醉酒的人以及其他不宜旁听的人旁听开庭的，应当请其退出法庭或者向审判长报告。如发现有记者到庭采访，应当确认其是否办理审批手续，并向审判长报告。如未经获得批准，应当明确告知记者不得录音、录像或者摄影；但应当允许记者作为旁听人员参加旁听和记录。

宣布法庭规则和法庭纪律。

2. 法官入庭和报告审判前准备情况

准备工作就绪后，书记员向审判长报告以下庭审前准备工作情况：出庭的公诉人和诉讼参加人的情况；出庭的其他诉讼参与人的情况；到庭旁听采访的新闻单位及记者的情况；其他需要向审判长报告的情况。

3. 核对确认出庭人员的身份

在书记员已核对的基础上，审判长简单查明和核对出庭人员身份即可。经控辩双方对出庭的人员身份确认无异后，即宣布：经法庭当庭核对确认，出庭的人员符合法律规定，准予参加本案的庭审活动。

4. 传唤被告人并查明其基本情况

审判长宣布传唤被告人到庭。被告人在押的，由法警押解到庭并对其实施看守。被告人戴手铐、脚镣等戒具的，先由法警解除其戒具。被告人到庭后，审判长查明被告人的情况：基本身份情况；受到法律处分的情况；被采取强制措施的情况；起诉书副本的收悉情况。

5. 宣布开庭、案名、案件由来、审理程序和方式

开庭准备就绪以后，由审判长宣布开庭，并组织法庭审判。开庭阶段主要活动包括：

审判长宣布开庭前传唤当事人到庭；审判长公布案件的来源，起诉的案由，附带民事诉讼原告人、被告人姓名（名称）及是否公开审理。对于依法不公开审理的案件，当庭公布不公开审理的理由；审判长宣布合议庭组成人员、书记员、公诉人、辩护人、诉讼代理人、鉴定人和翻译人员的名单，并告知当事人及其法定代理人的权利；审判长告知诉讼参与人必须遵守法庭秩序。

开庭前已告知诉讼权利义务的，审判长在逐一询问当事人是否知悉自己在诉讼中的权利和义务的基础上，确认当事人是否知悉诉讼权利义务。开庭前未告知的，审判长当庭予以告知。

经确认当事人知悉诉讼权利义务后，审判长逐一询问各方当事人是否申请合议庭成员和书记员、公诉人回避。一旦当事人提出回避申请，应当要求其说明理由，并依照法定程序处理。如有翻译人员的，一并征询当事人是否申请回避的意见。

如果当事人、法定代理人申请审判人员、出庭支持公诉的检察人员回避，合议庭认为符合法定情形的，应当依照有关回避的规定处理；认为不符合法定情形

的，应当当庭驳回，继续法庭调查。如果申请回避人当庭申请复议，合议庭应当宣布休庭，待作出复议决定后，决定是否继续法庭调查。同意或者驳回回避申请的决定及复议决定，由审判长宣布，并说明理由。必要时，也可以由院长到庭宣布。

6. 宣告庭审的阶段

审判长宣布：庭审活动分为法庭调查、法庭辩论、被告人最后陈述、宣判四个阶段进行。庭审活动一般由审判长主持。根据庭审的需要，审判长也可以委托其他合议庭成员主持部分庭审活动，但当庭予以说明。

三、法庭调查

（一）法庭调查的概念

法庭调查是指人民法院采取开庭的方式，在公诉人、当事人和其他诉讼参与人的参加下，在控、辩双方对证据、案件事实和运用法律开展辩论的情况下，依法确定被告人是否有罪、应否处刑或者给予何种刑事处罚的诉讼活动。

（二）法庭调查程序

1. 宣布法庭调查

审判长可以对法庭调查的顺序作出说明。法庭调查的一般顺序：控辩双方陈述、讯问和发问、庭审归纳小结、当庭举证和质证、法庭认证。

2. 控辩双方陈述

审判长宣布由公诉人宣读起诉书。随即指示公诉人宣读起诉书。

审判长宣布由被告人针对起诉书指控的犯罪事实进行陈述。随即指示被告人陈述。

附带民事诉讼案件的，在公诉人宣读起诉状后由原告人及其代理人宣读附带民事起诉书，或者简要说明请求及所依据的事实和理由。

被害人参加诉讼的，在被告人陈述后由被害人及其代理人陈述。

对于被告人认罪的案件，法庭根据《关于适用普通程序审理“被告人认罪案件”的若干意见（试行）》的规定进行审判。

3. 讯问和发问

同案有数个被告人的，讯问和发问应当分别进行。讯问和发问顺序如下：经征询并确认公诉人需要讯问被告人的，审判长宣布：由公诉人讯问被告人。公诉人讯问被告人，被告人直接答问。但是，公诉人不能以讯问代替举证，对起诉书指控的犯罪事实，应通过举证予以证明。经征询并确认辩护人需要向被告人发问的，审判长宣布：由辩护人向被告人发问。辩护人发问，被告人直接答问。被害人、附带民事诉讼当事人及其诉讼代理人经法庭准许，可以向被告人发问。被害人、附带民事诉讼当事人及其诉讼代理人发问的，经法庭准许，由法庭指示被告人答问。经审判长准许，控辩双方可以向其他当事人发问。控辩一方向其他当事人发问的，经审判长准许，由法庭指示当事人答问。

法庭认为控辩双方讯问、发问的内容与本案无关或者讯问、发问的方式不当的，应当制止。控辩双方认为对方讯问或发问的内容与本案无关，或者讯问、发问的方式不当的，有权提出异议。法庭应当判明情况予以支持或者驳回。

法庭如果需要讯问被告人或者询问其他当事人的，也可以讯问和发问。

4. 庭审归纳小结

在控辩双方陈述和答问陈述的基础上，法庭应当进行庭审归纳小结。

首先，归纳案件事实的争议情况。在归纳时，审判长应当先征询控辩双方的意见，经确认无异后予以确认。控辩双方没有争议的事实不能直接予以认定，应当进一步审查相应的证据后，再行认定。在归纳时，审判长应当先征询控辩双方的意见，经确认无异后予以确认。控辩双方争议的事实往往是法庭进一步调查的重点；但法庭调查的重点不以此为限。

其次，确定法庭进一步调查的重点。

5. 当庭举证

庭审归纳小结后，法庭对全案事实逐一、有序地展开调查。

刑事诉讼证据共有七种。不同种类的证据，其举证的具体要求不相同：

物证应当出示原物，并说明证据的来源、证明对象等。不能出示原物的，应当说明理由，并出示相应的照片、复制品等证据材料。书证应当出示原件，并当庭宣读，说明证据的来源、证明对象等。不能出示原件的，应当说明理由，并出示复印件、抄录件等证据材料。视听资料应当出示原始载体，并当庭播放，说明证据的来源、证明对象等。不能当庭播放和出示原始载体的，应当说明理由，并出示抄录件等证据材料。证人书面证言、被害人陈述的笔录应当出示原件，并当庭宣读，说明证据的来源、证明对象等。如果该证人、被害人提供过内容不同的证言、陈述的，法庭应当要求公诉人提交该证人、被害人的全部证言和陈述笔录一并审查或者传唤其出庭做证。犯罪嫌疑人、被告人的口供应当出示原件，并当庭宣读，说明证据的来源、证明对象等。如果该被告人提供过内容不同的口供的，法庭应当要求公诉人提交该被告人的全部口供笔录。鉴定结论和勘验检查笔录应当出示原件，并当庭宣读，说明证据的来源、证明对象等。同时应当说明鉴定人、勘验检查人员不能出庭做证的原因。如果鉴定人、勘验检查人员对同一事实有多份内容不同的鉴定结论、勘验检查笔录的，法庭应当要求公诉人提交全部鉴定结论、勘验检查笔录一并审查或者传唤其出庭做证。

控告方的证据材料应当于开庭前向被告方开示。如果控告方的证据材料未经开示即当庭出示的，法庭应当征询被告方是否质证的意见。如被告方未提出异议并同意当庭质证的，可以交由被告方质证。如被告方提出异议，且法庭认为没有出示之必要的，即不予采纳；如法庭认为确有出示的必要，被告方有权要求获得必要的质证准备时间。法庭应当给予被告方必要的质证准备时间，时间期满后再行开庭组织质证。

6. 当庭质证

当庭质证一般以“一举一质”或“类举类质”的方式进行。公诉人、被害人、原告人等举证方出示证据并说明完毕后，审判长宣布：由被告人质证。被告人及其辩护人质证。

质证的程序一般为：质证方对当庭出示的证据作出是否认可的意思表示。如认可或者承认，则对该证据的质证活动结束；如不认可，应说明具体的反驳理由。在质证方提出反驳理由的基础上，法庭组织控辩双方展开质辩。在质证中，质证方提出相应的反驳证据的，法庭可当庭组织举证和质证。

控告方的证据举证质证后，被告方也可以当庭举证，交由控告方质证。

7. 证人、鉴定人、勘验检查人员以及专家出庭做证

在当庭举证过程中，控辩双方申请传唤证人出庭做证的，应当向法庭提出。经法庭审查准许后，即可由书记员传证人到庭。证人到庭就座后，审判长请证人报告本人的基本情况，并说明与本案当事人的关系。在确认其知道做证的权利和义务以及做伪证或者隐匿罪证要承担的法律责任后，请证人在保证书上签名。

证人出庭做证陈述的一般顺序：根据法庭所提示的调查事项，由证人就其了解的情况作连贯性陈述；举证方发问，法庭指示证人答问；质证方发问，法庭指示证人答问。

法庭根据需要，也可以向证人发问。控辩双方或者证人对发问有异议的，可以向法庭提出。异议是否成立，由法庭评议确定。证人做证结束后，审判长宣布请证人退庭。指示证人退庭后在休息室休息，休庭后还要审阅笔录和签名，如需

要证人再次出庭的再行传唤出庭。证人退庭后，针对证人证言，审判长首先宣布请举证方说明。举证当事人对证人证言进行说明之后，审判长宣布请质证方质证，并可组织控辩双方质辩。鉴定人、勘验检查人员、专家出庭做证的具体程序，参照证人出庭做证的程序举行。其中，鉴定人出庭做证时，应当确认当事人是否申请回避。

8. 当庭认证

一般情况下，法庭不对当庭质证的证据当庭作出认证。但是，有些案件的证据或者个别证据可以当庭评议，如果法庭经评议能够当庭作出认证结论或者能够作出部分认证结论的，可以当庭宣布认证结论。认证结论的表述主要有以下两种方式：

确认证据足以采信的，认证结论为：经合议庭评议确认，证据名称内容真实，形式合法，可以作为认定案件事实的根据。完整的认证结论包括两部分内容：一是确认证据的有效性；二是有效证据可以证明的案件事实。如果法庭不能当庭作出完整的认证结论的，可以作出部分认证结论：确认证据的真实性、合法性、关联性及其证明效力，至于该证据可以作为认定案件哪一具体事实的根据，可另行评议确认。或者仅确认证据的真实性，或合法性，或关联性；至于该证据是否有证明效力，可另行评议确认。

确认证据不予采信的，认证结论为：经合议庭评议确认能作为本案认定事实的根据，并说明证据不予采信的理由。证据不予采信的理由包括：证据缺乏真实性，或合法性，或关联性，以致没有证明效力，故不能作为本案认定事实的根据；该证据虽然有证明效力，但与其他证据相冲突，经比较证明力大小而不予采信，故不能作为本案认定事实的根据。

9. 其他事项的调查

法庭结束前，审判长应征询公诉人和当事人是否还有其他事实需要调查或者有其他证据需要出示。公诉人和当事人申请调查其他事实，经法庭评议许可后，组织当庭举证、质证。如果法庭经评议认为无调查必要的，可以驳回申请。公诉人和当事人申请出示其他证据的，应当说明理由和证明对象。经法庭评议许可后，组织当庭举证、质证。如果法庭经评议认为无调查必要的，可以驳回申请。

10. 宣布法庭调查结束

经确认各方没有新的证据提供和其他事实需要调查后，审判长即可宣布法庭调查结束。

四、法庭辩论和被告人最后陈述

法庭辩论

法庭辩论阶段先由公诉人发言，被害人和他的诉讼代理人发言，然后由被告人陈述和辩护、辩护人进行辩护，并且可以互相辩驳。附带民事诉讼部分的辩论应当在刑事诉讼部分辩论结束后进行。具体程序如下：

1. 宣布法庭辩论

审判长宣布进行法庭辩论。审判长可以确定法庭辩论的范围，如控辩双方应当主要围绕法律的具体适用问题展开辩论。对证据的合法性、关联性和真实性及证据的有效性的质辩，以及案件事实的认定，属于法庭调查的范围，一般不作为法庭辩论的内容。法庭调查中已经认定的证据和事实可以作为控辩双方辩论的根据。审判长可以强调法庭辩论规则，如在法庭辩论中，辩论发言应当经法庭许可；注意用语文明，不得使用讽刺、侮辱的语言；语速要适中，以便法庭记录；发言的内容应当避免重复。在法庭辩论的过程中，如有违反规则的言行，法庭应予以制止。审判长可以将法庭辩论分段进行，法庭辩论分为对等辩论和互相辩论。

2. 对等辩论

审判长宣布：首先进行对等辩论。随即指示公诉人、被告人依次进行辩论发言。有被害人和附带民事诉讼当事人出庭参加诉讼的，可以参加对等辩论。一轮辩论结束，法庭可以根据实际情况决定是否进行下一轮辩论；如果进行下一轮辩论的，应当强调辩论发言的内容不宜重复。

3. 互相辩论

审判长宣布：现在进行互相辩论。审判长应当告知：公诉人和当事人要求辩论发言的，可以向法庭举手示意。经法庭许可，方能发言。在互相辩论中，公诉人和当事人未经许可而进行自由、无序的辩论发言或者发言的内容重复的，法庭应予以制止。

4. 法庭调查阶段的回转

在辩论中发现有关案件事实需要进行调查，或者需要对有关证据进行审查的，应当宣布：中止法庭辩论，恢复法庭调查。法庭调查结束后，宣布：恢复法庭辩论。庭审活动恢复到中止时的辩论阶段。

5. 宣布法庭辩论结束

在确认各方辩论意见陈述完毕后，审判长即可宣布：法庭辩论结束。

审判长在宣布辩论终结后，被告人有最后陈述的权利。被告人最后陈述不是辩护意见的重复。如果被告人在最后陈述阶段提出新的事实、证据等可能影响定罪量刑的，应当恢复法庭调查；如果被告人提出新的辩护理由，合议庭认为确有必要的，可以恢复法庭辩论以进一步查明事实。

合议庭成员应当认真、耐心听取被告人陈述，一般不宜打断其发言。但如果被告人在最后陈述中多次重复自己的意见，审判长可以制止。如果陈述内容是蔑视法庭、公诉人，损害他人及社会公共利益或者与本案无关的，应当制止。在公开审理的案件中，被告人最后陈述的内容涉及国家秘密或者个人隐私的，也应当制止。

五、休庭评议和宣判

被告人最后陈述后，由审判长宣布休庭，合议庭进行评议。包括合议庭评议、评议后的结果以及宣判，可以当庭宣告，也可以定期宣告，宣告判决一律公开进行。具体程序如下：

1. 宣布休庭

审判长先宣布：现在休庭。然后敲击法槌。宣布休庭后应告知公诉人和当事人复庭的时间；如果决定不当庭宣判的，应当告知宣判的时间或者交代：宣判时间另行通知。

2. 法官退庭和评议

决定当庭宣判的，应于休庭后立即进行评议；择期宣判的，应在庭审结束后五个工作日内进行评议。合议庭评议案件时，先由承办法官对认定案件事实、证据是否确实、充分以及适用法律等发表意见，审判长最后发表意见；审判长作为承办法官的，由审判长最后发表意见。对案件的裁判结果进行评议时，由审判长最后发表意见。审判长应当根据评议情况总结合议庭评议的结论性意见。合议庭成员应当认真负责，充分陈述意见，独立行使表决权，不得拒绝陈述意见或者仅作同意与否的简单表态。同意他人意见的，也应当提出事实根据和法律依据，进行分析论证。评议后，合议庭应当依照规定的权限，及时对已经评议形成一致或者多数意见的案件作出判决或者裁定。

3. 法官入庭和宣布继续开庭

庭审准备就绪，书记员宣布：全体起立！请审判长、审判员（人民陪审员）

入庭。

待法官坐定后，书记员再宣布：请坐下。

审判长敲击法槌后，即宣布：现在继续开庭。

4. 宣布评议结果

原定当庭宣判的，但经合议庭评议后未能作出裁判或评议决定不当庭宣判的，审判长应予以说明，后宣布休庭。

原定当庭宣判的，经合议庭评议后作出裁判并能够当庭宣判的，审判长应宣告：经过合议庭评议，评议结论已经作出。宣判的内容包括：认证结论（先前已宣布的认证结论除外）、裁判理由、裁判结果等三部分。当事人的基本情况、案由、控辩双方的陈述等内容，无须在当庭宣判时宣告。在审判长宣告裁判结果前，由书记员宣布：全体人员起立。合议庭成员和书记员，以及公诉人、诉讼参加人、旁听人员均应起立。宣读完毕，审判长敲击法槌；然后书记员宣布：请坐下。

5. 征询意见

宣判后，审判长依次询问公诉人和当事人对本判决有何意见。公诉人和当事人陈述意见后，审判长指示书记员将公诉人和当事人的意见记录在案。

6. 交代诉权

当庭宣判的，审判长宣布：如不服本判决，可在判决书送达之日起×日内，向本院递交抗诉状或者上诉状，上诉于××法院。书面文本的说明：除判决结果外，本判决的其他内容以书面文本为准。

7. 宣布闭庭

审判长宣布庭审结束。书记员宣布全体起立！待合议庭成员退庭后，宣布：散庭。公诉人、诉讼参加人和旁听人员退庭。

8. 审阅笔录的说明

散庭后，书记员向诉讼参与人交代阅读法庭笔录的时间和地点。能够当庭阅读庭审笔录的，请诉讼参与人阅读并签名。诉讼参与人认为笔录有误，可以要求书记员更改；书记员不同意更改的，诉讼参与人予以注明或者提交书面说明附卷。庭审笔录经审判长审阅后，分别由审判长和书记员签名。

第二节 实验案例

审级：一审

开庭时间：2019 年 5 月 5 日

开庭地点：齐鲁工业大学模拟法庭

是否公开审理：公开

·审判前准备和开庭宣布·

（两名法警进入审判区）

（公诉人、辩护人、证人、被告人已在庭外候审）

书：请肃静。请公诉人、辩护人、诉讼代理人入庭（以上人员依次入庭）。

书：请旁听人员保持安静，现在宣读法庭规则：

一、在案件审理过程中应关闭手机；

二、未经允许不得录音、录像和摄影，经允许可以摄影的人员不得使用闪光灯；

三、不得随意走动和进入审判区；

四、不得发问、提问、鼓掌、喧哗、哄闹和实施其他妨碍审判活动的行为；

五、爱护法庭设施，保持法庭卫生，不得吸烟和随地吐痰；

六、旁听人员违反法庭规则的，审判长可以口头警告、训诫，也可以没收录音、录像和摄影器材，责令退出法庭或经院长批准予以罚款、拘留；对于哄闹、冲击法庭，侮辱、诽谤、威胁、殴打审判人员等严重扰乱法庭秩序的，依法追究刑事责任。

七、旁听公民通过旁听案件的审判，对法院的审判活动有意见或建议的，可以在闭庭以后书面向法院提出。

书：以上法庭规则，旁听人员必须认真遵守。

书：请全体起立（起立后）。请审判长、审判员入庭（审判人员入庭坐定后）。

书：请大家坐下。

书：（转身面向审判长）报告审判长，公诉人、辩护人、附带民事诉讼原告人及其诉讼代理人已经到庭，被告人李文强、杨兆辉已提到候审，开庭准备工作已经就绪，可以开庭。

审：甲市中级人民法院刑事审判庭现在开庭（敲法槌）。传被告人李文强、杨兆辉到庭（一名法警到书记员处拿传票，到庭外传被告人。四名法警带两被告人到庭）。

审：（待被告人到庭后）被告人李文强的基本情况？

李：我叫李文强，男，1995 年 3 月 18 日生，汉族，甲市乙县人，大学文化，住甲市乙县东街 32 号。

审：被告人李文强，你以前是否受过法律处分？

李：没有。

审：因为何种原因何时被拘留、何时被逮捕？

李：2018 年 12 月 23 日因涉嫌故意杀人被甲市公安局刑事拘留，2019 年 1 月 2 日被逮捕。

审：被告人李文强，起诉书及附带民事起诉状副本是否于十日前收到？

李：收到。

审：被告人李文强，开庭传票是否于开庭三日前收到？

李：收到了。

审：被告人杨兆辉的基本情况？

杨：我叫杨兆辉，男，1998 年 10 月 2 日生，汉族，甲市乙县人，大学文化，甲职业技术学院学生，住甲职业技术学院学生公寓 6 号楼 506 室。

审：被告人杨兆辉，你以前是否受过法律处分？

杨：没有。

审：因为何种原因何时被拘留、何时被逮捕？

杨：2018 年 12 月 23 日因涉嫌故意杀人被甲市公安局刑事拘留，2019 年 1 月 2 日被逮捕。

审：被告人杨兆辉，起诉书和附带民事起诉状副本是否于十日前收到？

杨：收到。

审：被告人杨兆辉，开庭传票是否于开庭三日前收到？

杨：收到了。

审：附带民事诉讼原告人，请向法庭陈述你的基本情况。

马：我叫马兰，1975 年 3 月 7 日出生，汉族，甲医科大学教师，住在甲医科大学14号家属楼三单元408室，是本案被害人黄坤的妻子。

审：甲市中级人民法院刑事审判庭，依照《中华人民共和国刑事诉讼法》第一百八十八条的规定，本院今天在这里依法公开开庭审理由甲市人民检察院提起公诉的被告人李文强、杨兆辉故意杀人暨附带民事诉讼原告人马兰、黄昊诉李文强、杨兆辉民事赔偿一案。

审：现在宣布合议庭组成人员、书记员、公诉人名单。根据《中华人民共和国刑事诉讼法》第一百九十条的规定，本庭由傅轩担任审判长，与审判员段兴涛、强亚玲组成合议庭，书记员辛晓芳担任法庭记录；甲市人民检察院指派检察员刘珂、封沛出庭支持公诉；附带民事诉讼原告人马兰及其诉讼代理人精正律师事务所律师李梦怡出庭参加诉讼；受第一被告人李文强委托，甲市天地律师事务所律师张琼琰出庭为被告人李文强辩护，受第二被告人杨兆辉委托，甲市志远律师事务所律师杨麟出庭为被告人杨兆辉辩护。

审：根据《中华人民共和国刑事诉讼法》第一百九十条、第一百九十七条、第一百九十八条的规定，当事人、辩护人在庭审中享有下列权利：

（1）可以申请合议庭组成人员、书记员、公诉人回避；

（2）可以提出证据，申请通知新的证人到庭，调取新的证据，重新鉴定或者勘验、检查；

（3）被告人可以自行辩护；

（4）被告人可以在法庭辩论终结后作最后陈述。

审：上述各项权利，两被告人听清楚了吗？

李：听清了。

杨：听清楚了。

审：被告人李文强，你是否申请回避？

李：我申请审判员强亚玲回避。

审：请向法庭陈述你的申请理由。

李：据我所知，审判员强亚玲是黄老师的同学。

审：你有什么证据吗？

李：黄老师给我们代课的时候，有一次我去他办公室补交作业，看见过审判员强亚玲，还听见黄老师说“老同学嘛，客气什么”之类的话。

审：被告人杨兆辉，你是否申请回避？

杨：不申请回避。

审：附带民事诉讼原告人马兰，你是否申请回避？

马：我不申请。

审：请法警将两被告人带出法庭。

审：现在休庭十分钟，待我院作出决定后继续开庭。

书：全体起立！（待起立后）请审判长、审判员退庭。（退庭后）请大家坐下！（坐下后，书记员退庭）。

【十分钟后，书记员入庭】

书：请全体起立！（待起立后）请审判长、审判员入庭。（入庭后）请大家坐下（书记员也坐下）！

审：（敲法槌）现在继续开庭。请法警带两被告人到庭。

审：（被告人到庭后）关于被告人李文强提出审判员强亚玲回避的申请，经合议庭合议报院长审核，现在当庭宣读院长决定。经查被害人黄坤与审判员强亚玲确系同学关系，且一直有往来，被告人李文强提出的回避理由符合《中华人民共和国刑事诉讼法》第二十九条、第三十条之规定，本院予以支持。现决定由代理审判员赵虹霞、审判员傅轩、段兴涛组成合议庭，由傅轩担任审判长，书记员辛晓芳担任法庭记录。

审：被告人李文强，你是否申请回避？

李：我不申请。

审：被告人杨兆辉，你是否申请回避？

杨：不申请回避。

审：附带民事诉讼原告人马兰，你是否申请回避？

马：我不申请。

审：被告人李文强，你听清楚了吗？公诉人宣读的起诉书与你收到的起诉书副本是否一致？

李：听清楚了。一致。

审：被告人杨兆辉，你听清楚了吗？公诉人宣读的起诉书与你收到的起诉书副本是否一致？

杨：听清楚了。一致。

审：请法警带第二被告人杨兆辉退庭候审。

审：（杨兆辉退出后）被告人李文强，对起诉书指控的犯罪事实有无意见？

李：有。我认为我的行为并不是造成黄老师死亡的直接原因，不构成故意杀人罪。

·法庭调查·

审：下面由公诉人对被告人李文强进行讯问。

公：被告人李文强，公诉人今天在法庭上就本案事实再次对你进行讯问，你必须如实回答。听清楚了吗？

李：听清楚了。

公：被告人李文强，是你将被害人黄坤叫到菁菁火锅城的吗？

李：是的。

公：你是什么时候将被害人黄坤叫到菁菁火锅城的？

李：2018 年 12 月 22 日下午 5 点半左右。

公：当时，你们是在哪个包间吃的饭？

李：一楼的 2 号包间。

公：你为什么要这样做？

李：我这次回校补考考得不好，如果及格不了，就拿不到学位证，也找不到工作。为了让黄老师在阅卷的时候能够通个人情，让我及格，我这才把他请到火锅城的。

公：那你为什么要叫上你表弟杨兆辉呢？

李：我表弟在甲市上学，我想借此机会请他一起吃个饭，顺便让他帮我说说情。

公：在被害人说了自己心脏不好，不能喝酒时，你为什么还要执意让他喝酒呢？

李：我以为黄老师是不想多喝酒才那样说的。

公：你以前知道被害人黄坤有心脏病吗？

李：不知道。

公：你为什么要与黄坤争吵？

李：因为他拒绝了我让他帮我通过补考的请求。

公：在黄坤拒绝了你的请求后，你有没有威胁过他？

李：我再三请求他，他硬说学校有规定，没有办法帮我。我心里很郁闷，就说，他如果不答应，我就向学校反映他有作风问题。但我认为这并不是威胁，只是我一时的气话。

公：你有没有辱骂黄坤？

李：我承认我骂过他，但那是因为他先骂的我。

公：黄坤是怎么骂你的？

李：他说，像我这样的学生不给我发学位证还是轻的，当初就应该把我开除。我感觉他这是在侮辱我，心里很生气，就站起来骂了他。接着，我们就吵了起来。

公：你在大学期间学的是什么专业？

李：临床医学专业。

公：当黄坤捂住胸口，脸色发白时，你是怎么想的？

李：我以为黄老师是因为生气才那样的，所以没在意。

公：黄坤捂住胸口，脸色发白时，你是否停止了对他的辱骂？

李：当时，我很生气，没在意他的反应，也没有停止对他的辱骂。

公：在被害人跌倒在地上后，你有没有想到他是心脏病发作了呢？

李：没有想到。因为正常人在酒后都会有头晕的现象，我以为黄老师是由于酒后头晕才倒在地上的，而且当时我正在气头上，还喝了几杯度数较高的酒，头脑有些不清醒，所以没想那么多。

公：在黄坤倒地后，你为什么没有管他而要离开呢？

李：当时我在气头上也没管那么多，我想他躺一会儿就会自己起来的，所以就离开了。

公：审判长，公诉人对被告人李文强的讯问暂时到此。

审：附带民事诉讼原告人马兰，你是否需要发问？

马：不需要。

审：诉讼代理人是否需要发问？

诉代：不需要。

审：被告人李文强的辩护人是否需要对被告人李文强进行发问？

辩一：需要发问。被告人李文强，你与被害人黄坤以前是否有矛盾？

李：没有。

辩一：你以前是否知道黄坤患有心脏病？

李：不知道。

辩一：你是否知道心脏病发作的症状？

李：虽然我是学医的，但我的专业课学得并不好，对心脏病发作的症状也不清楚。

辩一：你当时有没有喝酒？如果喝了，那么你喝了多少？

李：喝了。喝了大概半瓶儿吧。

辩一：审判长，辩护人发问暂时到此。

审：被告人杨兆辉的辩护人是否需要对被告人李文强进行发问？

辩二：谢谢审判长，需要。被告人李文强，你是如何请杨兆辉来吃饭的？

李：我打电话请他过来的。

辩二：你在电话当中是否说明了让他帮你说服黄坤答应你的请求的事？

李：没有，我只是说请他过来吃个饭而已，他是在菁菁火锅城的时候才知道这件事情的。

辩二：在你和黄坤争吵的时候，杨兆辉有没有骂过黄坤？

李：没有，他只说了几句帮我求情的话。

辩二：杨兆辉有没有推过黄坤？

李：推了一下。

辩二：杨兆辉为什么要推黄坤？

李：因为当时我对黄老师说了句让他生气的话，黄老师便冲了过来，杨兆辉怕我和黄老师打起来，便把黄老师向后推了一把。

辩二：杨兆辉知不知道黄坤有心脏病？

李：他不知道，因为他不是甲医科大学的学生，以前根本就不认识黄老师。

辩二：谢谢审判长，辩护人对李文强的发问暂时到此。

（审判长与审判员做商量动作）

审判员：被告人李文强，本法庭有几个问题需要向你讯问。当黄坤用手捂着胸口、脸色发白的时候，他是否还在骂你？

李：他没再骂我，只是生气地瞪着我。

审判员：被害人黄坤倒在地上的时候，你有没有想过要将他扶起来，或者将他送往医院？

李：没有，我以为他是喝了酒醉倒的，过一会儿自然就会好的。

审判员：你是什么时候知道黄坤的死讯的？

李：是第二天早上，我到菁菁火锅城吃饭时听服务员说，12 月 22 日下午我们走后，他们把黄坤送到了医院，但没有抢救过来。

审判员：你当时有什么反应？

李：我心里有些后悔，当时不应该将黄老师留在火锅城，如果我当时过去看看他就好了。吃完饭，我心里害怕，就去公安局自首了。

审：请法警带被告人李文强退庭。带被告人杨兆辉到庭。（杨兆辉到庭后）被告人杨兆辉，对起诉书指控的犯罪事实有无意见？

杨：有。我认为黄老师的死和我没有任何关系，我没罪。

审：下面由公诉人对被告人进行讯问。

公：被告人杨兆辉，公诉人今天在法庭上就本案事实再次对你进行讯问，你必须如实回答。听清楚了吗？

杨：听清楚了。

公：被告人杨兆辉，你和李文强等黄坤一起吃饭那天是几月几日？

杨：2018 年 12 月 22 日。

公：你们是在哪里吃的饭？

杨：是在菁菁火锅城一楼的 2 号包厢。

公：你们是什么时间到菁菁火锅城的？

杨：大概是下午 5 点半吧。

公：你为什么要在被害人黄坤回家的路上等他？

杨：那天到我表哥那儿以后，他说要先等一个人，所以我就跟着等了。

公：当时你知道等的是谁吗？

杨：不知道。我问我表哥，他只说是等一个老师。具体是谁，他没说。

公：你把当天吃饭时的情况陈述一遍。

杨：刚开始的时候我也以为我表哥只是为了感谢一下他以前的老师，因为我看见他很热情地给黄老师敬酒。起初黄老师说他不喝，但后来还是喝了一杯酒。后来我表哥说他考得不太好，希望黄老师阅卷的时候能放松一些让他及格。但是黄老师说学校有规定，怎么说都不同意，我表哥就和黄老师吵起来了。再后来黄老师不知怎么的，就倒在地上了，我还没弄明白怎么回事，就被我表哥拉着离开了。

公：在你表哥给被害人黄坤敬酒时，黄坤有没有说过他心脏不好？

杨：说过。

公：黄坤说他心脏不好的时候，除了李文强还有没有人在场？

杨：有。当时服务员也在场。

公：被害人冲到李文强面前的时候，你干了什么？

杨：我以为他要打我表哥，所以就站起来把他推开了。

公：你当时说了什么？

杨：我就说让黄老师不要因为这点小事打人。

公：在他们争吵的过程中服务员来劝过吗？

杨：来劝过。

公：服务员劝架时，你表哥李文强说了什么？你又做了什么？

杨：我表哥非常生气，根本就不听劝，他让服务员出去，我知道我表哥这人脾气犟，劝也没用，所以就让服务员出去了。

公：你们离开火锅城后去了哪儿？

杨：从火锅城出来，我表哥把我送回了学校。他说要去上网，就走了。

公：审判长，公诉人对被告人杨兆辉的发问暂时到此。

审：附带民事诉讼原告人马兰，你是否需要发问？

马：不需要。

审：诉讼代理人是否需要发问？

诉代：不需要。

审：被告人杨兆辉的辩护人是否需要对被告人杨兆辉进行发问？

辩二：需要。

辩二：2018 年 12 月 22 日之前，你认识被害人黄坤吗？

杨：不认识。

辩二：你表哥对你提起过黄坤有心脏病的事情吗？

杨：没有。

辩二：根据你的判断，当一个正常人手捂胸口倒地后，你能否立刻判断出他是心脏病发作了呢？

杨：应该不能。

辩二：那么在黄坤倒地时你能否立刻判断出他是心脏病发了呢？

公：反对！审判长，公诉人反对辩护人这种诱导式的发问方式。

审：反对有效，请辩护人注意发问的方式。辩护人可以继续发问。

辩二：杨兆辉，在黄坤跌倒后，你觉得如果你们不去管，他是否会有生命危险？

杨：当时我还没弄明白黄老师是怎么回事就被我表哥拉走了，我根本就没想到这一点。

辩二：审判长，我的发问暂时到此。

审：被告人李文强的辩护人是否需要对被告人杨兆辉进行发问？

辩一：需要发问。杨兆辉，你当时喝过酒没有？

杨：喝了。

辩一：那么你喝了多少？

杨：我当时只陪着黄老师喝了一杯。

辩一：当时黄坤有没有出现用手捂着胸口、脸色苍白的现象？

杨：我只记得他用左手捂着胸口，脸色是否苍白我没有注意。

辩一：黄坤是不是在你推了他之后才用手捂胸口的？

杨：不是，他被我推得退了两步后，瞪了我一眼，就指着我表哥骂，我表哥也站起来骂他。他们对骂了几句后，黄老师就不骂我表哥了，只是用手捂着胸口。

辩一：审判长，辩护人对杨兆辉的发问暂时到此。

【审判长与审判员做商量状】

审判员：被告人杨兆辉，现在本法庭有以下几个问题需要向你讯问。

审判员：黄坤说他心脏不好的时候，你是怎么想的？

杨：我以为黄老师是不想喝酒才那样说的。

审判员：当黄坤跌倒在地时，你看见了吗？

杨：我看见了。

审：请法警带被告人李文强到庭。

审：（李文强到庭后）现在由公诉人就起诉书指控被告人李文强、杨兆辉犯故意杀人罪向法庭提供证据，并说明种类、来源及要证明的事实。

公：公诉人请求法庭传证人方燕到庭，就其所知案件事实进行做证。（一名法警到书记员处拿传票，到庭外传方燕入庭）

审：请法警带证人方燕到庭做证。（一名法警到书记员处拿传票，到庭外传证人方燕到庭）

审：（方燕上后）方燕，请把你的身份情况向法庭陈述一下。

方燕：我叫方燕，今年22岁，小学文化，住本市永乐县下关村，现在菁菁火锅城当服务员。

审：你与本案当事人的关系？

方燕：我与李文强、杨兆辉、黄坤原先不认识，出事那天是第一次见他们。

审：今天在法庭上，你对所知道的事实必须如实陈述，否则要承担相应的法律责任。听清楚了吗？

方燕：知道了，我一定会如实讲的。

审：请证人在保证书上签字。

（由一名法警将保证书拿到证人席，待签字后交回书记员）

审：先由公诉人进行询问。

公：在被告人李文强给被害人敬酒时你是否在场？

方：我在场。

公：你当时有没有听见被害人黄坤说他心脏不好不能喝酒的话？

方：他说了，但是李文强好像没怎么在意。

公：在他们吃饭的时候你一直在场吗？

方：没有，我给他们把酒倒上后，就出去了，后来听到里面的争吵声，才又进去的。

公：李文强为什么要跟黄坤吵架，你知道吗？

方：这个我不清楚。

公：你把你进去后看到的情形再复述一遍。

方燕：好的。我听到包间内吵得很厉害，就进去劝阻。进去后，我看见，黄坤脸色发白地捂着胸口，就劝李文强说："他是不是身体不好啊，你们不要吵了。"但李文强根本不予理睬，还说让我不要多管闲事，赶快走开。杨兆辉也说："没事，他只是酒喝多了，你快出去吧。"我见劝阻无效，便去二楼请我们老板刘刚过来调解。当我与老板进来时，发现李文强和杨兆辉已经走了，黄坤躺在地上好像已经没气了。于是，我们赶紧打电话叫救护车，同时报了警。

公：在你进去后，杨兆辉是否劝阻过他表哥李文强？

方：没有。

公：在你进去劝阻后，李文强有没有收敛其行为？

方：没有，他根本就不理会我，还在继续骂。

公：审判长，公诉人对证人方燕的发问暂时到此。

审：附带民事诉讼原告人马兰，你对证人方燕的证言有无异议？

马：没有。

审：诉讼代理人有无异议？

诉代：没有。

审：辩护人可以对证人进行发问。被告人李文强的辩护人，是否需要发问？

辩一：需要。证人方燕，你能从黄坤脸色发白、手捂胸口的症状判断出他是心脏病发吗？

方燕：不能，我只是觉得他可能哪儿不舒服了。

辩一：李文强和杨兆辉有没有动手打被害人黄坤？

方：我进去的时候没有。

辩一：审判长，辩护人对证人方燕的发问暂时到此。

审：被告人杨兆辉的辩护人是否需要对证人进行发问？

辩二：需要发问。证人方燕，你是否看见过杨兆辉给黄坤敬酒？

方：我在的时候没看见，出去之后就不知道了。

辩二：方燕，你进去的时候只是看见李文强一人跟被害人黄坤在吵吗？

方：是，就看见李文强一个人跟被害人黄坤在吵，杨兆辉只是在旁边站着。

辩二：你是否知道杨兆辉推了黄坤一下？

方：当时我还没有进去，所以我不知道。

辩二：审判长，辩护人对证人方燕的发问暂时到此。

审：被告人李文强，证人方燕的证言听清楚了吗？有无意见？

李：听清了。没有意见。

审：被告人杨兆辉，证人方燕的证言听清楚了吗？有无意见？

杨：听清楚了。没有意见。

审：请证人方燕退庭。（方燕退庭后）下面由公诉人继续举证。

公：公诉人请求法庭传证人刘刚到庭，就被告人李文强、杨兆辉未对被害人黄坤履行救治义务的事实做证。

审：请法警带证人刘刚到庭做证。

审：（刘刚到庭后）证人刘刚，把你的基本情况陈述一下。

刘：我叫刘刚，今年38岁，汉族，大学文化，住本市九龙小区62号，是菁菁火锅城的经理。

审：你与本案当事人的关系？

刘：我不认识他们。

审：证人刘刚，今天在法庭上，你对所知道的事实必须如实陈述，否则要承担相应的法律责任。听清楚了吗？

刘：知道了，我一定会如实讲的。

审：请证人在保证书上签字。（由法警将保证书拿到证人席，待签字后交回书记员）

审：证人刘刚，请你把当天的情况向法庭陈述一遍。

刘刚：12月22日晚上7点左右，服务员方燕跑到我办公室说一楼2号包间内的客人吵得很厉害，请我下去看一下。当我和方燕进去时，看到只有黄坤躺在地上，好像已经不行了。于是，我赶紧让方燕打电话叫救护车，同时我报了警。

审：公诉人是否需要向证人发问？

公：审判长，不需要。

审：附带民事诉讼原告人、诉讼代理人有无异议？

马：没有异议。

诉代：没有异议。

审：下面，辩护人可以对证人刘刚发问。两位辩护人是否需要发问？

辩一：谢谢审判长，不需要。

辩二：不需要。

审：被告人李文强，证人刘刚的证言听清楚了吗？有无意见？

李：听清楚了，没有意见。

审：被告人杨兆辉，证人刘刚的证言，你听清楚了吗？有无意见？

杨：听清楚了，没有意见。

审：请证人刘刚退庭。（退庭后）请公诉人继续举证。

公：公诉人这里有物证一件，由甲市公安局移交本院。该证据证明被害人黄坤的确患有心脏病。

公：（向法庭展示药品）这是从被害人黄坤手提包里找到的治疗心脏病的特效药“清血溶栓胶囊”。药品说明书表明：该药产品性能为活血化瘀、镇静安神；用于冠心病引起的心绞痛、胸闷、心悸、头昏、失眠等症状。

审：请法警将此物证向法庭展示（顺序为附带民事诉讼原告及代理人、被告人、辩护人，最后交回公诉人）。

审：（待展示毕）附带民事诉讼原告人马兰，你对公诉人出示的物证有无异议？

马：没有异议。我丈夫随身带的就是这个药。

审：诉讼代理人有无异议？

诉代：没有异议。

审：被告人李文强、杨兆辉，公诉人刚才出示的证据有无意见？

李：我没见过这种药。

杨：这种药我没见过，黄老师当时有没有带这种药，我也不知道。

审：两位辩护人有无意见？

辩一：有，辩护人认为该证据与黄坤患有心脏病的事实没有直接的关联性。

辩二：有，该证据与本案事实无关。

审：公诉人继续举证。

公：被告人户籍证明两份，见侦查卷第 7 页、第 8 页。该书证证明两被告人的身份确实。

第一份：李文强，男，1995 年 3 月 18 日生，汉族，甲市乙县人，大学文化，无业，住甲市乙县东街 32 号。

第二份：杨兆辉，男，1998 年 10 月 2 日生，汉族，甲市乙县人，大学文化，甲职业技术学院学生，住甲职业技术学院学生公寓 6 号楼 502 室。

审：附带民事诉讼原告人马兰，你对公诉人宣读的证据有无异议？

马：没有异议。

审：诉讼代理人有无异议？

诉代：没有异议。

审：被告人李文强、杨兆辉，公诉人刚才宣读的户籍证明听清楚了吗？有无意见？

李：听清楚了，没有意见。

杨：听清了，没有意见。

审：两辩护人有无意见？

辩一：没有。

辩二：没有。

审：公诉人继续举证。

公：公诉人现在举证出一份现场勘查笔录和一份鉴定结论，见侦查卷第 2 页、第 24 页。该证据证明，被告人李文强、杨兆辉与被害人黄坤确实到菁菁火锅城吃过饭，同时还喝过酒。

· 第一份

现场勘查笔录

菁菁火锅城一楼 2 号包间，桌子上有空酒杯三个，均有酒味；筷子三双，均已用过；装有 328 毫升白酒的酒瓶一个。现场无打斗痕迹。

·第二份

指纹刑事科学技术鉴定书

经鉴定，现场的三个酒杯及筷子上分别留有李文强、杨兆辉、黄坤的指纹。

审：附带民事诉讼原告人马兰，你对公诉人宣读的证据有无异议？

马：没有异议。

审：诉讼代理人有无异议？

诉代：没有异议。

审：被告人李文强、杨兆辉，公诉人刚才宣读的证据是否听清？有无意见？

李：听清楚了，没有意见。

杨：听清了，没有意见。

审：两辩护人有无意见？

辩一：没有。

辩二：没有。

审：公诉人继续举证。

公：公诉人有甲市公安局尸体检验报告一份，见侦查卷第46页。该证据证明被害人黄坤确系心脏病突发死亡。

甲市公安局尸体检验报告

甲公刑法字〔2018〕第78号

被检验者：黄坤，男，48岁，住甲科技大学14号家属楼三单元408室。

根据尸体检验所见，被检验者胃内容物含有乙醇，经分析死者在死前一小时内曾摄入酒精度为52%的白酒约20毫升。被检验者心脏冠状动脉主要分支的近段，距主动脉开口约5厘米的范围内，出现脂质和含脂质的巨吞噬细胞浸润，内膜增厚呈现大量黄色斑点，病变累及内膜全周引致血管腔梗阻，导致心肌供血供氧量严重不足。

结论：黄坤系冠状动脉性心脏病突发，因抢救不及时致使心脏骤停死亡。

检验人：姜伟（副主任法医师）、杨柳（法医师）

二〇一八年十二月二十七日

审：附带民事诉讼原告人马兰，你对公诉人宣读的证据有无异议？

马：没有异议。

审：诉讼代理人有无异议？

诉代：没有异议。

审：被告人李文强、杨兆辉，公诉人刚才宣读的尸检报告是否听清？有无意见？

李：听清楚了，没有意见。

杨：听清楚了，没有意见。

审：两辩护人有无意见？

辩一：没有。

辩二：没有。

审：公诉人可以继续举证。

公：举证完毕。

审：附带民事诉讼原告人马兰，你是否有证据需要出示？

马：没有。

审：诉讼代理人有无证据向法庭出示？

诉代：有。这里有书证一份，由甲市人民医院开具。证明被害人黄坤已有7年的心脏病史。该病例显示：自2012年以来，被害人黄坤在甲市人民医院多次治疗冠心病，其中有5次是因心脏病突发就诊；到其最后一次即2018年12月19日就诊为止，病情仍无好转迹象。

审：两被告人对此病例有无意见？

李：没有。

杨：没有意见。

审：两辩护人有无意见？

辩一：没有。

辩二：没有。

审：诉讼代理人继续举证。

诉代：审判长，举证完毕。

审：两被告人是否有证据向法庭出示？

李：没有。

杨：没有。

审：两辩护人是否有证据向法庭出示？

辩一：有。我的当事人与黄坤喝过的酒的包装纸部分，由菁菁火锅城的工作人员提供。该证据证明当事人当天所喝的是酒精度52%的白酒，很容易导致人的头脑不清醒。

审：请法警将此证据向法庭展示。

（由一名法警将证据按被告人、公诉人的顺序向法庭展示）

审：被告人李文强、杨兆辉，案发当天你们喝的是不是这种酒？

李：看不清楚，（拿近后）是这种酒。

杨：是的。

审：公诉人对此证据有无意见？

公：有。对于该证据的合法性与关联性，公诉人没有异议。但是，对于该证据的客观性，公诉人认为该证据仅能证明被告人李文强所喝的是酒精度为52%的白酒，但并不能证明被告人李文强当时究竟喝了多少这种酒。

辩一：根据当时杨兆辉和黄坤所喝的酒的量以及酒瓶中剩余的酒量，可以推知，李文强当时所喝的酒约130毫升，已足以致我的当事人不清醒。

审：附带民事诉讼原告人、诉讼代理人，你们有无异议？

马：有。我丈夫的心脏病是由于两被告人的辱骂才发作的，跟喝酒没有关系。

诉代：有，代理人认为，该证据缺乏证明力。

审：被告人杨兆辉的辩护人有无意见？

辩二：没有。

审：辩护人继续举证。

辩一：被告人李文强的毕业成绩单一份。这份成绩单显示：被告人李文强在校期间所学的15门专业课程中，有9门是补考以后才及格的。证明我的当事人对于医学知识的掌握很不完善。

审：公诉人对此证据有无意见？

公：没有。

审：附带民事诉讼原告人、诉讼代理人，你们有无异议？

马：没有。

诉代：有，代理人认为，该证据只能证明被告人李文强学习不好，并不能证明他没有心脏病方面的知识，更不能证明他不知道心脏病发作的症状。

审：两被告人，对此证据有无意见？

李：没有意见。

杨：没有。

审：被告人杨兆辉的辩护人有无意见？

辩二：没有。

审：辩护人可以继续举证。

辩一：举证完毕。

审：被告人杨兆辉的辩护人，你有无证据需要出示？

辩二：没有。

·法庭辩论阶段·

审：法庭调查结束，现在开始法庭辩论。首先由公诉人发表公诉词。

公：审判长、审判员，根据《中华人民共和国刑事诉讼法》第一百八十九条、第二百零四条、第二百零九条和《中华人民共和国人民检察院组织法》第二十条的规定，我受甲市人民检察院检察长的指派，以国家公诉人的身份出席本法庭，对甲市中级人民法院在此公开开庭审理的被告人李文强、杨兆辉故意杀人案出庭支持公诉，同时履行法庭监督的职责。通过刚才的法庭调查以及从公诉人出具的证据来看，本案事实是清楚的，证据是确实、充分的，下面就被告人的定罪量刑发表如下意见，请合议庭在对被告人定罪量刑时予以充分考虑。

首先，从犯罪主体方面看，被告人李文强和杨兆辉犯罪时均已满 14 周岁，且精神、智力状况正常，两被告人都具有完全刑事责任能力，符合故意杀人罪的主体构成要件。

其次，从客观方面来看，被告人李文强、杨兆辉对被害人黄坤实施了辱骂、推搡等行为，导致其心脏病发作，并在黄坤倒地时不但没有采取任何救助措施，还继续对其辱骂并且扬长而去，使被害人黄坤错过了最佳救治时间而不治身亡。

再次，从主观方面来看，两被告人在明知被害人黄坤有心脏病的情况下对其进行辱骂、威胁和推搡，导致被害人情绪激动而心脏病发作。在黄坤倒地之后，两被告人应当而且有能力预见其有生命危险，但是两被告人却并没有停止对其的言语攻击，也未履行作为义务，对其采取任何救助措施，在明知其有生命危险的情况下扬长而去，放任了其死亡结果的发生。这完全是间接故意的表现。

最后，从客体方面来看，两被告人的辱骂、推搡和不作为，对被害人的健康权和生命权已造成了严重的侵害。

综上，被告人李文强、杨兆辉的行为完全符合故意杀人罪的构成要件。因此，被告人李文强、杨兆辉的行为已构成故意杀人罪。

量刑方面，根据《中华人民共和国刑法》第二百三十二条的规定，被告人李文强的行为应判处十年以上有期徒刑，但被告人李文强在案发后能主动投案自首，根据《中华人民共和国刑法》第六十七条的规定，可以从轻或减轻处罚。被告人杨兆辉的行为虽然也是造成被害人黄坤死亡的原因之一，但考虑到其情节较轻，应判处三年以上十年以下有期徒刑。以上意见，请合议庭评议时予以考虑。公诉意见暂时发表到此。

审：诉讼代理人有何意见？

代：我同意公诉人的意见，本案定性准确，两被告人的行为足以致被害人死亡的结果。我认为，定故意杀人罪定性准确。

审：被告人可以为自己辩护。首先由被告人李文强自行辩护。

李：我认为我的行为不构成犯罪，黄老师的死亡与我没有直接关系。具体的辩护意见由我的辩护人代我发表。

审：下面由被告人李文强的辩护人发表辩护词。

辩一：审判长、审判员，根据《中华人民共和国刑事诉讼法》和《中华人民共和国律师法》的有关规定，甲市天地律师事务所依法接受本案被告人李文强的委托，指派我担任其涉嫌故意杀人一案的辩护人参与诉讼活动，开庭前我查阅了有关案件材料、会见了被告人；刚才又听了法庭调查，现根据事实和法律提出以下辩护意见，供合议庭合议时参考：

我认为本案被告人李文强的行为不构成故意杀人罪。具体理由如下：

公诉人认定被告人李文强的行为构成犯罪的行为，明显缺乏事实和法律依据，因而是错误的。

首先，根据《中华人民共和国刑法》第二百三十二条的规定，故意杀人罪是指故意非法剥夺他人的生命的行为。故意杀人罪在主观方面有直接故意和间接故意之分，公诉方指控的间接故意表现为放任死亡结果的发生，即行为人在主观意识是能够预见到自己的行为可能引起被害人死亡的结果，但是却抱着放任的态度。而在本案中，我的当事人李文强在主观上并没有对黄坤的死亡持放任态度。因为我的当事人根本不知道黄坤有心脏病，即便黄坤在喝酒前说过他心脏不好，但根据常理来判断，我的当事人将其理解为黄不喝酒的托词，完全是合乎情理的。

退一步讲，仅凭黄坤的一句话我的当事人又怎么能断定他就有心脏病呢？难道说自己心脏不好的人就一定有心脏病吗？后来，尽管黄坤出现了脸色发白等症状，但这也不能成为我的当事人知道黄坤有心脏病的必然条件。因为从我在法庭调查阶段出示的李文强的成绩单来看，我的当事人在校期间因沉迷网络，各门功课成绩都很差，专业知识极为欠缺，对心脏病发作的症状并不清楚。另外，当时我的当事人喝了约 130 毫升度数高达 52 度的白酒，思维已受到酒精的影响，而且心情很不好，其意识和情绪均处于非正常状态，根本无法对黄坤的反应作出正确的判断。所以，本辩护人认为，我的当事人判断不出黄坤患有心脏病是完全正常的。

其次，既然李文强不知道黄坤患有心脏病，那么公诉机关起诉被告人李文强的故意杀人罪，纯粹就是无稽之谈。“欲加之罪，何患无辞！”我的当事人与黄坤属师生关系，所谓“一日为师，终身为父”的道理，我想我的当事人应该非常清楚，难道我的当事人为了一个考试竟要费尽心思地弑“父”不成。

再次，从客观方面来看，我的当事人请黄坤吃饭要是为了害他的话，为什么还要叫上杨兆辉呢，难道他是唯恐别人不知道他的“杀人行为”？至于李文强给黄坤敬酒，完全是出于对黄坤的尊敬，即便是另有目的，那也仅是为了希望黄喝了酒之后能够答应帮他通过补考而已，又怎么会是为了将其致死才让其喝酒的呢？假设李文强知道黄坤有心脏病，那也不能断定他就一定知道喝酒能使黄坤死亡啊！

最后，就公诉人提出的被告人李文强在黄坤倒地后有作为义务的说法，本辩护人难以苟同！首先，案发当晚，李文强在与黄坤的意见无法达成一致时，由于气愤而离开了菁菁火锅城。虽然事先李文强已看见黄坤产生了不适的反应，也看到了黄坤倒在了地上，出于道义李文强确实应该将其送往医院。但当时的情况是，双方已争吵得不可开交，在这种情况下，我的当事人为了避免事态的扩大而离开现场，也是符合情理的。其次，从法律方面分析，我的当事人与黄坤只是在一起吃饭而已，根本就没有法律上的作为义务。另一方面，李文强与黄坤仅为师生关系，在职务方面我的当事人也没有作为的义务。因此，说我的当事人对黄坤的死亡负有不作为责任的说法是没有依据的。

从以上的分析可以看出，李文强的行为与黄坤的死亡结果之间根本就没有因果关系，黄坤的死亡纯属意外事件。

当然，我们也应该承认，被告人李文强在此次事件中也有一定的过错。四年的大学生活，他因沉迷网络而荒废了学业，最终迫不得已，用这种非常不正当的手段来取得学位证，可以说是自食苦果。对于恩师的死亡我的当事人也是痛心不已。我想我的当事人的行为应该引起每个大学生的反思。

上述辩护意见，本辩护人恳请法庭予以采纳，作出正确的判决，还被告人李文强一个清白，并通过本案的审理给社会一个正确的导向。谢谢审判长、审判员，我的辩护意见暂时发表到此。

审：下面由被告人杨兆辉自行辩护。

杨：我根本就不知道黄老师有心脏病，况且我也没有参与争吵，所以黄老师的死亡与我没有关系。具体意见由我的辩护人为我发表。

审：下面由被告人杨兆辉的辩护人发表辩护词。

辩二：尊敬的审判长、审判员：

甲市志远律师事务所接受本案被告人杨兆辉的委托，指派我担任他的辩护人。今天我依法出庭，参与本案的诉讼活动。受理此案后，我认真地研究了公诉机关的起诉书，详尽地查阅了本案的全部案卷材料，并会见了被告人，同时，还进行了广泛的调查、访问，刚才又听取了法庭调查，以及被告杨兆辉所进行的符合情理的辩解。根据这些情况，我对本案有了进一步的了解。在本案事实基本清楚的基础上，现就起诉书指控被告人杨兆辉犯故意杀人罪，发表如下辩护意见，恳请合议庭在评议时予以采纳。

根据《中华人民共和国刑法》第十四条规定，明知自己的行为会发生危害社会的结果，并且放任这种结果发生，因而构成犯罪的，是间接故意犯罪。根据这一理论，间接的故意杀人罪，是指明知自己的行为会发生致他人死亡的结果，放任这种结果的发生，并致他人死亡的犯罪。这种犯罪有三个构成要件：主观上，行为人明知自己的行为会致他人死亡；客观上，行为人放任他人死亡的结果发生；结果上，确已导致他人死亡。以上三个要件必须全部具备才构成故意杀人罪。但是，从本案的事实来看：

首先，被告人杨兆辉案发前与黄坤根本就未曾谋面，因此客观上就没有知道黄坤患有心脏病的可能。尽管在酒桌上黄坤曾说过自己心脏不好，但公诉人仅以此来断定我的当事人知道黄坤有心脏病，未免太过牵强。

其次，被告人杨兆辉并没有放任黄坤死亡结果的发生。黄坤的心脏病突发的死亡结果不管是何因所致，在当时情况下我的当事人都是难以预见的。当时的情况是，我的当事人只看到了一个喝了酒的人倒在了地上，难道这就要我的当事人预见到黄坤会死亡吗？既然我的当事人不知道黄坤会死亡，那么公诉人所述的放任死亡结果的发生又从何谈起呢？

最后，黄坤的死亡确属事实，但公诉人言之凿凿，认为被告人杨兆辉的行为就是导致其死亡的原因之一的说法，本辩护人实难认同！我们讲“以事实为依据，以法律为准绳”，那么我想请问公诉人的是，有哪条法律规定了，我的当事人的行为就是导致黄坤死亡的原因？

从以上几点来看，被告人杨兆辉的行为与公诉人起诉的故意杀人的罪名，根本就是风马牛不相及的。

至于，公诉人认为被告人杨兆辉对于黄坤的死亡负有不作为责任的说法，辩护人认为杨兆辉虽然在黄坤倒地后离开了现场，但是正如上述，此前我的当事人根本就不知道黄坤倒地以后就会死亡。更为重要的是，我的当事人与黄坤仅仅是第一次见面，并没有其他任何关系。从法律上看，我的当事人也没有作为的义务。公诉人这样认定根本就没有事实与法律依据，因而是错误的。

综上所述，辩护人认为，被告人杨兆辉的行为不符合故意杀人罪的构成要件，其故意杀人罪的罪名不能成立。我的辩护意见暂时发表到此。

审：根据今天法庭调查所反映的基本事实情况以及控辩双方的基本观点，本院现将本案的争议焦点分别总结如下：

1. 被告人李文强、杨兆辉的行为是否构成故意杀人罪；

2. 被告人李文强、杨兆辉是否知道被害人黄坤有心脏病；

3. 被告人李文强、杨兆辉有没有不作为的责任。

审：对本法庭总结的上述争议焦点，被告人李文强、杨兆辉有无意见？

李：没有意见。

杨：没有意见。

审：下面，请控辩双方就本案争议的焦点问题进行辩论。

审：首先，由公诉人发表公诉意见。

公：公诉人刚才听取了被告人和辩护人的辩护意见，有几点不同意见需要说明，下面就两被告人的情况分别作以答辩。

第一，关于两被告人是否构成故意杀人罪的问题。

公诉人认为，被告人李文强、杨兆辉作为已经接受高等教育和正在接受高等教育的成年人，对一个患有严重心脏病的老师进行威胁、推搡、辱骂导致其心脏病发作，最终因抢救不及时而死亡的行为，其故意杀人的犯罪性质已是昭然若揭。被告人李文强在看到被害人有病发的表现时，不但不停止对被害人的辱骂行为，反而得寸进尺，变本加厉，最终导致了被害人心脏病发的结果。在被害人心脏病发作倒地时，李文强完全有能力施救，但其不但没有采取任何救治被害人的措施，反而拉着被告人杨兆辉离开了现场，最终导致了悲剧的发生。

被告人杨兆辉，虽然没有像李文强那样辱骂被害人，但其对被害人的推搡行为，却在某种程度上对被害人造成了更大的刺激。要知道被害人是一个心脏病患者，而且，在服务员劝架时，杨兆辉却故意将其支开，明显是希望危害结果的发生。在被害人倒地时，杨兆辉完全有能力对其进行救助，但他并没有实施救助，而是跟着李文强离开了现场，故意放纵了被害人死亡结果的发生。

第二，关于被告人李文强、杨兆辉知不知道被害人黄坤有心脏病的问题。李文强作为一个医学专业的学生，即使其对专业课程掌握较差，但在一个医学院校待了四年的人，最基本的医学常识肯定是有的。更何况心脏病属于一种比较常见的疾病。而且被害人喝酒前明确说了自己心脏不好，后来又表现出了心脏病发作的症状。所以，被告人李文强是完全能预见到被害人有心脏病这一事实的。

杨兆辉作为李文强的表弟，首先，我们不能排除的就是李文强有告知其黄坤患有心脏病这一事实的可能。其次，被告人杨兆辉也承认被害人说自己心脏不好时他在场，而且，被害人病发时他也在场，这又怎么能说他不知道被害人黄坤有心脏病呢？

第三，关于被告人李文强、杨兆辉及其辩护人提到的作为和不作为的问题。犯罪是危害社会、应受刑罚处罚的行为，犯罪行为可分为作为与不作为两种基本形式。所谓作为，是指积极地实施某种动作而危害社会的行为。所谓不作为，是指消极地不履行某种义务所要求的动作而危害社会的行为。

不作为故意杀人罪就是以不作为形式实施的侵害他人生命权利的犯罪。除了应当具备一般犯罪构成的四个要件外，其构成还须具备以下特殊条件：

1. 行为人负有阻止他人死亡的作为义务

行为人有阻止死亡的作为义务是不作为故意杀人罪的核心，反映了此种犯罪的基本犯罪事实和构成要素的本质特征。如果行为人对他人没有任何阻止其死亡的法律义务（非道德义务），则其就根本不具备成为不作为故意杀人罪的犯罪主体资格。而在本案中，李杨二人均有这样的作为义务。在已经知道黄坤心脏不好的情况下，应该停止对其实施辱骂、威胁和推搡。而且在黄坤晕倒在地后，负有施救的法律义务。

2. 行为人有履行义务的可能性

所谓行为人有履行义务的可能性，即行为人有防止他人死亡结果发生的能力。据此李文强、杨兆辉二人均为完全行为能力人，所以具有分析客观环境的能力，并且具有对黄坤进行施救的可能，况且李文强为医学专业学生，具有一定的判断能力。

3. 不作为行为与他人死亡之间具有刑法上的因果关系

被告人李文强、杨兆辉二人消极地不履行对被害人黄坤的施救义务，从而导致了被害人死亡的结果。也就是说，被害人死亡这一结果是李杨二人的不作为造成的。所以，被告人的不作为与黄坤的死亡之间具有刑法上的因果关系。

因此，被告人李文强、杨兆辉二人的行为完全符合故意杀人罪中的以不作为形式实施的侵害他人生命权利的犯罪。

综上，公诉人认为，被告人李文强、杨兆辉的行为已明显构成故意杀人罪。请法院依法对被告人予以惩处！公诉意见暂时发表到此。

审：被告人李文强是否还有新的辩护意见？

李：有。我当时确实不知道黄老师有心脏病，对于黄老师的死亡，我愿意承担一定的赔偿，但恳请法庭判我无罪。

审：被告人李文强的辩护人是否有新的辩护意见？

辩一：有的。辩护人还有几点意见需要补充。

审判长、审判员，辩护人刚才听取了公诉人发表的公诉意见，现有不同的意见需要发表。

一、公诉人认定被告人李文强的行为构成故意杀人罪，本辩护人对此仍持有异议。

关于故意杀人罪的构成要件，本辩护人在第一轮辩护中，已经作了阐述。辩护人在这里要提醒公诉人注意的是，杀人是要有动机的。综观此次事件的全过程，被告人李文强作为黄坤的学生根本就没有要置黄坤于死地的理由。公诉人认为，李文强明知黄坤有心脏病，在黄坤拒绝了李文强的要求时，便用言语刺激黄坤，使其心脏病发作，然后扬长而去，最后致黄坤死亡。这样的主张是想当然的，缺乏证据的证明。

辩护人在第一轮的辩护中，已经阐明，李文强根本没有杀人的故意。第一，李文强事前根本不知道黄坤有心脏病，当时的主客观因素也无法使其预见黄坤的死亡。第二，李文强请黄坤吃饭的目的，只是让黄坤放他通过考试而已，其主观上根本没有杀人的预谋，更没有杀人的动机。第三，李文强是个性格耿直的人，黄坤拒绝了他的要求后，他只是一时冲动，骂了黄坤几句，但是并没有杀死黄坤的意思，如果他要杀死黄坤，在黄坤拒绝后他就可以实施杀人行为，为什么还要与黄坤争吵长达几分钟呢？第四，在黄坤倒地时，李文强根据生活经验判断，黄坤是由于喝了酒才跌倒的，没有发生危险的可能，这才离开了现场；而不是像公诉人推测的那样，故意放任了黄坤的死亡。一系列的证据证明李文强根本没有杀人的动机，更没有杀人的故意，因此，李文强的行为不构成故意杀人罪。

二、辩护人认为公诉人认定被告人李文强知道黄坤有心脏病的说法有失偏颇。

从开庭前辩护人的调查以及刚才法庭调查的结果我们知道，唯一能准确让李文强知道黄坤有心脏病的就是黄坤在喝酒前所说的他心脏不好这句话，但仅凭这一点是绝对不能断定李文强知道黄坤有心脏病的。正如我在前面所说，心脏不好不一定就是有心脏病。再从后来发生的事实分析，黄坤口口声声说他心脏不好，但是在他病发时，他并没有向被告人寻求帮助，这就更加能使李文强相信，黄坤说他心脏不好是酒桌上的托词。因此，对被告人李文强知道黄坤有心脏病的认定是明显与事实不符的。

三、公诉人刚才在公诉意见中再次提到，黄坤的死亡是被告人的不作为引起的，这纯属无稽之谈。

被告人根本就没有作为义务，何来不作为？刑法上的不作为即消极的行为，是指不实施其依法有义务实施的行为。这种义务是基于法律的规定和职业的要求，应当实施行为而没有实施，导致危害后果的发生，这才是不作为。本案中，李文强没有这种作为的义务，他和黄坤之间的关系是一般的师生关系，并没有法律上规定的关系或职业形成的关系。李文强在黄坤倒地时没有施救，并不违反法律的要求，这只是一种道德上的行为。况且，先前的争吵是被告人李文强在黄坤倒地时离开现场的原因，李文强年轻气盛在争吵中很容易冲动。而他为了平息事态离开现场的行为反而体现出了他的成熟之处，怎么能将此行为认定为不作为呢？

综上所述，辩护人认为，被告人李文强主观上并没有杀人的故意，客观上没有实施危害行为，黄坤的死亡是一个意外事件，这已超出了我当事人当时的预见能力。所以，我认为李文强不构成犯罪。以上意见，恳请合议庭在合议时予以采纳。谢谢审判长、审判员，辩护意见发表到此。

审：被告人杨兆辉是否还有新的意见？

杨：有。我仍然觉得我的行为不构成犯罪，请法庭将我无罪释放，还我清白。

审：被告人杨兆辉的辩护人是否还有新的辩护意见？

辩二：有的。辩护人还有几点意见需要补充。

第一，辩护人认为公诉人认定被告人杨兆辉的行为构成故意杀人罪是明显与法律和事实不符的。

在整个事件中，我的当事人根本不知道黄坤患有心脏病，因此，其主观上就没有故意之嫌。公诉人认定被告人杨兆辉推黄坤的行为是黄坤死亡的影响因素，辩护人对这一点持有异议。一个人心脏病的发作与他被别人推得后退两步之间根本没有因果联系，杨兆辉推黄坤这一行为也并不会导致黄坤的死亡。而且，刑法上也未规定将人推得后退两步就可以构成故意杀人罪。所以，黄坤的死亡与被告人杨兆辉推他的行为之间并没有因果联系。公诉人认定杨兆辉推黄坤的行为是导致黄坤心脏病发作甚至死亡的原因之一的观点缺乏科学根据和法律依据。

第二，杨兆辉是否知道黄坤有心脏病，辩护人认为也是有待商榷的。首先，黄坤在喝酒前确实说过他心脏不好，但并不能以此断定杨兆辉知道黄坤有心脏病。因为心脏不好不一定就是患有心脏病；况且，当时杨兆辉依照常理，很自然地将之理解成了黄坤不喝酒的托词。再次从后来黄坤的表现来看，黄坤手捂胸口、脸色发白的表现并非心脏病发作时独有的特征，被告人杨兆辉又非具有专业医学知识的人，他又怎么能从这一现象断定黄坤有心脏病呢？

第三，公诉人认定被告人杨兆辉负有不作为的责任，这是想当然的，是不符合法律规定的。辩护人之前已经说过，要构成不作为，首先要有合法的义务来源。我的当事人不是具有相关能力的医务人员，对黄坤也就没有救助的义务。其次，如果说黄坤的死亡是由杨兆辉的先前行为引起的，这也是有悖常理的。因为杨兆辉推黄坤，是为了避免他与李文强动手，况且，黄坤当时只是后退了两步，而且能够以正常的状态跟李文强争吵长达几分钟，可见其身体状况十分良好。所以，杨兆辉的这一行为并不是导致黄坤倒地甚至死亡的原因，也就没有不作为的责任。

故此，辩护人认为，被告人杨兆辉的行为根本不构成故意杀人罪。请求法庭依据事实和法律，对我的当事人作出无罪判决。谢谢，我的辩护意见发表到此。

审：公诉人有无新的答辩意见？

公：公诉人希望法庭依据事实和法律，以惩治犯罪行为，维护法律的尊严和公民的人身权利为根本目的，作出公正合理的判决。

审：被告人李文强，你是否还有新的辩护意见？

李：没有。

审：被告人李文强的辩护人是否还有新的辩护意见？

辩一：没有。

审：被告人杨兆辉，你是否还有新的辩护意见？

杨：没有。

审：被告人杨兆辉的辩护人是否还有新的辩护意见？

辩二：没有。

【审判人员做商量状】

审：刑事部分的法庭辩论已进行两轮，公诉人和辩护人的意见已充分阐述，法庭也已记录在案。现在进行民事部分的审理，首先由原告方发表意见。

马：我希望法庭严惩两被告人的犯罪行为，并判令两被告人承担相应的民事赔偿。

诉代：（站起）

刑事附带民事起诉状

附带民事诉讼原告人：马兰，女，1976 年 3 月 7 日出生，汉族，甲医科大学教师，住甲医科大学 14 号家属楼三单元 408 室，系被害人黄坤之妻。

附带民事诉讼原告人：黄昊，男，1999 年 6 月 10 日出生，汉族，甲市第一中学学生，住甲医科大学 14 号家属楼三单元 408 室，系被害人黄坤之子。

附带民事诉讼原告代理人：李梦怡，甲市精正律师事务所律师。

被告人：李文强，男，1995 年 3 月 18 日生，汉族，甲市乙县人，大学文化，住甲市乙县东街 32 号。

被告人：杨兆辉，男，1998 年 10 月 2 日生，汉族，甲市乙县人，大学文化，甲职业技术学院学生，住甲职业技术学院学生公寓 6 号楼 506 室。

诉讼请求：

1. 依法追究被告人李文强、杨兆辉的刑事责任。

2. 判令被告人赔偿原告人医疗费×××元，死亡赔偿金×××元，丧葬费×××元，办理丧葬事宜及治疗支出的交通费×××元，住宿费×××元，以上共计×××元。

事实与理由：

2018 年 12 月 22 日下午 5 时 30 分左右，被告人李文强为考试一事，协同被告人杨兆辉巧言将被害人黄坤骗到了菁菁火锅城吃饭。席间，两被告人明知被害人心脏不好，却在被害人拒绝了被告人李文强提出的给自己“通人情”的要求后，对被告人实施推搡、辱骂等行为，致使被害人心脏病发作。在被害人心脏病发倒地后，两被告人完全有能力、更有责任将被害人送往医院抢救，但两被告人却置被害人生命于不顾，离开了现场，导致被害人因救治不及时而死亡。被害人的死亡对其家庭来说，无异于晴天霹雳。被害人的家庭不但因此遭受了巨大的经济损失，其家人也因此遭受了巨大的精神痛苦。

根据《中华人民共和国刑法》的有关规定，原告人认为，两被告人构成故意杀人罪，其行为非常恶劣，后果非常严重，影响极坏，因此请求给予二被告人十年以上有期徒刑的刑罚。

依据《中华人民共和国刑事诉讼法》第一百零一条，《民法通则》第一百一十九条和最高人民法院《关于审理人身损害赔偿案件适用法律若干问题的解释》第十七条、第十九条、第二十七条、第二十九条的规定，两被告人应当承担全部损失的民事责任。

在抢救被害人黄坤的过程中，被害人的亲属在医院期间共支出医疗费×××元，有医疗机构出具的票据为证。

被害人黄坤的每月工资为×××元，依据司法解释规定按二十年计算，两被告人应当赔偿死亡赔偿金×××元。

甲市统计局公布的2018年城镇单位在岗职工年平均工资为×××元，按司法解释规定以六个月总额计算，应当赔偿丧葬费×××元。办理丧葬事宜及治疗支出的交通费×××元、住宿费×××元。

综上所述，原告人认为：两被告人构成故意杀人罪，请求判处十年以上有期徒刑，同时承担赔偿人民币×××元的民事责任。原告人请求法庭支持上述诉讼请求，以维护原告人的合法权利，维护国家法律的尊严。

此致

甲市中级人民法院

附带民事诉讼原告人：马兰　黄昊

2019年4月21日

审：两被告人可以就原告方的意见进行答辩。首先，由被告人李文强进行答辩。

李：对于原告方的赔偿要求，我无话可说。但是，我希望法庭能够考虑我的实际情况，作出合理的判决。

审：被告人杨兆辉可以进行答辩。

杨：对于黄老师的突然病逝，我深表遗憾。但我认为，黄老师的死跟我无关，我不应该承担赔偿责任。

审：下面，两辩护人可以答辩。首先，由被告人李文强的辩护人进行答辩。

辩一：首先，辩护人需要指出的是，原告方在起诉状中，对于死亡赔偿金的计算方法是与法律不符的。因为，根据最高人民法院《关于审理人身损害赔偿案件若干问题的解释》的规定，死亡赔偿金的计算应按上一年度城镇居民人均可支配收入为标准，因此，原告方以黄坤每月的工资为标准的计算方法是错误的。

其次，我认为，我的当事人虽已毕业，但至今未找到工作，没有经济来源，其父母虽然愿意为其承担赔偿责任，但他们均为下岗工人，经济十分拮据。因此，对原告方的巨额赔偿请求，我的当事人根本没有完全偿付的能力。恳请法院充分考虑我当事人的实际赔偿能力，作出公正、合理的判决。辩护人的辩护意见发表到此。

审：下面，由被告人杨兆辉的辩护人进行答辩。

辩二：辩护人的意见与我的当事人杨兆辉的意见一致。

第一，我当事人推黄坤的行为不是侵权行为，其与黄坤的死亡结果之间没有法律上的因果联系。

第二，我的当事人主观上没有过错。黄坤的死超出了我当事人的预见能力，完全属于意外事件。

所以，我认为，我的当事人不应承担民事赔偿责任。请法庭按照事实与法律，驳回原告方对我当事人所主张的诉讼请求。

审：原告方是否有新的意见？

马：没有。

诉代：原告之所以要提出高于被告人赔偿能力的请求，其目的不在于实际获得多少赔偿。被害人已经死亡，即使被告人能够全部赔偿，也不能弥补被害人的家人因此而遭受的巨大痛苦。原告人提出这样的赔偿请求，其象征意义在于揭示被告人的犯罪行为所造成的严重社会后果。

审：两辩护人是否有新的辩护意见？

辩一：没有。

辩二：没有。

审：好。诉辩双方的辩论意见已经充分阐述，法庭认真听取并已记录在案，法庭辩论到此结束。下面依据《中华人民共和国民事诉讼法》第九十三条、第九十四条的有关规定，对本案进行调解。原告方是否同意调解？

马：我不同意。

诉代：不同意。

审判长：由于原告方不同意调解，已经失去了通过调解解决本案的基础，法庭调解失败，本庭不再做调解工作。

·被告人最后陈述阶段·

审：根据《中华人民共和国刑事诉讼法》第一百九十八条的规定，在法庭辩论终结后，被告人有最后陈述的权利。被告人李文强，现在你可以就本案的事实、证据，罪行有无及轻重，对犯罪的认识以及定罪、量刑方面的要求等，作最后的陈述。

李：我承认，我骂黄老师是不对的，我愿意承担合理的赔偿。黄老师现在不在了，我想向他道歉已经没机会了，所以我希望黄老师的家人能够接受我的道歉（转向附带民事诉讼原告人马兰、黄昊，真诚地说："对不起！"接着鞠躬）。但是，我认为我的行为不构成犯罪，请求法庭对我作无罪判决。

审：被告人杨兆辉，现在你可以作最后陈述。

杨：我认为我没罪，不应承担任何责任，请求法庭判我无罪释放。

审：请法警将两被告人带到庭外候审。

·评议、宣告判决阶段·

审：现在休庭十分钟，待合议庭评议后当庭宣判。请控辩双方将当庭质证的证据提交法庭（由一名法警依次收取控辩双方的证据，交回书记员）。

书：全体起立！请审判长、审判员退庭。（审判人员退庭后）请大家坐下！（坐下后，书记员将证据、庭审笔录带出法庭，参加合议）

【十分钟后，书记员入庭】

书：全体起立！请审判长、审判员入庭。（审判人员入庭后）请大家坐下！（书记员也坐下）

审：（敲法槌）现在继续开庭。请法警将两被告人带上法庭。

审：（两被告人上庭后）本案经合议庭合议，现在宣布口头判决：

本院认为，被告人李文强作为医学专业毕业生，根据事先被害人对自己心脏不好的明确告知，以及后来被害人病发的表现，应当能够判断出被害人黄坤患有心脏病的事实。在被害人黄坤病情发作倒地后，被告人李文强完全有预见被害人发生危险的可能，但其却未履行救治义务，放任了被害人黄坤死亡结果的发生，其行为已构成故意杀人罪。公诉机关指控被告人李文强犯故意杀人罪的事实清楚，证据确实、充分，指控罪名成立。鉴于被告人李文强具有自首情节和悔罪表现，依法可以从轻或减轻处罚。被告人杨兆辉推被害人黄坤的行为与被害人黄坤的死亡之间没有法律上的因果关系，也不具备预见被害人黄坤可能死亡的能力，而且也没有法律上的作为义务，其行为不构成故意杀人罪。公诉机关指控被告人杨兆辉犯故意杀人罪的罪名不成立。

被告人李文强的犯罪行为给附带民事诉讼原告人造成的经济损失应当依法赔偿。为此，附带民事诉讼原告人提出要求赔偿被害人黄坤的医疗费、丧葬费、办理丧葬事宜及治疗支出的交通费、住宿费的诉讼请求合法，本院予以支持；附带民事诉讼原告人提出的死亡赔偿金，其计算方法不符合法律规定，应按2018年甲市统计局公布的城镇居民人均可支配收入计算。但考虑到被告人李文强的实际赔偿能力，对附带民事诉讼原告人的经济损失只能酌情赔偿。被告人杨兆辉的行为与被害人黄坤的死亡无因果关系，依法不应当承担民事赔偿责任。附带民事诉讼原告人提出被告人杨兆辉承担被害人黄坤的医疗费、死亡赔偿金、丧葬费、办理丧葬事宜及治疗支出的交通费、住宿费的诉讼请求，本院不予支持。根据《中华人民共和国刑法》第二百三十二条、第六十七条，《中华人民共和国刑事诉讼法》第二百条第一项，《中华人民共和国民法通则》第一百一十九条、最高人民法院《关于贯彻执行〈中华人民共和国民法通则〉若干问题的意见》及《关于审理人身损害赔偿案件适用法律若干问题的解释》之规定，判决如下：

书：全体起立！

【起立后，审判长宣布如下判决结果】

一、被告人李文强犯故意杀人罪，判处四年有期徒刑。

二、被告人李文强赔偿附带民事诉讼原告人马兰、黄昊经济损失人民币×××元（被告人李文强在判决生效后十日内付清）。

三、被告人杨兆辉无罪，当庭释放。

四、被告人杨兆辉不承担民事赔偿责任。

如不服本判决，可在接到本判决书的第二日起十日内，通过本院或者直接向梁原省高级人民法院提出上诉。书面上诉的，应当提交上诉状正本一份，副本两份。

审判长：傅轩
审判员：段兴涛
代理审判员：赵虹霞
二〇一九年五月五日

本件与原本核对无异（院印）　　书记员：辛晓芳

审：请大家坐下（待坐定后），被告人李文强听清没有？

李：听清了。

审：被告人杨兆辉是否听清？

杨：听清了。谢谢审判长，谢谢法庭还我清白。

审：附带民事诉讼原告人马兰，判决结果是否听清?

马：听清了。

审：今天是口头判决，内容详见判决书，判决书在五日内送达。

审：被告人李文强，你是否上诉?

李：我需要考虑后再作决定。

审：被告人杨兆辉听清没有?

杨：听清了。

审：附带民事诉讼原告人马兰，你是否上诉?

马：我不上诉。

审：请法警将被告人李文强带出法庭。现在闭庭。(敲法槌)

书记员：全体起立，请审判长、审判员退庭。

书记员：(待审判长、审判员退庭后）请大家坐下。

第三节　与实验案例相关的法律文书写作

法律文书概述

法律文书，指一切具有法律效力的或法律意义的文件、公文的总称。其制作主体相当广泛，可以是国家机关（包括非司法部门)、企事业单位、社会团体，也可以是个人。

法律文书具有以下特点：

1. 内容的法定性。主要体现在内容的合法性和规范性两方面。做到内容的合法性有两点：正确适用实体法和程序法；履行法定手续。大量的法律文书要解决实体问题，因而在制作时必须“以事实为根据，以法律为准绳”，叙述事实、论证理由、得出结论都应坚持与实体法相适应的原则。

另外制作法律文书都有一定的法律根据，主要是依诉讼法而行，尤其是某些重要的法律文书更离不开程序法的规定。例如重要的公安文书、检察文书主要是根据刑事诉讼法的有关规定制作。这些文书既要反映诉讼活动的程序，又是进行各项诉讼活动的文字凭证，所以在每个重要的诉讼环节应制作什么样的检察、公安文书都有相应的规定。如检察机关对于确已构成犯罪、依法应追究刑事责任的犯罪嫌疑人，向法院提起诉讼，这是检察机关的基本职能，而提起公诉就必须制作起诉书，只有起诉书才是具体体现提起公诉职能的法定文书。制作该文书的法律依据是《刑事诉讼法》第一百六十九条："凡需要提起公诉的案件，一律由人民检察院审查决定。"同法第一百七十六条："人民检察院认为犯罪嫌疑人的犯罪事实已经查清，证据确实、充分，依法应当追究刑事责任的，应当作出起诉决定，向人民法院提起公诉。"有关履行法定手续，主要是为了保证文书的合法性和有效性。这些手续有的是在诉讼法中有明文规定的，有的是法律机关内部规定的。前者如刑事诉讼法第八十九条："人民检察院审查批准逮捕犯罪嫌疑人由检察长决定，重大案件应当提交检察委员会讨论决定。"这就是有关检察院制作《批准逮捕决定书》的法定手续的规定。

尽管各类文书的制作程序可能稍有不同，但基本的步骤应包括拟稿、签发、印制、用印、送达等几个阶段。

为了保证迅速、及时地审结案件，有效地实施法律，诉讼法中还对某些重要文书的制作规定了严格的时限要求。比如《刑事诉讼法》第一百七十二条："人民检察院对于公安机关移送起诉的案件，应当在一个月内作出决定，重大、复杂的案件可以延长十五日。"这就要求各级检察院在收到公安机关移送审查起诉案件的第二天起，到检察机关办结案件向法院发出起诉书的时限，不得超过一个半月。

以上各方面都体现了内容的合法性这一特点。

所谓内容的规范性，指法律文书的写作内容每部分都有明确的规范，只有准确、完整地写清各项要素，才符合各种文书的法定要求，才能在实际工作中发挥作用。其中因文种的不同，内容事项也有不同的规定和要求，并且不能任意增减或颠倒顺序。比如审判文书中公诉案件的一审刑事判决书，其事实部分，首先应概述控辩双方的意见，然后详写法院审查认定的事实、情节和证据。这就构成了该文书的内容要素，而这只是大的构成要素，在制作时还有更具体的要素组成这两部分内容。这些要素都不是随意组合的，都必须依序严格排列，只有写明这些要素，才能判明被告人的犯罪性质、罪名及其犯罪情节的严重程度，为法院依法定罪量刑提供事实依据。又如检察院制作一份不起诉决定书，其事实部分的写法与前例便有所不同。它除了要叙述犯罪嫌疑人的有关事实，以说明其行为确已构成犯罪或不构成犯罪外，还要说明不需要起诉的法定或酌定情节，这样才完善了依法不起诉的事实依据。

法律文书的内容既要符合法律规范又要遵循要素规则，才能极大地保证文书的严肃性与权威性，这是每个制作者都应严格对待的。

2. 形式的程式化。这一特点主要体现在结构布局的固定性方面，针对这个特性我国各司法机关相继制定了具体的法律文书样式。格式体例简明，用途单一，要求明确，通俗易懂，符合我国有关法律、法规和司法解释的要求，是在反复实践、认真推敲的情况下拟定而成，具有很强的科学性、规范性、权威性、实用性，为司法工作的顺利运转提供了方便条件。

综观法律文书的结构布局，大部分都可以划分为首部、正文（主体）、尾部三大板块，每一板块又包含着不同的固定构件。除了结构上的固定布置，最能体现法律文书程式化的外在特征是部分用语的成文化，不论是公安文书还是检察文书、审判文书，都有这种精练至极、不可增删一字的固定语句。比如检察文书中的起诉书中有一段文字“本案由××××（侦查机关）侦查终结，以被告人×××（姓名）涉嫌×××罪，于××××年××月××日向本院移送审查起诉”。比较准确、简练地概括出公安机关对犯罪嫌疑人涉嫌的罪名以及移送审查起诉的日期。这类语言已经过实践的反复检验，成为不可移易的程式化表述文字。又如，文书中对当事人的称谓，必须严格依照法律规定来写，如“原告、被告”（第一审民事案件）、“原告人、被告人”（第一审刑事案件）等，都是相对固定、有法可依的，绝不能混淆代替。

3. 效力的稳定性。法律文书具有很强的实效性，一经宣布，非经法定程序是不能变更或撤销的。一旦生效，便有国家的强制力保证执行，任何机关、单位和个人都必须执行或认可，否则将承担法律后果。由此可见，法律文书作为具体实施，报告国家法律、法令的形式，不仅关系到国家法律的实施、适用，同时也关系到诉讼当事人诉讼权利的行使和义务的履行，更是考察法律人员工作能力的一面镜子，因此，制作法律文书一定要“以事实为根据，以法律为准绳”反复琢磨，精益求精，以保证法的尊严和威慑力，维护诉讼当事人的正当利益，打击犯罪，加强人们的法制观念。

与实验案例相关的法律文书写作具体如下：

一、起诉书

起诉书是检察院对公安机关侦查终结，移送审查起诉的案件或对直接受理侦查终结的案件，经过审查后，认为被告人的犯罪事实已经查清，证据确实、充分，依法应当追究刑事责任，代表国家对被告人向人民法院提起公诉时所制作的文书。

制作起诉书的法定依据是我国刑诉法第一百七十六条的规定："人民检察院认为犯罪嫌疑人的犯罪事实已经查清，证据确实、充分，依法应当追究刑事责任的，应当作出起诉决定，按照审判管辖的规定，向人民法院提起公诉。"

起诉书一经送达即产生法律效力，同时标志着公诉案件已进入审判程序。起诉书的制作既表明对侦查机关完成侦查任务的确认；是人民检察院行使国家公诉权，惩罚犯罪，保护人民的依据；是人民检察院检察人员出庭支持公诉，发表公诉意见书，进行法庭辩论的基础；是人民法院对公诉案件进行审判的合法依据。起诉书是人民检察机关经常使用的重要法律文书。

起诉书的格式、内容及写作方法如下：

（一）首部

1. 标题

在文书顶端正中分两行书写检察机关名称和文书种类。

2. 编号

在标题右下方写上："× 检× 诉字〔年度〕×号。"

3. 被告人基本情况

被告人姓名（包括化名、别名），性别，出生年月日，出生地，身份证号码，民族，文化程度，职业或工作单位及职务（若为国家工作人员利用职务实施犯罪的，应当写明犯罪期间在何单位任何职务）、住址、是否受过刑事处罚、拘留年月日、逮捕年月日，在押被告人的羁押处所。

若为共同犯罪，应按作案中的主次地位依次写明。如系外国人，应注明其国籍。

如果是单位犯罪，应写明犯罪单位的名称、所在地址，法定代表人或代表的姓名、职务；直接负责的主管人员或其他直接负责人员的基本情况。

在书写被告人基本情况时，应注意以下几点：被告人的姓名。应当写清被告人正在使用的正式姓名，即户口簿、身份证等法定文件中使用的姓名。对于符合起诉条件但不讲真实姓名、住址、身份不明的被告人，根据《刑事诉讼法》一百六十条规定，可以按其自报的姓名向法院起诉。年龄应写公历出生年月日。具体出生日期查不清楚的，在制作起诉书时应以公历计算的周岁写明被告人的年龄。如果涉及已满 14 周岁不满 18 周岁的被告人刑事责任问题时，必须写明被告人准确的出生年月日。因本案对被告人采取强制措施的，应分别写明被批准或执行强制措施的时间、案由、机关、强制措施名称。先后采取两种以上不同强制措施的，要依照时间顺序一一写明。对共同犯罪的多名被告人一并提起公诉的，起诉书的“被告人身份等基本情况”，应当按主犯、从犯、胁从犯的顺序，依次逐人分段写明。

4. 辩护人基本情况

包括辩护人的姓名，辩护人所在单位，应写明辩护人执业的律师事务所。如系律师以外的人担任辩护人的，也应写明其所在单位的名称，辩护人的通信地址。应写清能够与辩护人及时联系的具体地址。

5. 案由、案件来源，处理经过

根据《刑事诉讼法》的规定和司法实践中的具体情况，涉及这部分内容的大体有以下三种情况。

公安机关侦查终结后移送的案件，写明姓名、案由、案件来源，如“被告人××……一案，于××××年××月××日移送我院审查起诉，本院受理后，于××××年××月××日告知被告人有权委托辩护人，××××年××月××日告知被害人及其法定代理人（或近亲属）、附带民事诉讼的当事人及其法定代理人有权委托诉讼代理人，依法讯问了被告人，听取了被害人的诉讼代理人××和被告人的辩护人×××的意见，审查了全部案件材料，经本院审查查明……”

如果是本院侦查终结的案件，写明姓名、案由、案件来源，如“被告人××……一案，于××××年××月××日由本院侦查处（反贪局）侦查终结移送审查起诉科（处）审查起诉，审查起诉科（处）受理后，于××××年××月××日告知被告人有权委托辩护人，××××年××月××日告知被害人及其法定代理人（或近亲属）、附带民事诉讼的当事人及其法定代理人有权委托诉讼代理人，依法讯问了被告人，听取了被害人的诉讼代理人×××和被告人的辩护人×××的意见，审查了全部案件材料，经审查查明，其犯罪事实如下：……”

如果是上级人民检察院移交起诉的或者因审判管辖变更由同级法院移送起诉的，写明姓名、案由、案件来源，如“被告人×××……一案，由××公安局侦查终结，于××××年××月××日移送××人民检察院审查，该院根据《中华人民共和国刑事诉讼法》第二十条之规定，于××××年××月××日报送本院审查起诉。本院受理后，于××××年××月××日告知被告人有权委托辩护人，××××年××月××日告知被害人及其法定代理人（或近亲属）、附带民事诉讼的当事人及其法定代理人有权委托诉讼代理人，依法讯问了被告人，听取了被害人的诉讼代理人×××和被告人的辩护人×××的意见，审查了全部案件材料。经本院审查查明：……”

（二）正文

包括犯罪事实及证据，起诉理由和法律依据两大项目。

1. 犯罪事实和证据

犯罪事实与证据是阐明起诉理由和适用法律的基础，所以是起诉书的核心部分。犯罪事实必须是经过检察机关查证核实的犯罪事实，犯罪证据必须是证实犯罪行为确系该被告人所为的主要证据。

犯罪事实部分。在写作中应注意以下几点：详略得当。主罪详写，次要罪可采用归纳法概括地写。每一种、每一次犯罪的基本事实都必须清楚。查无实证或证据不足、不足以认定的案件事实以及与犯罪事实无关的非犯罪事实不能写到起诉书中。

犯罪证据部分。证据的写法大体有两种：案件比较简单的（即指一犯一次作案或一犯一次连续作案）可以先叙写犯罪事实，然后集中一段写证据。案件比较复杂的（即指一犯作案数次或数十次，或数犯共同作案一次或多次）可边叙述犯罪事实边写证据。

2. 起诉理由及法律依据

提起公诉的理由。这是起诉书正文的结论。要求在总结被告人的犯罪事实的基础上，明确罪行的性质、特点、主观恶性程度、危害后果及认定被告人的从轻、从重或减轻、加重处罚的情节。写作时应注意以下几点：对被告人犯罪事实应高度概括，有针对性地评价被告人行为的性质、情节。如，被告人主观方面是故意还是过失，如是故意，其主观方面的恶性程度、被告人犯罪行为的恶劣情况、手段使用、对社会的危害性及造成后果的严重程度等，均应具体表述。对于共同犯罪的案件，首先要写清对全案的结论性意见。对集体犯罪，要指明集团的特征。其次，按照主犯、从犯的顺序依次概括写明罪状等。

起诉的法律依据。写明法律根据，明确罪名并引用触犯的刑法条款。即说明被告人的行为触犯了《中华人民共和国刑法》第××条第×款，构成××罪。如果行为人有数罪时，应按一定的顺序逐罪引用法律条文。在确定罪名之后，要将被告人具有的从重、从轻、减轻及免除处罚等情节也分别列出并引用相应的法律条文，以表明检察机关对追究被告人刑事责任的态度。然后写明对被告人提起公诉的必要性和法律依据，即“依据《中华人民共和国刑事诉讼法》第一白七十六条之规定”，写明提起公诉的决定，即“特提起公诉，请依法判处”。

（三）尾部

包括以下内容：

1. 致送接受文书的人民法院的全称。

2. 承办人（检察长、检察员、代理检察员）署名。

3. 文书的制作时间、年、月、日。

4. 人民检察院院印。

5. 附项。包括被告人羁押、监视居住或取保候审的处所。案卷材料×卷×册。赃品、赃款、物证清单。被害人（或家属，法定代理人）提出的附带民事诉讼状×份（如前述，由检察机关提出附带民事诉讼的在正文的理由部分之后另起一段写明有关事项）。

公诉书范本

×××市人民检察院

公 诉 书

×检刑诉字〔20××〕第8号

被告人：李文强，男，1995年3月18日生，汉族，甲市乙县人，大学文化，住甲市乙县东街32号。2018年12月23日因涉嫌故意杀人被甲市公安局刑事拘留；2019年1月2日被逮捕。

辩护人：张琼琰，甲市天地律师事务所律师。

被告人：杨兆辉，男，1998年10月2日生，汉族，甲市乙县人，大学文化，甲职业技术学院学生，住甲职业技术学院学生公寓6号楼506室。2018年12月23日因涉嫌故意杀人被甲市公安局刑事拘留；2019年1月2日被逮捕。

辩护人：杨麟，甲市志远律师事务所律师。

被告人李文强、杨兆辉故意杀人一案，经××市公安局侦查终结，移送我院审查起诉。

经审查证实，被告有以下犯罪事实：

2018年12月22日下午5时30分左右，被告人李文强为考试一事，协同被告人杨兆辉巧言将被害人黄坤骗到了菁菁火锅城吃饭。席间，两被告人明知被害人心脏不好，却在被害人拒绝了被告人李文强提出的给自己“通人情”的要求后，对被告人实施推搡、辱骂等行为，致其心脏病发作，并在黄坤倒地时不但没有采取任何救助措施，还继续对其辱骂同时扬长而去，使被害人黄坤错过了最佳救治时间而不治身亡。

上述犯罪事实有被害陈述、证人证言、现场勘验报告、医院诊断证明、鉴定结论等证明，事实清楚，证据确实充分，足以认定。

本院认为：被告人李文强、杨兆辉的行为已构成故意杀人罪，为了维护社会治安秩序，保护公民的人身权利，特向你院提起公诉，请依法惩处。

此致

甲市人民法院

代理检察员：高××

孙××

本件与原本核对无异（院印）　　××××年×月×日

附注：

（1）被告人李文强现羁押于××公安局看守所。

（2）被告人户籍证明两份。

（3）现场勘查笔录一份。

（4）鉴定结论一份。

（5）物证一件。

（6）证人名单一份。

（7）主要证据复印件 15 份。

（8）公安局尸体检验报告一份。

二、公诉意见书

公诉意见书是国家公诉人在法庭调查刑事案件的过程中，当庭发表的揭露和指控被告人的发言。公诉意见书是在人民检察院对刑事被告人提出起诉书的基础上，全面地揭露被告人的犯罪行为，证实被告人的犯罪行为，分析犯罪行为的性质、后果和对社会的危害，阐明为什么追究被告人的刑事责任。对检察院提起的起诉进行补充和阐发，从而进一步在事实上、证据上、法律上揭露被告人的犯罪行为。据最高人民检察院 44 号文件规定，公诉意见书应包括以下五项内容：

第一，对法庭调查的简要概括。

第二，进行证据分析，认定被告人的罪行。

第三，进行案情分析，概括案情的全貌，揭露被告人犯罪的社会危害性。

第四，分析被告人犯罪的思想根源和社会根源。

第五，进行法律上的论证，指明被告人触犯的刑法条款，阐明被告人应负的法律责任。

以上五项内容，并非每份公诉意见书完全具备，应根据案件的特点及实际需要，决定哪几项内容可写，哪几项内容重点写。公诉意见书文无定式，内容分标题和正文。正文分引言、主体和结尾三部分。

（一）标题

写明标题，即居中写文书的名称。被告人基本情况及案由。先写被告人姓名（被告人为单位的写其名称），后写案由（即起诉书认定的涉嫌罪名），最后写起诉书的编号。此三项内容不必宣读。

（二）正文

抬头，亦称呼告语。根据合议庭组成人员情况书写，或写为“审判长、审判员”，或写为“审判长、人民陪审员”，或写为“审判长、审判员、人民陪审员”。出庭任务和法律依据。根据新格式规定，此段文字表述为：“根据《中华人民共和国刑事诉讼法》规定，我（们）受×××人民检察院的指派，代表本院，以国家公诉人的身份，出席法庭支持公诉，并依法对刑事诉讼活动实行法律监督。现对本案证据和案件情况发表如下意见，请法庭注意。”

（三）具体意见。根据新格式规定，可以从以下三方面进行分析论证：

根据法庭调查的情况，概述法庭质证的情况、各证据的证明作用，并运用各证据之间的逻辑关系，以证明被告人的犯罪事实清楚，证据确实充分。根据被告人的犯罪事实，论证应适用的法律条款并提出定罪及从重、从轻、减轻处罚等意见。根据庭审情况，在揭露被告人犯罪行为的社会危害性的基础上，做必要的法制宣传和教育工作。关于法制宣传和教育的内容是否需要，要视具体情况而定。

结束语（小结全文）。其文字表述为：“综上所述，起诉书认定本案被告人×××的犯罪事实清楚，证据确实充分，依法应当认定被告人有罪，并应（从重、从轻、减轻）处罚。”

（四）尾部

公诉人署名，并注明年月日，当庭发表。

最后注明制作的年月日。

公诉意见书范本：

公诉意见书

被告人：李文强　杨兆辉

案　由：故意杀人

起诉书号：×检刑诉字〔20××〕第8号

审判长、审判员：

根据《中华人民共和国刑事诉讼法》第一百八十九条、第二百零四条、第二百零九条和《中华人民共和国人民检察院组织法》第二十条的规定，我受甲市人民检察院检察长的指派，以国家公诉人的身份出席本法庭，对甲市中级人民法院在此公开开庭审理的被告人李文强、杨兆辉故意杀人案出庭支持公诉，同时履行法庭监督的职责。通过刚才的法庭调查以及从公诉人出具的证据来看，本案事实是清楚的，证据是确实、充分的，下面就被告人的定罪量刑发表如下意见，请合议庭在对被告人定罪量刑时予以充分考虑。

第一，从犯罪主体方面看，被告人李文强和杨兆辉犯罪时均已满14周岁，且精神、智力状况正常，两被告人都具有完全刑事责任能力，符合故意杀人罪的主体构成要件。

第二，从客观方面来看，被告人李文强、杨兆辉对被害人黄坤实施了辱骂、推搡等行为，导致其心脏病发作，并在黄坤倒地时不但没有采取任何救助措施，还继续对其辱骂同时扬长而去，使被害人黄坤错过了最佳救治时间而不治身亡。

第三，从主观方面来看，两被告人在明知被害人黄坤有心脏病的情况下对其进行辱骂、威胁和推搡，导致被害人因情绪激动而心脏病发作。在黄坤倒地之后，两被告人应当而且有能力预见其有生命危险，但是两被告人却并没有停止对其的言语攻击，也未履行作为义务，对其采取任何救助措施，在明知其有生命危险的情况下扬长而去，放任了其死亡结果的发生。这完全是间接故意的表现。

第四，从客体方面来看，两被告人的辱骂、推搡和不作为，对被害人的健康权和生命权已造成了严重的侵害。

综上，被告人李文强、杨兆辉的行为完全符合故意杀人罪的构成要件。因此，被告人李文强、杨兆辉的行为已构成故意杀人罪。

量刑方面，根据《中华人民共和国刑法》第二百三十二条的规定，被告人李文强的行为应判处十年以上有期徒刑，但被告人李文强在案发后能主动投案自首，根据《中华人民共和国刑法》第六十七条的规定，可以从轻或减轻处罚。被告人杨兆辉的行为虽然也是造成被害人黄坤死亡的原因之一，但考虑到其情节较轻，应判处三年以上十年以下有期徒刑。以上意见，请合议庭评议时予以考虑。

公诉人：××
2019 年 8 月 5 日

三、辩护词

辩护词，是被告人及其辩护人在诉讼过程中根据事实和法律所提出有利于被告人的材料和意见，部分地或全部地对控诉的内容进行申述、辩解、反驳控诉，以证明被告人无罪、罪轻，或者提出应当减轻，甚至免除刑事责任的文书。一般格式如下：

（一）标题。可写“关于×××（人）××××案的辩护词”。

（二）前言

交代辩护人的合法地位，同时简要说明辩护人事前进行了哪些工作，如查阅案卷，了解案情，同在押的被告会见或通信等（多限于律师）。在前言的最后，可概括说明辩护人对此案件的基本观点。如认为公诉人指控被告的犯罪事实不能成立，或定罪不当，等等。

（三）辩护理由

这是“辩护词”的主体部分，从事实上、从法律上、从被告的认罪态度上提出辩护理由。具体可从分析公诉人所提出的被告的犯罪事实是否能成立等方面提出辩护理由；或者运用法律定罪量刑上提出意见，针对起诉书中提出的罪名发表意见；认罪态度主要是根据党的“坦白从宽，抗拒从严”的政策，提出可以从轻的理由。

（四）结尾。归结辩护理由，提出有关判处被告的建议。

（五）写明辩护人姓名，并注明具体日期。

四、现场勘查笔录

主要应写清以下内容：

现场位置、环境状况。应写清现场的自然位置、地形地物、通道和周围环境等。如现场发生在室内，则要写明该处所在街道居民区或乡、村、组的位置，以及相邻的居室、房屋、楼层、通道等情况。这样，可以使侦查人员了解分析罪犯作案的环境条件、活动情况、来去踪迹和受害人被害时的处境以及他人知情的可能。

现场状况。应着重写明现场的勘验实况，发现的证明犯罪的各种实物和痕迹。如现场家具、物品的布置状况和有无移动、翻动或破坏；现场有无搏斗、挣扎、翻滚等情况；有无犯罪嫌疑人遗留或抛弃的作案工具、凶器、衣物等其他物品；犯罪嫌疑人遗留在现场的各种痕迹、指纹等；财物的损失情况；犯罪嫌疑人在出入、来去路线上留下的痕迹；现场出现的反常现象。

如果是凶杀案件，应写明死者的姓名、性别、年龄、职业或身份等；如系无名尸体，要写明性别、年龄（估计）、体态、衣着和容貌；尸体（或伤者）躺卧的具体位置、方向、姿态等；死者是否正常死亡、尸体有无移动迹象，是否第一现场；致死、致伤的手段、部位、尸僵、尸斑的部位、颜色、状态和尸体腐变等情况；血迹分布、喷溅的形状、面积等情况；作案工具、凶器和有关物品、附着物等。

有些刑事案件无现场可查，仅靠重大嫌疑线索立案的，现场勘查就不写，就着重于侦查对象的记写。

实验案例中现场勘验笔录：

现场勘查笔录

发现/报案时间：2018 年 12 月 22 日下午 9 时 30 分

现场保护人姓名、单位

勘查时间

勘查地点

指挥人姓名、单位、职务

其他勘查人姓名、单位、职务

其他勘查人姓名、住址、单位

现场勘查及结果：菁菁火锅城一楼 2 号包间，桌子上有空酒杯三个，均有酒味；筷子三双，均已用过；装有 328 毫升白酒的酒瓶一个。现场无打斗痕迹。

指挥人：（签名）

勘查人：（签名）

见证人：（签名）

记录人：（签名）

五、证人证言

（一）证人证言的概念

证人是指了解案件情况并向法院或当事人提供证词的人。证言是指证人将其了解的案件事实向法院所作的陈述或证词。在我国，证人包括两类：一类是单位证人；另一类是作为自然人的证人。单位作为证人要出庭做证时，应当由单位的法定代表人、负责人或经其授权的人代表单位做证。

（二）证人证言的运用

1. 证言与其他证据相比，具有一定的主观因素，证言真实性的程度易受证人主观意识的干扰。因此，出庭做证的证人应当客观陈述其亲身感知的事实，尽量排除证人做证的主观臆断、猜测或推断，在做证时也不得适用猜测、推断或者评论性的语言。证人是聋哑人的，可以其他表达方式做证。

2. 以下几类人不能作为证人：（1）证人证言是证人对案件真实情况的陈述，因此不能正确表达意志的人，不能作为证人。待证事项与其年龄、智力状况或者精神健康状况不相适应的无民事行为能力人和限制民事行为能力人，不能作为证人。（2）诉讼代理人与证人的地位是冲突的，因此诉讼代理人不能在一个案件中既做代理人又做证人。（3）审判员、陪审员、书记员、鉴定人、翻译人员和参与民事诉讼的检察人员如果在自己参与的案件中作为证人就可能影响审判的公正性，因此这些人不能在案件中作为证人。

3. 与当事人有亲属关系和其他密切关系的人虽然可以作为证人出庭做证，但由于上述关系的特殊性，一般而言，这些人作为证人所作的证言在证明力上要小于其他的证人证言。

4. 证人有出庭做证的义务。因为如果证人不出庭做证，当事人就无法对其进行质询，不易判断证言的真实性。如果证人在人民法院组织双方当事人交换证据时出席陈述证言的，可视为出庭做证。根据《刑事诉讼法》和《最高人民法院关于民事诉讼证据的若干规定》的规定，证人确有困难不能出庭的，经人民法院许可，可以提交书面证词或者视听资料或者通过视听传输技术手段做证。这里所指的视听资料应当是证人做证的音像资料。所谓“证人确有困难不能出庭”，主要是指以下情形：年迈体弱或者行动不便无法出庭的；特殊岗位确实无法离开的；路途特别遥远，交通不便难以出庭的；因自然灾害等不可抗力的原因无法出庭的；其他无法出庭的特殊情况。

5. 证人证言一般是由一方当事人向法院提出。人民法院对当事人的申请予以准许的，应当在开庭审理前通知证人出庭做证，并告知其应当如实做证及做伪证的法律后果。

六、法医学尸体检验鉴定书

法医检验鉴定是指人民检察院鉴定机构的法医鉴定人运用法医学原理、技术和方法，对案件中涉及的人身、尸体及其相关场所、物证进行勘验检查、检验鉴定，并作出意见的一项专门性技术活动。法医检验鉴定范围包括：人民检察院鉴定机构受理的活体、尸体、法医物证、法医毒物检验鉴定等。其中，尸体检验鉴定主要内容包括：确定死亡原因，推定死亡时间，判断死亡方式，分析致死工具及手段等。

法医学尸体检验鉴定书的格式一般如下：

（一）首部

首部包括鉴定机构名称、题目、编号、绪论、受理日期、检验对象情况、检验日期、检验地点等情况。

（二）正文

检验内容：衣着检验，尸表检验，解剖检验，其他相关检验结果和材料（含病理组织学检验、毒物学检验、生物学检验等结果，病历材料及其他相关材料）。

（三）检验结果：经检验所得检验结论

（四）尾部：检验人署名，并注明年月日

（五）附件：附件名称，附件可含文字材料及照片等

实验案例法医学尸体检验鉴定书格式：

甲市公安局尸体检验报告

甲公刑法字〔2018〕第 78 号

被检验者：黄坤，男，48 岁，住甲科技大学 14 号家属楼三单元 408 室。

根据尸体检验所见，被检验者胃内容物含有乙醇，经分析死者在死前一小时内曾摄入酒精度为 52% 的白酒约 20 毫升。被检验者心脏冠状动脉主要分支的近段，距主动脉开口约 5 厘米的范围内，出现脂质和含脂质的巨吞噬细胞浸润，内膜增厚呈现大量黄色斑点，病变累及内膜全周引致血管腔梗阻，导致心肌供血供

氧量严重不足。

结论：黄坤系冠状动脉性心脏病突发，抢救不及时致使心脏骤停死亡。

检验人：姜伟（副主任法医师）、杨柳（法医师）
二〇一八年十二月二十七日

七、询问笔录

询问笔录又称“询问证人笔录”，是司法人员在刑事诉讼活动中，就询问证人、被害人的过程及内容所做的文字记录。询问笔录可以作为证据使用。法律规定，询问证人、被害人应当制作笔录。

询问笔录要如实地、完整地记载证人、被害人的陈述。询问笔录的处理办法同讯问被告人笔录的处理办法一样。要交给证人、被害人核对，并允许其改正其中的错误。证人、被害人要求自己亲笔书写证词的，要允许书写，必要时，也可以让证人、被害人亲笔书写证词。询问笔录的顺序应该符合实际的询问顺序。证人或被害人以及询问人员都应该在询问笔录上签名。询问笔录作为记载证人所提供的证言，具有法律的严肃性。在询问开始时，询问人应向被询问人宣讲《中华人民共和国刑事诉讼法》（以下简称《刑事诉讼法》）第一百二十五条规定，并在笔录上作出如下记载：“询问人根据《中华人民共和国刑事诉讼法》第一百二十五条规定，告知被询问人应当如实提供证书、证言，如有意做伪证或隐匿罪证要负的法律责任。”被询问人应当在签名后盖章或捺指纹，笔录各页之间也应盖上骑缝章（或捺指纹）。根据《刑事诉讼法》第八十九条“询问证人应当个别进行”的规定，询问证人的笔录亦应分别记载，不能把几个证人的询问情况写在一份笔录里，必须单人单问单记，单独制作笔录。

询问笔录有统一印制的笔录纸，由以下几部分组成：

1. 标题。为“询问笔录”。

2. 询问简况。按规定栏目，逐项记载询问时间、地点，询问人、记录人的姓名及其工作单位，被询问人的姓名、性别、年龄、家庭住址、工作单位。如询问时另有在场人，也应作出记载。

3. 询问内容。采用问答式，如实记录被询问人所提供的证言。

4. 核对笔录记载。询问结束后，记录人应将笔录让被询问人过目或向其宣读，如有出入应允许更正，在确认无误后，由被询问人在笔录上写上“以上记录已经我看过（或已向我宣读），没有出入”字样。

5. 被询问人、询问人、记录人依次签名。

询问笔录一般格式如下：

询问笔录

（第　次）

时　　间__________　地　　点__________

询 问 人__________　记 录 人__________

被询问人__________　性　　别__________

年　　龄__________　民　　族__________

工作单位、职务________________

现住址及联系电话______________

与犯罪嫌疑人______________是______________关系

问：______________________________________

答：______________________________________

____

____

（以下为末页内容）

____

本记录我已看过（或向我宣读过），同我讲的一致。

被询问人：

____

注：询问笔录用于记录证人，被害人证言时使用。以一人一次为单位制作。询问笔录应交被询问人核对，如有差错、遗漏，允许被询问人更正补充。经核对无误后，由被询问人写明核对结果并签名、盖章。

本文书1份，存检察正卷。

八、刑事判决书

第一审刑事判决书，是人民法院对刑事案件按照第一审程序审理终结后就刑事案件的实体问题作出判决时所制作的法律文书。人民法院对于所受理的刑事案件，依照第一审程序审理终结，事实清楚，证据确凿，确认被告人的行为构成犯罪，应负刑事责任，依法作出的书面处理结论，称为第一审刑事有罪判决书。我国《刑事诉讼法》第二百条规定，在被告人最后陈述后，审判长宣布休庭，合议庭进行评议，如果案件事实清楚，证据确实、充分，依据法律认定被告人有罪的，应当作出有罪判决。这是制作一审刑事有罪判决书的法律依据。

刑事判决书应当写明：被告人的基本情况，包括被告人的姓名、性别、年龄、籍贯、住址、职务、以前是否受过刑事处罚、是否被逮捕、羁押日期等；辩护人和公诉人的情况；判决认定的事实、理由和适用的法律依据；判决结果和上诉期间及上诉的法院。刑事判决一经发生法律效力，就具有法律上的拘束力。对一审判决，被告人可以在收到判决书之日起十日内向上一级法院提起。

（一）首部

1. 标题

分两行写：在文书的上部正中写“×××人民法院”。判处涉外案件时，各级法院均应冠以我国的国名，字体比正文大些；在法院名称下一行正中写“刑事判决书”，字号要比正文大两号，以便醒目。值得注意的是：文种名称之前不加审级，也不加表明文书性质的词语，如“有罪”等字样。

2. 编号。在标题右下方写文书编号。如：“〔年度〕×刑初字第×号”。

3. 公诉机关和诉讼参加人情况。

对于公诉案件，先写公诉机关即检察机关名称。如：“公诉机关：×××人民检察院”，不能写“×××人民检察院检察长（或员）×××”。

对于自诉案件，先列自诉人。写自诉人的身份事项，包括姓名、性别、出生年月日、民族、籍贯、文化程度、职业或职务、单位和住址。自诉人有数人的，依次列写。

被告人的身份事项。在写完公诉机关或自诉人之后，写被告人身份等情况。包括姓名（曾用名、别名、化名）、性别、出生年月日、民族、籍贯、职务或职业、单位和住址；被告人曾经受过刑事处分、劳动教养处分，或者又在以上限制自由的期间逃跑过的，可能构成累犯或者有法定从重、加重的情节，应写明其事由和时间；因本案受到强制措施的，应写明被拘留、逮捕的时间。被告人如因本案被收容审查过，在此期间又被限制了人身自由的，应写明起止日期，以便折抵刑期。

如果被告人是法人的，应写明其单位全称和所在地址、法定代表人或单位的主要负责人的姓名、职务。如果被告人是未成年人或限制行为能力人，其下还应插入“法定代理人”或“指定代理人”。如果一案有被告多人，应按主犯、从犯的顺序依次写出每个被告人的身份事项。

在辩护人一栏，如辩护人是律师的，只写姓名、工作单位和职务；如辩护人是其他人的，写“辩护人：×××，性别，年龄，在××单位担任××工作，与被告人是××关系”。

自诉案件自诉人和公诉案件被害人，如果委托代理人的，代理人应在其被代理人的次行书写。其代理人的写法与辩护人的写法大致相同。

4. 案件审理的有关情况

案件审理的有关情况指案件的由来和审理经过的表述，包括以下内容：案由和案件来源，即写明被告人姓名、罪名及案件由来（要写明法院受理本案的时间，以便计算审判期限）；审判组织，即写明法院依法组成合议庭，审理是公开进行的，还是依法不公开进行的（写这一内容关系到是否贯彻公开审判原则）；公诉人和被告人及其辩护人、证人、鉴定人等到庭情况等。公诉案件和自诉案件有不同的写法，分别是：

公诉案件。写：“×××人民检察院于××××年×月×日以被告人×××犯×罪，向本院提起公诉。本院受理后，依法组成合议庭（或依法由审判员×××独任审判），公开（或不公开）开庭审理了本案。×××人民检察院检察长（或员）×××出庭支持公诉，被告人×××及其辩护人×××、证人×××等到庭参加诉讼。本案现已审理终结。”

自诉案件。写：“自诉人×××以被告人×××犯×罪，向本院提起控诉。本院受理后，依法由审判员×××独任审判（或组成合议庭），公开（或不公开）开庭审理了本案。自诉人×××、被告人×××及其辩护人×××等到庭参加诉讼。本案现已审理终结。”

自诉、反诉并案审理案件。写：“自诉人×××以被告人×××犯×罪向本案提起控诉；本院受理后，被告人×××又以自诉人×××犯×罪提起反诉，经审查能够成立。本院受理后，依法组成合议庭（或由审判员×××独任审判），对本案公开（或不公开）开庭进行了合并审理。自诉人（被反诉人）×××及其委托代理人（辩护人）×××、被告人（反诉人）×××及其辩护人（委托代理人）×××、证人×××等到庭参加诉讼。本案现已审理终结。”

对于一些报经审判委员会讨论决定的重大、疑难案件，在案由部分的“本案”与“现已审理终结”之间，增写“经合议庭评议，审判委员会进行了讨论并作出决定”。

（二）正文

1. 事实

理由和判决结果的成立要以事实为基础。

首先，概述检察院指控的基本内容，另外写明被告人的供述、辩解和辩护人辩护的要点。

其次，重点写法院查明的事实。这一事实，是有罪、无罪和定性判刑的主要根据，所以要遵循“忠实于事实真相”的原则来写法院查明的事实。具体说来要注意以下几个方面：

叙写犯罪事实的内容，要写明犯罪事实的七个要素，犯罪事实要写全面，反映案件行为人犯罪行为事实的时间、地点、动机、目的、手段、情节、结果必须周全。有的时候还要写上被告人的事后态度和表现。关于时间，要求精确，根据时间本身可以证明被告人有作案可能的案件，要具体写出年、月、日、时；关于地点，要写得确切，不要把相似的地点名称搞混淆，特别是作案地点的详细地址一定要写得精确；关于动机，应当把犯罪的真实动机即真正推动犯罪人实施犯罪行为的内心起因写清楚；关于目的，这一构成犯罪主观方面的重要因素，必须是犯罪行为人心理状态中所希望达到的外部结果；关于手段，通过写实施犯罪行为的方式方法，可以反映出被告人主观恶性的大小；关于情节，要写明犯罪行为的过程，通过犯罪各阶段的情况和变化，反映出“情节较轻”“情节严重”“情节特别严重”以及“情节特别恶劣”的情况；关于结果，要使人了解犯罪行为对社会所造成的危害后果，反映出是“尚未造成严重后果”“造成严重后果”，还是“后果特别严重”的情况。

通过对主要证据的分析论证来说明对犯罪事实的认定是准确的，即犯罪事实要确凿。事实是否真实可靠，要让证据来说话，因此，在一审刑事判决书中书写犯罪事实时，要列举经法院查证核实的用以证明被告人有罪、罪重或者罪轻的证据来证明犯罪事实。证据必须是能够证明案件真实情况并且经过查证属实的事实。根据我国《刑事诉讼法》的规定，证据有七种类型：物证、书证；证人证言；被害人陈述；犯罪嫌疑人、被告人供述和辩解；鉴定结论；勘验、检查笔录；视听资料等。只有被告人供述，没有其他证据的，不能认定被告人有罪和处以刑罚；没有被告人供述，证据充分确实的，可以认定被告人有罪和处以刑罚。证人证言必须在法庭上经过公诉机关、被害人和被告人、辩护人双方讯问、质证，经过查实以后，才能作为定案的根据。如果是主要根据间接证据定案的，证据与证据之间要能够相互印证。

证据的写法多种多样。案情简单的，可以集中举证分析论定；案情复杂的，可以一边叙事，一边举证；一人多罪或者集团犯罪案件，还可以分项或者逐人逐罪举证，分析论定。如："上述事实，有被害人×××、×××的报案和陈述笔录，有证人×××、×××的证词，有××公安局的现场勘验笔录，有查获的作案工具铁棍、三角刮刀，有查获的赃款现金××元及法医鉴定书为证，经当庭查证属实，事实清楚，证据确实、充分。被告人在庭审中也供认不讳。"证据必须具体引述，而过去有的一审刑事判决书不重视引述具体证据，用一些公式化的写法，如"事实清楚，证据确凿，被告人亦供认不讳"或者"被告人上述罪行，有人证、物证、书证在卷，足以认定"等套话，显得空洞无物。不过证据的写法也不能过于烦琐，要求做到明白、清楚、扼要，叙述犯罪事实要重点突出，要把能证明被告人罪行、罪责实质性的事实重点表述，而对定罪量刑意义不大或没有意义的情节应略写或不写。被告人数次犯一种罪，或者是数次犯数罪的案件，必须突出主罪，通过突出叙述主罪，根据需要叙述次罪来反映被告人罪行的本质特点。一般共同犯罪案件，应以主犯为主线进行叙述。集团犯罪案件，可先综述集团的形式和共同的犯罪行为，再按主犯、从犯或者罪重、罪轻的次序分别叙述各个被告人的罪行。值得注意的是，只有力求使用确切的词语重点突出、详略得当地来写犯罪事实，才能把犯罪事实叙述清楚，通常采用模糊语言、过分概括的语言的写法是不允许的。

2. 理由

理由部分是阐述法院为什么如此判决，是把案件的事实、情节和裁判结果有机地结合在一起的媒介。其核心内容是针对案情特点，运用法律规定和立法原理与犯罪构成原理及要件，分析被告人行为的实质，论证应该如何处理，从而定出惩罚犯罪的具体措施，达到预防犯罪的目的。阐述理由必须以法院认定的事实为依据，以《刑法》《刑事诉讼法》的规定为准绳，以事、以法论理，有理有据，力求结构严谨，语言精练。具体说来，要注意以下几个方面：

首先，按照《刑法》的规定阐明定罪量刑的理由。通过分析被告人的作案动机、目的、罪行表现、危害后果，来论证被告人的罪行性质、恶性程度和造成的严重影响，以《刑法分则》各条规定的罪状特征为依据，以被侵犯的直接客体为基础，确定其罪名。例如，依照《刑法》规定，以暴力、胁迫或者其他方法抢劫公私财物的，构成抢劫罪，只有符合这样的性质，才能成立本罪。另外，还应注意不要把犯罪构成要件作为从重处罚的理由。任何一起刑事案件，都有着自身的特点，所以阐述理由一定要突出本案的特点，坚持从案件性质本身出发的原则来写理由。对于犯数罪的应当先定重罪，后定轻罪；一般共同犯罪和集团犯罪，应依法确定主犯、从犯、胁从犯的罪名。法院认定的罪名与公安、检察机关认定的罪名不一致的，应当对此作出分析、说明。

其次，对控、辩双方的意见加以分析说明。控、辩双方的意见，在一审刑事案件中，一方是人民检察院的指控或自诉人的控告；另一方是被告人的辩解及其辩护人的辩护意见。在书写理由部分时，必须对控、辩双方所持的主要论点及理由加以分析，是正确的，表明予以采纳；错误的，予以据理批驳。

最后，正确处理事实、理由、判决三者之间的关系。判决理由在判决书中起到承上启下的作用，必须与已经认定的事实、情节相适应，与判决结果相一致。这样，事实、理由、判决三者之间才能相互照应，无懈可击。

理由和事实相一致，即阐述理由时要遵守“以事实为根据”的原则，从案件的主要事实、情节出发来分析评定被告人的罪行实质。行为的恶劣与轻微，是什么程度就论述到什么程度。可以根据被告人的罪责、表现和认罪态度，分析被告人具有哪些从重、加重，或者从轻、减轻的条件。对共同犯罪或者集团案件，应在分清各被告人的地位、作用和刑事责任的前提下，分别论证其罪行轻重。

理由和判决相一致，即根据《刑法》《刑事诉讼法》，对被告人的行为进行评断之后，得出应该判处某种刑罚的结论。已经过时的法律、法规、政策，有争议的法学理论，与社会主义法律原则不相适应的旧道德规范，都不能作为主论或驳论的论据。正确援引适用的具体法律条款。援引法律条款是为判决主文提供法律依据，能否准确、全面地引用法律条文涉及能否正确定罪量刑，直接关系到刑事判决的质量。引用法律一定要针对被告人的犯罪事实、性质和情节，具体引用与之相适宜的条款。

3. 判决结果

判决结果是依照法律条文的具体规定，对被告人作出的有罪或者无罪，犯什么罪，适用什么刑罚的处理结论，是判决书的实质部分，必须严格推敲，做到判决结果与事实、理由、法律相适应。一审有罪判决书应这样写判决结果：先写明被告人犯什么罪，然后再续写判处什么刑罚。刑罚包括主刑和附加刑。罪名必须严格按照法律规定来写，不能不写或滥定。以往有的判决书不写罪名，只写刑罚，如“判处被告人李××有期徒刑二年”。李××犯什么罪，要到理由部分去找；还有的判决书中出现过“判处盗窃犯王××拘役六个月”，没有用专句把罪名表述出来，是不妥当的。具体表述如："一、被告人×××犯××罪，判处……（写明主刑、附加刑）；二、被告人×××……（包括追缴、退赔或者没收财物的种类和数额。没有的不写此项）。"

（三）尾部

尾部是判决书的结束部分，应依次写明以下内容：

1. 交代上诉权和上诉审法院在主文之后另起一行写明："如不服本判决，可在接到判决书的第二日起××日内，通过本院或者直接向×××人民法院提出上诉。书面上诉的，应交上诉状正本一份，副本×份。"如果是自诉案件，上诉状副本的份数，应当按照对方当事人的人数写明。

2. 合议庭组成人员署名。在尾部的右下方，由审判长、审判员（代理审判员）依次署名，如系独任审判则由审判员或代理审判员署名。对于经院长或者庭长指定担任审判长的，不论原来是审判员还是助理审判员的，应一律以"审判长"名义署名。助理审判员参加合议庭审判的，按照法院组织法的规定，其署名应为"代理审判员"。

3. 判决的决定日期。在署名的右下方写明判决的年月日，如果是经过审判委员会讨论的案件，应写审判委员会作出决定的日期，并加盖人民法院印章。

4. 书记员署名。在年月日下方署书记员名，并在年月日和署名之间的左下方加盖"本件与原本核对无异"的条戳，以示核对。

实验案例判决书格式：

刑事判决书（一审）

甲市人民法院　刑事判决书

〔2018〕甲刑初字第×号

公诉机关甲市人民检察院。

被告人李文强，男，1995年3月18日生，汉族，甲市乙县人，大学文化，住甲市乙县东街32号。2018年12月23日因涉嫌故意杀人被甲市公安局刑事拘留，2019年1月2日被逮捕。辩护人张琼琰，甲市天地律师事务所律师。杨兆辉，男，1998年10月2日生，汉族，甲市乙县人，大学文化，甲职业技术学院学生，住甲职业技术学院学生公寓6号楼506室。2018年12月23日因涉嫌故意杀人被甲市公安局刑事拘留，2019年1月2日被逮捕，辩护人杨麟，甲市志远律师事务所律师。

甲市人民检察院×检刑诉字〔20××〕第8号指控被告人李文强、杨兆辉犯故意杀人罪，于2019年×月×日向本院提起公诉。本院依法组成合议庭，公开开庭审理了本案。甲市人民检察院指派检察员刘珂、封沛出庭支持公诉；附带民事诉讼原告人马兰及其诉讼代理人精正律师事务所律师李梦怡出庭参加诉讼；受第一被告人李文强委托，甲市天地律师事务所律师张琼琰出庭为被告人李文强辩护。受第二被告人杨兆辉委托，甲市志远律师事务所律师杨麟出庭为被告人杨兆辉辩护。现已审理终结。

甲市人民检察院指控，被告人李文强、杨兆辉的行为已构成故意杀人罪。

被告人李文强辩称其主观上并没有杀人的故意，客观上没有实施危害行为，黄坤的死亡是一个意外事件，这已超出了他当时的预见能力，其行为不构成犯罪。被告人杨兆辉辩称其行为不构成故意杀人罪。

经审理查明，2018年12月22日下午5时30分左右，被告人李文强为考试一事，协同被告人杨兆辉巧言将被害人黄坤骗到了菁菁火锅城吃饭。席间，两被告人明知被害人心脏不好，却在被害人拒绝了被告人李文强提出的给自己“通人情”的要求后，对被告人实施推搡、辱骂等行为，致其心脏病发作，并在黄坤倒地时不但没有采取任何救助措施，还继续对其辱骂同时扬长而去，使被害人黄坤错过了最佳救治时间而不治身亡。

上述事实有被告人陈述、证人证言、现场勘验笔录、物证、甲市检察院委托法医×××出具的被害人死亡原因鉴定书予以佐证，且已经当庭质证。本案事实清楚，证据确实充分，足以认定。

本院认为，被告人李文强作为医学专业毕业生，根据事先被害人对自己心脏不好的明确告知，以及后来被害人病发的表现，应当能够判断出被害人黄坤患有心脏病的事实。在被害人黄坤病情发作倒地后，被告人李文强完全有预见被害人发生危险的可能，但其却未履行救治义务，放任了被害人黄坤死亡结果的发生，其行为已构成故意杀人罪。公诉机关指控被告人李文强犯故意杀人罪的事实清楚，证据确实、充分，指控罪名成立。鉴于被告人李文强具有自首情节和悔罪表现，依法可以从轻或减轻处罚。被告人杨兆辉推被害人黄坤的行为与被害人黄坤的死亡之间没有法律上的因果关系，也不具备预见被害人黄坤可能死亡的能力，而且也没有法律上的作为义务，其行为不构成故意杀人罪。公诉机关指控被告人杨兆辉犯故意杀人罪的罪名不成立。

被告人李文强的犯罪行为给附带民事诉讼原告人造成的经济损失应当依法赔偿。为此，附带民事诉讼原告人提出要求赔偿被害人黄坤的医疗费、丧葬费、办理丧葬事宜及治疗支出的交通费、住宿费的诉讼请求合法，本院予以支持；附带民事诉讼原告人提出的死亡赔偿金，其计算方法不符合法律规定，应按2018年甲市统计局公布的城镇居民人均可支配收入计算。但考虑到被告人李文强的实际赔偿能力，对附带民事诉讼原告人的经济损失只能酌情赔偿。被告人杨兆辉的行为与被害人黄坤的死亡无因果关系，依法不应当承担民事赔偿责任。附带民事诉讼原告人提出被告人杨兆辉承担被害人黄坤的医疗费、死亡赔偿金、丧葬费、办理丧葬事宜及治疗支出的交通费、住宿费的诉讼请求，本院不予支持。根据《中华人民共和国刑法》第二百三十二条、第六十七条，《中华人民共和国刑事诉讼法》第二百条第一项，《中华人民共和国民法通则》第一百一十九条、最高人民法院《关于贯彻执行〈中华人民共和国民法通则〉若干问题的意见》及《关于审理人身损害赔偿案件适用法律若干问题的解释》之规定，判决如下：

书：全体起立！

【起立后，审判长宣布如下判决结果】

一、被告人李文强犯故意杀人罪，判处四年有期徒刑。

二、被告人李文强赔偿附带民事诉讼原告人马兰、黄昊经济损失人民币×××万元（被告人李文强在判决生效后十日内付清）。

三、被告人杨兆辉无罪，当庭释放。

四、被告人杨兆辉不承担民事赔偿责任。

如不服本判决，可在接到本判决书的第二日起十日内，通过本院或者直接向梁原省高级人民法院提出上诉。书面上诉的，应当提交上诉状正本一份，副本两份。

审 判 长：傅　轩
审 判 员：段兴涛
代理审判员：赵虹霞
二〇一九年五月五日

本件与原本核对无异（院印）　　**书记员：辛晓芳**

第九章　刑事诉讼简易程序

第一节　刑事简易程序概述

简易程序的目的是为了在确保司法公正的同时，提高办案效率、节约司法资源。因此，采用简易程序根本不会给某一方当事人带来什么不利影响，相反，它还会使当事人的合法利益能更快地得到法律的救济。

一、刑事诉讼简易程序的概念

刑事诉讼简易程序，是指第一审人民法院审理刑事案件所适用的，比普通程序相对简单的审判程序。它是对普通程序的简化，仅适用于基层人民法院审理的第一审案件。

二、刑事简易程序建立的基础

刑事简易程序是在诉讼程序进行过程中为谋求公正与效益之间的平衡而产生的。诉讼公正与诉讼效益都是诉讼程序所追求的内在价值，而这两种内在价值既有一致性又有矛盾性。而设立简易程序的根本目的就在于减缓或者避免两者的冲突和矛盾。日本学者谷口安平说，在众多国家里，“迅速地审判一直被当作诉讼制度的理想”。提高诉讼效益可以兼顾国家和个人两方面的利益。一般而言，刑事审判活动保持适度的效率性，使审判程序快速地完成，确保裁判结果的及时产生，这符合程序公正的基本要求。对于个人而言，审判的迅速进行并及时产生裁判结果会使被告人、被害人的利益得到及时的关注和保护，从而防止因诉讼拖延而使他们即使是对己有利的裁判也从中得不到任何好处。用句古老的法谚概括就是“迟到的正义等于非正义”。而从国家利益的角度分析，避免不必要和不合理的拖延，迅速作出裁判可将犯罪者立刻绳之以法，有助于对犯罪的打击和预防。

在司法实践中，诉讼公正与诉讼效益常常是相互制约的。减少诉讼成本和科学配置司法资源是提高诉讼效益的两条主要途径，而简易程序的设置不仅通过减少诉讼成本从而直接达到提高刑事诉讼效益的目的，而且通过程序的繁简分流节约了一部分司法资源，使其可用于重大、复杂、疑难案件的审理，从而使有限的司法资源得到充分利用，实现了诉讼效益的最大化。因此，追求公正与效益的统一是设立刑事简易程序的基础。

三、简易程序建立的前提

刑事案件本身的差异性是简易程序建立的重要条件。如果所有刑事案件在复杂程度、重要性、社会危害性等方面均整齐划一的话，简易程序也就失去了存在的必要性。因此，对不同的案件应投入与其重要性、复杂程度相适应的司法资源，故此简易程序的出现才顺理成章。如果对大量轻微、简单的刑事案件与其他普通刑事案件一样不加区分地统一适用单一的普通程序，势必造成刑事司法资源的浪费。而实行刑事案件繁简、难易分流，则有助于提高司法资源的使用效率。这样可以把司法公正与司法效益有机地统一起来，从而达到双赢的效果。

第二节　适用简易程序审理的案件范围

刑事简易程序适用的范围是指简易程序适用的法院、审级和案件。

一、简易程序适用的法院

根据我国《刑事诉讼法》第一百八十三条“基层人民法院适用简易程序的案件可以由审判员一人独任审判”和第二百一十四条“基层人民法院管辖的案件，符合下列条件的，可以适用简易程序审判”的规定来看，只有基层人民法院可以适用简易程序，中级以上级别的人民法院不得适用简易程序。

二、简易程序适用的审级

按照我国《刑事诉讼法》的规定，刑事简易程序是属于第一审程序中的内容，因此它只能适用于第一审程序中的第一次审理。也就是说，当一件适用简易程序审理的案件第一次审判后，被告人不服提出上诉，或者人民检察院提起抗诉，第二审法院审理后认为第一审法院认定事实不清或者程序违法而发回第一审法院重审时，尽管还是按照第一审程序对该案进行第二次审理，但不得再适用简易程序审理，而应重新组成合议庭适用普通程序对案件进行审理。至于第二审程序、死刑复核程序和审判监督程序则由于这些程序是为了纠正第一审或者第二审中的某些错误，或者为保证死刑案件的质量而设立的，它们的法律性质和任务决定了不能适用简易程序。

三、简易程序适用的案件及不得适用简易程序的案件

1. 简易程序适用的案件

根据我国《刑事诉讼法》第二百一十四条的规定，下列案件可以适用简易程序审理：（一）案件事实清楚、证据充分的；（二）被告人承认自己所犯罪行，对指控的犯罪事实没有异议的；（三）被告人对适用简易程序没有异议的。人民检察院在提起公诉的时候，可以建议人民法院适用简易程序。

2. 不能适用简易程序的案件

根据我国《刑事诉讼法》第二百一十五条的规定，人民法院对于具有以下情形之一的案件，不能适用简易程序审理：（一）被告人是盲、聋、哑人，或者是尚未完全丧失辨认或者控制自己行为能力的精神病人的；（二）有重大社会影响的；（三）共同犯罪案件中部分被告人不认罪或者对适用简易程序有异议的；（四）其他不宜适用简易程序审理的。

四、速裁程序

在一般的刑事诉讼简易程序之外，我国《刑事诉讼法》又规定了速裁程序。相比而言更为简易和迅速。

刑事案件速裁程序是指基层人民法院管辖的可能判处三年有期徒刑以下刑罚的案件，证据确实、充分，被告人认罪认罚并同意适用速裁程序的，实行进一步的简化相关诉讼程序。刑事速裁程序之“速”，主要体现在对符合条件的刑事轻罪案件在办案流程、庭审模式等方面进行简易化、便捷化处理，从《刑事诉讼法》第二百二十四条、第二百二十五条规定中不受送达期限的限制、不进行法庭调查、法庭辩论、审结期限等方面体现了“速”，旨在进一步完善刑事诉讼程序，合理配置司法资源，解决司法资源紧缺与刑事案件数量骤增之间的矛盾，提升办案效率。

速裁程序适用案件分为两大类，一是依法可能单处罚金的案件，没有罪名限

制；二是依法可能判处1年以下有期徒刑、拘役、管制的案件，仅限于《试点办法》列举的危险驾驶、交通肇事、盗窃、诈骗等11种犯罪。量刑以1年有期徒刑为限，采取有限列举的方式，主要考虑这些犯罪情节轻微、常见多发，量刑规范已较明确，具备速裁条件。被告人对检察机关量刑建议没有异议，人民法院审查认为量刑建议不当的，不适用速裁程序。

第三节　简易审判程序的特点

简易程序是相对于普通程序而言的，它省略了普通程序的某些诉讼环节，是对普通程序的简化。这种程序的简化主要体现在以下方面：

一、适用简易程序的案件，可以由审判员一人独任审判

人民法院审理第一审案件适用普通程序的，应当由审判员、陪审员三人以上组成合议庭。由于法律对适用简易程序的案件范围作了限定，因而适用简易程序的案件都是事实清楚，证据比较充分，危害也不严重的轻微刑事案件，不需要花费大量的人力、物力、财力和时间就可以保证质量地审结，以使人民法院可以集中精力去办理重大复杂的疑难刑事案件。

二、适用简易程序审理公诉案件，人民检察院应当派员出席法庭

《刑事诉讼法》第二百一十六条：适用简易程序审理案件，对可能判处三年有期徒刑以下刑罚的，可以组成合议庭进行审判，也可以由审判员一人独任审判；对可能判处的有期徒刑超过三年的，应当组成合议庭进行审判。适用简易程序审理公诉案件，人民检察院应当派员出席法庭。

三、简易程序的庭审阶段简化

适用普通程序审理刑事案件，必须严格按照法律规定的庭审的阶段顺序进行，以保障各方当事人和公诉机关的权利。而适用简易程序的案件由于其自身特点，庭审可以省略一些环节，以迅速、准确审结案件。适用简易程序审理公诉案件，被告人可以就起诉书中指控的犯罪进行陈述和辩护；被告人及其辩护人可以同公诉人互相辩论。适用简易程序审理自诉案件，宣读起诉书后，被告人及其辩护人

可以同自诉人及其诉讼代理人互相辩论，不受普通程序中关于讯问被告人、询问证人、鉴定人、出示证据、法庭辩论程序规定的限制。但在判决宣告前应当听取被告人的最后陈述意见。

四、简易程序可以变更为一审程序

《刑事诉讼法》第二百二十一条规定："人民法院在审理过程中，发现不宜适用简易程序的，应当按照本章第一节或者第二节的规定重新审理。"因此，人民法院在适用简易程序审理的过程中，发现不得或不宜以简易程序审判的情形，即应转换为第一审判程序进行审判。

第十章　刑事二审程序

第二审程序又称上诉审程序，是第二审人民法院按照《刑事诉讼法》的有关规定，根据当事人的上诉或人民检察院的抗诉，就第一审人民法院审理结案的但尚未发生法律效力的判决或裁定所认定的事实和适用的法律进行重新审理时应当遵循的步骤和方式、方法。

第一节　庭审程序

我国《刑事诉讼法》第二百三十四条第一款对二审审理方式作出了规定："第二审人民法院对于下列案件，应当组成合议庭，开庭审理：（一）被告人、自诉人及其法定代理人对第一审认定的事实、证据提出异议，可能影响定罪量刑的上诉案件；（二）被告人被判处死刑的上诉案件；（三）人民检察院抗诉的案件；（四）其他应当开庭审理的案件。第二审人民法院决定不开庭审理的，应当讯问被告人，听取其他当事人、辩护人、诉讼代理人的意见。第二审人民法院开庭审理上诉、抗诉案件，可以到案件发生地或者原审人民法院所在地进行。"

一、开庭审理

（一）庭审准备

庭审准备是人民法院在正式对案件进行实体审理之前，为保证案件审理的顺利进行而进行的各项准备工作。根据《民事诉讼法》的规定，庭审准备的内容包括：

传唤当事人，通知其他诉讼参与人出庭参加诉讼。人民法院应当在开庭3日前将传票送达当事人，将出庭通知书送达其他诉讼参与人，传票和通知书应当写明案由、开庭的时间和地点，以确保当事人和其他诉讼参与人为参加庭审做好准备。

对公开审理的案件，人民法院应当在开庭3日前公告当事人的姓名、案由和开庭的时间、地点。公告可以在法院的公告栏张贴，巡回审理的可以在案发地或其他相关的地点张贴。其目的是加强新闻媒体和社会公众对人民法院审判活动的了解与监督，确保案件审理的公正和效益。

查明当事人及其他诉讼参与人是否到庭，宣布法庭纪律。正式开庭审理之前，由书记员查明原告、被告、第三人、诉讼代理人、证人、鉴定人、翻译人员等是否到庭，并向审判长报告。同时宣布法庭纪律，告知全体诉讼参与人和旁听人员必须遵守。

开庭审理时，由审判长核对当事人，核对的顺序是原告、被告、第三人，核对的内容包括姓名、性别、年龄、民族、籍贯、工作单位、职业和住所。当事人是法人和其他组织的，核对其法定代表人和主要行政负责人的姓名、职务。对于诉讼代理人应当查明其代理资格和代理权限。核对完毕由审判长宣布案由，宣布审判人员、书记员名单，告知当事人有关的诉讼权利义务，询问当事人是否提出回避申请。

（二）法庭调查

法庭调查的主要任务是，审判人员在法庭上全面调查案件事实，审查和核实各种证据，为正确认定案件事实和适用法律奠定基础。

当事人陈述。首先由原告口头陈述其诉讼请求及其所依据的事实、理由，其次由被告陈述案件事实及其所持的不同意见。被告提出反诉的，应陈述反诉的诉讼请求及其所依据的事实、理由。有诉讼第三人的，先由有独立请求权的第三人陈述诉讼请求及其所依据的事实、理由，再由无独立请求权的第三人针对原、被告的陈述提出承认或者否认的答辩意见。当事人有诉讼代理人的，可以由诉讼代理人陈述或答辩，也可以在当事人陈述或答辩完后，再由诉讼代理人补充。审判人员有权就案件事实进行询问，归纳本案争议焦点或者法庭调查重点，并征求当事人的意见。

出示证据和质证。当事人陈述结束后，必须将案件的有关证据在法庭上展示，并由当事人进行质证。但是，当事人在证据交换过程中认可并记录在卷的证据，经审判人员在庭审中说明后，可以作为认定案件事实的依据，不必在法庭上质证。

质证是我国民事诉讼证据制度的重要内容，也是民事诉讼开庭审理阶段的重要环节。它是指在法庭调查活动中，双方当事人在审判人员的组织下，围绕证据的真实性、关联性、合法性，针对证据证明力有无以及证明力大小，进行质疑、说明与辩驳的活动。

证人证言。证人经当事人申请，经人民法院许可的，应当出庭做证。做证前，审判人员应当对证人的身份进行确认，并告知证人的权利义务，要求其客观真实地提供证言。出庭做证的证人应当客观陈述其亲身感知的事实并接受当事人的质询。证人为聋哑人的，可以通过其他表达方式做证。确有困难不能出庭的证人经人民法院许可，可以提交书面证言或者视听资料或者通过双向视听传输技术手段做证。证人做证时，不得使用猜测、推断或者评论性的语言。审判人员和当事人可以对证人进行询问。为了保证证人所提供的证言的真实性和客观性，证人不得旁听法庭调查；询问证人时，其他证人不得在场。人民法院认为有必要的，可以让证人进行对质。

书证、物证和视听资料。在法庭出示的书证、物证和视听资料，包括当事人提供的证据，也包括人民法院调查收集的证据。人民法院依照当事人申请调查收集的证据，作为提出申请的一方当事人提供的证据。出示书证、物证应当由法警进行，出示视听资料时必须当庭播放演示，必要时由录制人员到庭说明录制过程和情况。对书证、物证、视听资料进行质证时，当事人有权要求出示证据的原件或者原物，但是出示原件或者原物确有困难并经人民法院准许出示复制件或者复制品的，或者原件、原物已不存在，但有证据证明复制件、复制品与原件或原物一致的，可以出示复制件、复制品。

鉴定结论。当事人出庭时，由鉴定人或审判人员当庭宣读鉴定结论，并接受当事人质询。鉴定人确因特殊原因无法出庭的，由审判人员宣读鉴定结论，经人民法院准许，鉴定人可以书面答复当事人的质询。经法庭许可，当事人可以向出庭的鉴定人发问。当事人对鉴定结论不服的可以申请重新鉴定，是否准许，由法庭决定。

勘验笔录。勘验笔录由勘验人或审判人员当庭宣读。经法庭许可，当事人可以向勘验人发问。当事人可以申请重新勘验，是否准许，由法庭决定。

经过庭审质证的证据，能够当即认定的，应当当即认定；当即不能认定的，可以休庭合议后再予以认定。

当事人在法庭上可以提出“新的证据”。这里的“新的证据”是指当事人在一审举证期限届满后新发现的证据和当事人确因客观原因无法在举证期限内提供，经人民法院准许，在延长的期限内仍无法提供的证据。当事人提出的新证据或经准许重新鉴定、勘验所得的结论，必须再次开庭质证。法庭决定再次开庭的，审判长对本次开庭情况应当进行小结，指出庭审已经确认的证据，并指明下次开庭调查的重点。第二次开庭审理时，只就未经调查的事项进行调查和审理，对已经调查、质证并已认定的证据不再重复审理。

二、不开庭审理

第二审人民法院决定不开庭审理的，应当遵循以下程序：合议庭成员共同阅卷、制作阅卷笔录；应当讯问被告人，听取其供述和辩解以及对一审裁判的意见。共同犯罪案件，对没有上诉的被告人也应当讯问。听取其他当事人、辩护人、诉讼代理人的意见；合议庭评议和宣判。

经过上述程序，合议庭认定的事实与第一审认定的没有变化，证据充分的，可以不开庭审理即作出相应的处理决定，并予以公开宣判。

三、刑事二审开庭审理流程

一般情况下，刑事二审开庭审理流程如下：

（书记员应提前到达法庭，查看被告人是否已提到候审室候审；检察员、辩护人、被害人及其诉讼代理人、附带民事诉讼的原告人及其诉讼代理人、证人、鉴定人、勘验人、翻译人员等诉讼参与人是否已等候开庭。并将情况及时向审判长报告，审判长指示可以开庭后。）

书记员：请辩护人入庭。

书记员：请被害人入庭、刑事附带民事原告人、诉讼代理人入庭。

书记员：宣布法庭规则（略）。

书记员：全体起立！

书记员：请审判长、审判员入庭。

书记员：请坐下。

书记员：报告审判长，被告人已提到候审室候审，检察员、辩护人及其他诉讼参与人已全部通知到庭。法庭准备就绪，可以开庭。

审判长：（随即敲击法槌，并宣布）××××人民法院刑事审判庭，现在开庭。

审判长：传上诉人（原审被告人）×××到庭。（上诉人或原审被告人到庭后，除具有特别人身危险外，一般应打开戒具）

审判长：被告人可以坐下。

审判长：（查明上诉人或原审被告人身份）上诉人或原审被告人（包括姓名、

年龄、民族、籍贯、文化程度、职业、住址、监护人等)。

(有附带民事诉讼原告人及其诉讼代理人的，查明：姓名、年龄、住址、职业；有原审附带民事诉讼的原告人出庭的，还应询问一审收到判决书的情况，包括收到时间及上诉的情况；其他诉讼参与人有法定代理人的也应当依次查明身份及参与被代理人的关系，收到一审判决书的情况。)

审判长：上诉人（原审被告人）×××，你收到××××人民法院××字第××号判决书没有？何时收到？判决书认定你犯何罪？判处何种刑罚？

(同案人中未成年人的法定代理人出庭的，应查明其姓名、年龄、住址、工作单位、与被代理人的关系及收到一审判决书的情况，是否上诉。)

审判长：根据《中华人民共和国刑事诉讼法》第二百三十四条的规定，本庭在这里依法公开（或不公开）审理刑事上诉人×××（刑事附带民事上诉人×××）不服××××人民法院（××）刑初第××号判决一案。

审判长：本合议庭由（审判职务）×××、×××、×××组成，×××担任审判长，书记员×××担任法庭记录，鉴定人×××、勘验人×××为法庭提供鉴定结论、勘验结果。翻译人员×××担任翻译。

审判长：根据《中华人民共和国刑事诉讼法》有关规定，本案刑事上诉人（有附带民事原告人等其他当事人、法定代理人的逐一列出）在法庭调查中享有下列诉讼权利：有辩护的权利；有举证的权利；有申请回避的权利；有最后陈述的权利。上诉人（其他当事人）×××听清楚没有？(如没听清楚，应再次告知。)

审判长：上诉人（原审被告人）×××，你是否申请回避？

(解释：如果认为本合议庭的组成人员、出庭执行职务的检察员、鉴定人、勘验人、翻译人员以及他们的近亲属等、与本案有利害关系，可能影响公正审理和判决的，有权申请更换；有附带民事诉讼原告人等其他当事人、法定代理人、应分别询问；如申请回避的，被告人×××要说明×××回避的事实和理由，由合议庭报告本院院长、检察院检察长或公安机关负责人决定是否回避。)

审判长：依照法律规定，本庭对本案审理要进行法庭调查、法庭辩论和上诉人作最后陈述。

审判长：现在进行法庭调查。

审判长：由审判员简要宣读×××人民法院刑事（××）第××号（或附带民事诉讼）判决书。(有同案人的，可对原审被告人分别进行法庭调查；如有同案人的，由法警将其带到候审室候审。如因法庭调查需要，应随时传入法庭。)

审判长：上诉人×××，陈述你不服一审判决的理由。

审判长：上诉人×××的辩护人，是否需要对上诉人×××发问？

审判长：检察员是否需要对上诉人×××发问？

审判长：被害人×××（被害人的代理人、附带民事诉讼原告人及其诉讼代理人）是否需要对上诉人×××发问？

审判长：原审被告人是否需要对上诉人×××发问？

审判长：上诉人×××的辩护人，是否需要对被害人×××发问？

审判长：现在进行举证质证。

审判长：上诉人×××，你对一审判决不服提出上诉，你有权举出证据，以证明你的上诉理由成立。你举出的证据是否合法、真实、与本案有关联，要接受检查员的质证。你是否有证据向法庭提供？（如果上诉人有证据要向法庭提供，应询问其证据来源、证据所要证明的问题，并对其提供的证据一一进行质证，询问检查员、被害人意见）

审判长：上诉人的辩护人，你出庭为上诉人辩护，有责任根据事实和法律，提出证明上诉人无罪、罪轻，或者从轻、减轻、免除刑事责任的证据和意见。你举出的证据是否合法、真实、与本案有关联，要接受检查员的质证。你是否有证据向法庭提供？

审判长：上诉人×××，对一审认定的证据有何异议，是否要求重新质证？

审判长：传证人×××到庭。

审判长：核对证人姓名、年龄、住址、职业及与本案当事人的关系。根据《中华人民共和国刑事诉讼法》第××条的规定，证人应如实做证，如果故意做假证意图陷害他人，或者隐匿罪证的，要负刑事责任。证人×××，你听清楚了吗？

由证人×××在《保证书》上签字。

审判长：上诉人×××，由你对证人发问。

审判长：原审被告人的辩护人×××，是否需要对证人发问？

审判长：检察员是否需要对证人发问？

审判长：被害人及其诉讼代理人，是否需要对证人发问？

审判长：附带民事诉讼的被告人×××的诉讼代理人，是否需要对证人发问？

审判长：附带民事诉讼的原告人×××，是否需要对证人发问？

证人退庭。

审判长：传鉴定人到庭。

审判长：鉴定人姓名、年龄、工作单位、职称。

审判长：鉴定人×××，你出庭提供鉴定结论，依照《中华人民共和国刑事诉讼法》第××条的规定，应当向法庭提供科学真实的鉴定结论，如果你故意作虚假鉴定，意图陷害他人或者隐匿罪证，要负刑事责任。你听清楚了吗？

审判长：由鉴定人×××宣读鉴定结论。

审判长：上诉人对鉴定结论有何意见？是否需要对鉴定人发问？

审判长：辩护人对鉴定结论有何意见？是否需要对鉴定人发问？

审判长：检察员对鉴定结论有何意见？是否需要对鉴定人发问？

审判长：附带民事诉讼的被告人对鉴定结论有何意见？是否需要对鉴定人发问？

审判长：附带民事诉讼的被告人的代理人对鉴定结论有何意见？是否需要对鉴定人发问？

审判长：被害人及其代理人对鉴定结论有何意见？是否需要对鉴定人发问？

审判长：上诉人及其辩护人还有证据要向法庭提供吗？

审判长：法警将物证向上诉人展示。

由法警将出示的物证、书证、视听资料交给法庭。

审判长：上诉人×××，你对出示的物证有什么意见？

审判长：附带民事诉讼的原告人×××，你对出示的物证有什么意见？

审判长：附带民事诉讼的原告人的诉讼代理人×××，你对出示的物证有什么意见？

审判长：上诉人及未成年被告人的法定代理人×××，你对出示的物证有什么意见？

审判长：上诉人×××及其辩护人还有证据向法庭提供吗？

审判长：检察员还有证据向法庭提供吗？

审判长：依照《中华人民共和国刑事诉讼法》第××条的规定，当事人和辩护人、诉讼代理人在法庭调查过程中有权申请通知新的证人到庭，调取新的物证，申请重新鉴定或者勘验。

审判长：上诉人和辩护人是否申请？

审判长：法庭调查结束。

审判长：现在进行法庭辩论。

审判长：由上诉人发表辩论意见。

审判长：由上诉人的辩护人发表辩论意见。

审判长：由被害人及其诉讼代理人发表意见。

审判长：法庭辩论结束。

审判长：现在进行附带民事诉讼的法庭调查。

审判长：按照民事诉讼谁主张谁举证的原则，由附带民事诉讼的原告人×××就赔偿请求向法庭举证。

审判长：现在进行附带民事诉讼的法庭辩论。

审判长：由附带民事诉讼的原告人发表辩论意见。

审判长：由上诉人及其辩护人发表辩论意见。

审判长：对于附带民事诉讼部分，双方是否愿意调解？

审判长：法庭调查和法庭辩论全部结束。

审判长：由上诉人作最后陈述。

审判长：本案经开庭审理，进行法庭调查和法庭辩论，听取了上诉人的最后陈述，本案的事实已查清。本合议庭休庭评议后，择日宣判。

审判长：休庭！

审判长：本案经开庭审理，进行法庭调查和法庭辩论，听取了上诉人的最后陈述，本案的事实已查清。本合议庭休庭评议后，当庭审判。法警把被告人×××带到候审室候审。

审判长：休庭！

书记员：请审判长、审判员到庭。

审判长：传被告人×××到庭。

审判长：经合议庭评议认为，本案事实清楚，证据充分，足以认定。现在进行宣判：

书记员：全体起立！

审判长：宣读判决书主文。

审判长：闭庭！

第二节　刑事二审程序的法律文书写作

刑事二审的法律文书与刑事一审的不同主要是刑事抗诉书及刑事二审判决书，

前文对刑事一审的相关法律文书已作详细的介绍，本节仅介绍刑事抗诉书及刑事二审程序中刑事判决书的写作。

一、刑事抗诉书结构、内容和写作方法

刑事抗诉书，是指人民检察院对人民法院确有错误的刑事判决或裁定依法提出抗诉时，所制作的文书。

根据我国《刑事诉讼法》第二百二十八条、第二百五十四条，以及人民检察院实施刑事诉讼法规则的规定，地方各级人民检察院认为本级人民法院第一审的判决、裁定确有错误时，在法定时限内，应当向上一级人民法院提出抗诉。这通常被称为第二审程序的控诉。

最高人民检察院对各级人民法院已经发生法律效力的判决和裁定，上级人民检察院对下级人民法院已经发生法律效力的判决和裁定，如果发现确有错误，有权按照审判监督程序向同级人民法院提出抗诉。这通常被称为审判监督程序抗诉。不论是按哪种程序提出抗诉，都必须制作抗诉书，送达人民法院。制作刑事抗诉书，是引起人民法院第二审或再审的法定程序之一。控诉提出后，人民法院就要根据抗诉书，对全案进行审查，依法作出判决或裁定。因此，抗诉书是检察机关行使审判监督职权的重要工具，对于纠正人民法院确有错误的判决和裁定，保证法律的正确实施，具有十分重要的作用。

刑事抗诉书规定格式和内容要素如下：

（一）首部

包括制作文书的人民检察院的名称、文书名称及文号。写明所在省（自治区、直辖市）的名称，不能只写地区级市、县、区院名；如果是涉外案件，要冠以“中华人民共和国”字样。分两行写出检察院全称和文书名称“抗诉书”。其中文书代字为“抗”，一般格式如：标题为：×××人民检察院刑事抗诉书。文书编号为：×检×抗字〔年度〕第××号。

应当写明原审被告人的基本情况，内容和写法与起诉书相同。依次写明原审被告人姓名、性别、年龄、出生年月日、民族、籍贯、职业、单位及职务，住址，被采取强制措施或服刑情况。有数名被告人的，依从重至轻顺序分别列出。

（二）正文

主要包括以下内容：

1. 被告人的基本情况。包括刑满释放或者假释的具体日期等。

二审程序适用的刑事抗诉书不写此项，只有审判监督程序适用的抗诉书必须写明，写法如格式。

2. 原判决、裁定情况。如果侦查、起诉、审判阶段没有超时限等程序违法现象时，不必写明公安检察与法院的办案经过，只简要写明法院判决、裁定的结果。其中，对案件性质认定有分歧的应当写明。以“××人民法院以×××刑事判决书（裁定书）对被告人（姓名）×××（案由）”一案作出判决（裁定），引出判决裁定内容。

3. 审查意见（包括事实认定）。这一部分的内容是检察机关对原判决（裁定）的审查意见，目的是明确指出原判决（裁定）的错误所在，告知二审法院，检察院抗诉的重点是什么。这部分要观点鲜明，简明扼要。对于案件具有被害人及其法定代理人请求检察机关抗诉情况的，也要写明。

4. 抗诉理由。针对判决、裁定的不同错误，叙述抗诉理由。

这是抗诉书最关键的部分。“审查意见”表明判决裁定错在哪里，即有什么样的错误，而抗诉理由则是阐明判决裁定错误的事实依据和法律依据。

对事实认定的错误，通常是认定或否定某一事实不当，如果是认定某一事实不当，则要指出判决、裁定认定的错误事实是什么，从证据的角度论证其认定不当；如果是否定某一事实不当，则要指出判决、裁决错误地否定了什么事实，法院否定的理由是什么，从证据的角度说明该笔事实清楚，证据确实、充分。

对行为性质认定的错误，主要是罪与非罪、此罪与彼罪、一罪与数罪、犯罪的不同阶段以及其他关系量刑的法定情节的认定错误。要明确指出判决裁决认定性质的错误类型（如定性、自首、未遂等），然后引据法律、司法解释或通行的犯罪构成的基本理论进行论述。

对量刑畸轻畸重的错误。量刑不当一般与定性、认定或否定事实和量刑情节错误有关，如果是上述原因造成的量刑不当，则在指出上述错误之后，表明应如何量刑即可；但有时是由于适用法律错误，选择法定刑幅度不当，或者综合量刑不当，则要明确地指出错误，并说明理由。

其他适用法律的错误。前面讲到的裁判错误都有适用法律错误的问题（但仅属量刑轻重可不定为适用法律错误，明确指出量刑不当即可），还有在诉讼时效（如适用新法与旧法）等适用实体法的错误，则要用法律和司法解释来说明其错误，对法律规定和司法解释不明，不能仅有学理的解释或判例作为抗诉依据。

诉讼程序严重违法。要指出法院有什么违反诉讼程序的行为，违反了程序法的什么具体规定。

5. 结论性意见、法律根据、决定和要求事项。结论性意见与审查意见基本相同，是对抗诉理由的概括性表述。法律根据是提起抗诉的程序性规定，二审程序抗诉引用《刑事诉讼法》第二百二十八条、审判监督程序抗诉引用《刑事诉讼法》第二百五十四条第三款。决定指“提出抗诉”，要求事项为“请依法判处”。

（三）尾部

首先写明致送单位名称：“此致”“×××人民法院”。其次是检察人员署名。最后写明制作该文书的时间，并在其上加盖检察机关的印章。

附项部分应写明以下几点：被告人现在何处；证据目录；证人名单。证据目录、证人名单与一审无异，可注明“证据目录、证人名单与一审无异”，不必另行移送。

刑事抗诉书范文

×〔检刑抗××××〕×号

原审被告人童××，男，53岁，××××年5月15日出生，汉族，××省××市人，原系××无线电三厂服务部经理，法定代表人，住××市××路××号301室。20××年4月29日被逮捕，因被宣告缓刑于20××年4月26日被释放。

原审被告人童××贪污一案，由××市××区人民检察院侦查终结并提起公诉。20××年8月18日××市××区人民法院×法刑初字〔20××〕第××号判决，认定童××犯贪污罪，判处有期徒刑13年，剥夺政治权利4年，并处没收财产人民币×××万元。童××不服，向××市第二中级人民法院提出上诉。20××年4月24日××市第二中级人民法院×二中刑终字〔20××〕第91号判决，以侵占罪改判童××有期徒刑3年，宣告缓刑4年。××市人民检察院认为××市第二中级人民法院的判决确有错误，向××市高级人民法院提出抗诉。20××年6月18日，××市高级人民法院×高刑再终字〔20××〕第×号刑事裁定驳回抗诉，维持××市第二中级人民法院×二中刑终字〔20××〕第91号刑事判决。××市人民检察院认为该裁定确有错误，请本院按照审判监督程序抗诉。经依法审查，本案事实如下：

原审被告人童××担任××无线电三厂服务部经理期间，利用职务便利，在与××省××市围棋厂购销围棋的业务过程中，让对方虚开×××万套围棋子的空头发票（价值人民币×××元），并以支付预付款的名义分别于20××年12月13日和20××年

2月28日将本单位公款×××万元和×××元先后汇至××市围棋厂，并于20××年2月28日通过填制转账凭单，将该款记入商品销售成本科目。××市围棋厂厂长王××分两次将套出的现金×××万余元送至原审被告人童××办公室及家中，童××予以侵吞。

原审被告人童××上述犯罪事实清楚，证据确实、充分，足以认定。

本院认为：原审被告人童××身为国家工作人员，利用职务上的便利，侵吞公款，已构成贪污罪。一审法院判决正确，应予维持。××市高级人民法院再审认为童××不具有国家工作人员身份，其行为构成侵占罪，维持二审判决，系适用法律不当，定性不准，量刑偏轻，裁定确有错误：

1. ××无线电三厂服务部是国有企业、独立法人；童××任经理，法定代表人，是企业中负责管理、经营国有财产的人员。

2. 根据《中华人民共和国刑法》第××条的规定，童××是国家工作人员。依照修订的《中华人民共和国刑法》第××条的规定，童××也应以国家工作人员论。其利用职务之便侵吞公款×××万余元，已构成贪污罪。××市高级人民法院再审裁定以侵占罪定罪量刑没有法律依据。

综上所述，为严肃国法，准确惩治犯罪，依照《中华人民共和国刑事诉讼法》第二百五十四条第三款的规定，特提出抗诉，请依法改判。

此致

××××人民法院

检察员：×××

代理检察员：×××

本件与原本核对无异（院印）　　　　××××年××月××日

附件：卷宗8册。

二、刑事第二审刑事判决书的结构、内容和写作方法

第二审刑事判决书是第二审人民法院根据当事人的上诉或者人民检察院的抗诉，依照《刑事诉讼法》规定的第二审程序，对第一审人民法院作出的没有发生法律效力的判决进行审查，对案件审理终结后作出的书面处理决定。

《刑事诉讼法》第二百三十六条规定："第二审人民法院对不服第一审判决的上诉、抗诉案件，经过审理后，应当按照下列情形分别处理：（一）原判决认定事实和适用法律正确、量刑适当的，应当裁定驳回上诉或者抗诉，维持原判；（二）

原判决认定事实没有错误，但适用法律有错误，或者量刑不当的，应当改判；（三）原判决事实不清楚或者证据不足的，可以在查清事实后改判；也可以裁定撤销原判，发回原审人民法院重新审判。原审人民法院对于依照前款第三项规定发回重新审判的案件作出判决后，被告人提出上诉或者人民检察院提出抗诉的，第二审人民法院应当依法作出判决或者裁定，不得再发回原审人民法院重新审判。”根据上述规定，人民法院制作第二审刑事判决书。

第二审刑事判决书的结构、内容等与第一审刑事判决书相同，也分为首部、事实、理由、判决结果和尾部五个部分。但第二审刑事判决书也有自己的特点。

（一）首部

1. 标题、文书编号

第二审刑事判决书的文书编号中的案件性质和审判程序代字为“刑终”字。

2. 抗诉机关和诉讼参与人的情况

应当写明抗诉机关的名称，以及诉讼参与人的基本情况，内容和写法与第一审判决书相同。

3. 案由

案由部分应当写明案件由来、原判决的情况、上诉或抗诉的原因，以及审判组织、审判方式和审理经过等。常见的写法大致有以下几种：

（1）检察院抗诉的，可以表述为：“×××人民法院审理××××人民检察院指控原审被告人……（写明姓名和案由）一案，于××××年××月××日作出（××××）×刑初字第××号刑事判决。××××人民检察院认为……（写明检察院认为原判的不当之处）提出上诉。本院依法组成合议庭，公开（或不公开）开庭审理了本案。××××人民检察院检察长（或员）×××出庭支持公诉，原审被告人×××及其辩护人×××、证人×××等到庭参加诉讼。”本案现已审理终结（未开庭的改为：“本院依法组成合议庭审理了本案，现已审理终结”）。

（2）被告人上诉的，可以表述为：“×××人民法院审理××××人民检察院指控原审被告人……（写明姓名和案由）一案，于××××年××月××日作出（××××）×刑初字第××号刑事判决。被告人×××不服，提出上诉。本院依法组成合议庭，公开（或不公开）开庭审理了本案。××××人民检察院检察长（或员）×××出庭支持公诉，上诉人（原审被告人）×××及其辩护人×××、证人×××等到庭参加诉讼。”本案现已审理终结（未开庭的改为：“本院依法组成合议庭审理了本案，现已审理终结”）。

（3）被告人的辩护人或近亲属经被告人同意，提出上诉的，可以表述为：“×××人民法院审理××××人民检察院指控原审被告人……（写明姓名和案由）一案，于××××年××月××日作出（××××）×刑初字第××号刑事判决。被告人×××的辩护人（或其近亲属）×××经征得原审被告人同意，提出上诉。本院依法组成合议庭，公开（或不公开）开庭审理了本案。××××人民检察院检察长（或员）×××出庭支持公诉，上诉人（原审被告人）×××及其辩护人×××、证人×××等到庭参加诉讼。”本案现已审理终结（未开庭的改为：“本院依法组成合议庭审理了本案，现已审理终结”）。

此外，还有多种情况，在文书制作过程中，应当针对具体案情。

（二）事实

1. 应当概括写明原判决的情况，即写明原判决认定的事实、证据、理由和判决结果。

2. 写明抗诉、上诉、辩护的主要理由和意见。

3. 概括写明人民检察院在二审中提出的新意见。

4. 二审法院经审理查明的事实和证据。通常以“经审理查明”开头，这部分内容必须详细。不仅要说明二审法院查明的事实和证据，而且应当确认原判认定的事实、证据，抗诉、上诉的理由等是否正确。没有争议的可以略写，有争议的事实、证据应当重点写明。

上述内容，大致可以分为两个层次，前3个方面的内容，可以作为一个层次，第4点可以作为一个层次。

（三）理由

理由部分应当根据二审法院确认的事实、情节和有关法律规定，论证原审被告人是否犯罪，犯什么罪，应否从宽或从严处理。一案多人的还应分清各被告人的地位、作用和刑事责任，并指出原判决的定罪量刑哪些是正确的、哪些是错误的或者全部是错误的。对于上诉、辩护等关于适用法律、定罪量刑方面的意见和理由，应当有分析地表示采纳或者予以批驳。然后写明二审判决的法律依据。依法改判的既要引用程序法，也要引用实体法。顺序上是先程序法，后实体法。程序法依据方面，对原判决适用法律不当，予以改判的，应当引用《刑事诉讼法》第二百三十六条第（二）项；对原判决事实不清或证据不足，在查清事实后予以改判的，应当引用《刑事诉讼法》第二百三十六条第（三）项。

（四）判决结果

判决结果主要有以下两种情况：

1. 全部改判的，可以表述为：

“一、撤销××××人民法院（××××）×刑初字第××号刑事判决；二、上诉人（原审被告人）×××……（写明改判的内容）。”

2. 部分改判的，表述为：

“一、维持××××人民法院（××××）×刑初字第××号刑事判决的第×项，即……（写明维持的具体内容）；二、撤销××××人民法院（××××）×刑初字第××号刑事判决的第×项，即……（写明撤销的具体内容）；三、上诉人（原审被告人）×××……（写明部分改判的内容）。”

（五）尾部

1. 写明判决的法律效力。在判决结果的下一行，另起一段写明：“本判决为终审判决。”高级法院判处死刑的，如果不属于最高人民法院未授权高级人民法院核准部分的，应当表述为“本判决依法报送最高人民法院核准”。如果是在法定刑期以下判处刑罚的，应当表述为：“本判决报请最高人民法院核准后生效。”

2. 审判人员署名、年月日、书记员署名等。

刑事二审程序判决书范文

×××人民法院

刑事判决书

（二审改判用）

（××××）×刑终字第××号

原公诉机关××××人民检察院。

上诉人（原审被告人）……（写明姓名、性别、出生年月日、民族、籍贯、职业或工作单位和职务、住址和因本案所受强制措施情况等，现在何处）。

辩护人……（写明姓名、性别、工作单位和职务）。

×××人民法院审理××××人民检察院指控原审被告人……（写明姓名和案由）一案，于××××年××月××日作出（××××）×刑初字第××号刑事判决。被告人×××不服，提出上诉。本院依法组成合议庭，公开（或不公开）开庭审理了本案。××××人民检察院检察长（或员）×××出庭支持公诉，上诉人（原审被告人）×××及其辩护人×××、证人×××等到庭参加诉讼。本案现已审理终结（未开庭的改为：“本院依法组成合议庭审理了本案，现已审理终结”）。

……（首先，概述原判决的基本内容；其次，写明上诉、辩护的主要意见；最后，写明检察院在二审中提出的新意见）。

经审理查明，……（写明原判决认定的事实、情节，哪些是正确的或者全部是正确的，通过分析主要证据加以确认；哪些是错误的或全部是错误的，否定的理由有哪些。如果上诉、辩护等对事实、情节提出异议，应予以重点分析答复）。

本院认为，……［根据二审确认的事实、情节和有关法律规定，论证原审被告人是否犯罪，犯什么罪（一案多人的还应分清各被告人的地位、作用和刑事责任），应否从宽或从严处理。指出原判决的定罪量刑哪些正确、哪些错误，或者全部错误。对于上诉、辩护等关于适用法律、定罪量刑方面的意见和理由，应当有分析地表示采纳或者予以批驳］。依照……（写明判决所依据的法律条款项）的规定，判决如下：

……［写明判决结果。分两种情况：

第一，全部改判的，表述为：

“一、撤销×××人民法院（××××）×刑初字第××号刑事判决；二、上诉人（原审被告人）×××……（写明改判的内容）。”

第二，部分改判的，表述为：

“一、维持×××人民法院（××××）×刑初字第××号刑事判决的第×项，即……（写明维持的具体内容）；二、撤销×××人民法院（××××）×刑初字第××号刑事判决的第×项，即……（写明撤销的具体内容）；三、上诉人（原审被告人）×××……（写明部分改判的内容）。”］

本判决为终审判决。

审判长：×××
审判员：×××
审判员：×××
××××年××月××日

本件与原本核对无异（院印）　　**书记员：×××**

×××人民法院
刑事附带民事判决书
（一审公诉案件适用普通程序用）

（××××）×刑初字第××号

公诉机关×××人民检察院。

附带民事诉讼原告人……（写明姓名、性别、出生年月日、民族、出生地、文化程度、职业或工作单位和职务、住址等）。

被告人……（写明姓名、性别、出生年月日、民族、出生地、职业或工作单位和职务、住址。因本案所受强制措施的情况等，现羁押处所。）

辩护人……（写明姓名、性别、工作单位和职务）。

×××人民检察院以×检×诉〔××××〕××号起诉书指控被告人×××犯××罪，于××××年××月××日向本院提起公诉。在诉讼过程中，附带民事诉讼原告人向本院提起附带民事诉讼。本院依法组成合议庭，公开（或不公开）开庭进行了合并审理。×××人民检察院指派检察员×××出庭支持公诉，附带民事诉讼原告人及其法定（诉讼代理人）×××，被告人×××及其辩护人×××及其法定代理人×××、辩护人×××，证人×××，鉴定人×××，翻译人员××等到庭参加诉讼。本案现已审理终结。

×××人民检察院指控……（概述人民检察院指控被告人犯罪的事实、证据和适用法律的意见）。附带民事诉讼原告人诉称……（概述附带民事诉讼原告人的诉讼请求和有关证据）。

被告人×××辩称……（概述被告人对人民检察院指控的犯罪事实和附带民事诉讼原告人的诉讼请求予以供述、辩解自行辩护的意见和有关证据）。辩护人×××提出的辩护意见是：……（概述辩护人的辩护意见和有关证据）。

经审理查明，……（首先，应当写明经法庭调查查明的事实，既要写明经法庭查明的全部犯罪事实，又要写明被告人的行为造成被害人直接经济损失的事实；其次，应当写明据以定案的证据及其来源并对控辩双方当事人有异议的事实、情节或证据进行分析论证）。

本院认为，……（根据查证属实的事实、情节和法律规定，论证公诉机关指控的犯罪是否成立，被告人的行为是否构成犯罪，犯的什么罪，应否追究刑事责任；论证被害人是否由于被告人的犯罪行为而遭受经济损失，被告人对被害人的经济损失应否负民事赔偿责任，应否从轻、减轻或从重处罚。对于控、辩双方关于适用法律方面的意见和理由，应当有分析地表示采纳或者予以批驳）。依照……（写明判决所依据的法律条款项）的规定，判决如下：

……［写明判决结果。分四种情况：

第一，定罪判刑并应赔偿经济损失的，表述为：

“一、被告人×××犯××罪，……（写明判处的主刑、附加刑）；（刑期从判决执行之日起计算。判决执行以前先行羁押的，羁押1日折抵刑期1日。即自××××年××月××日起至××××年××月××日止）。

二、被告人×××赔偿……（写明受偿人的姓名以及赔偿的金额和支付日期）。”

第二，定罪免刑并应当赔偿经济损失的，表述为：

“一、被告人×××犯××罪，免予刑事处罚；二、被告人×××赔偿附带民事诉讼原告人×××……（写明受偿人的姓名以及赔偿的金额和支付日期）。”

第三，宣告无罪但应当赔偿经济损失的，表述为：

“一、被告人×××无罪；二、被告人×××赔偿附带民事诉讼原告人×××……（写明受偿人的姓名以及赔偿的金额和支付日期）。”

第四，宣告无罪且不赔偿经济损失的，表述为：

“一、被告人×××无罪；二、被告人×××不承担民事赔偿责任。”

如不服本判决，可在接到判决书的第二日起十日内，通过本院或者直接向×××人民法院提出上诉。书面上诉的，应交上诉状正本一份，副本×份。］

审判员：×××

××××年××月××日

本件与原本核对无异（院印）

书记员：×××

第十一章　刑事附带民事诉讼程序

刑事附带民事诉讼是将民事赔偿在刑事诉讼的过程中一并解决，实行这一制度具有重要的意义，有利于全面保护国家、集体和个人的财产，尤其是有利于维护被害人的经济利益；有利于惩戒、教育、改造犯罪人，从而有利于预防和减少犯罪；有利于法院的审判工作，节约诉讼成本，提高诉讼效率。

我国《刑事诉讼法》第一百零一条至第一百零四条对附带民事诉讼中的基本问题进行了规定。

第一节　庭审程序

刑事附带民事诉讼的庭审程序包括两个部分，即刑事部分和民事部分。这两部分应各自适用《刑事诉讼法》和《民事诉讼法》的相关规定，按法定的庭审程序开庭审理，在刑事部分审理后进行民事部分的审理。

一、庭前工作

人民法院受理刑事案件后，应当告知遭受物质损失的被害人或者其他依法有权提起附带民事诉讼的人有权提起刑事附带民事诉讼。

在侦查、预审、审查起诉阶段，有权提起附带民事诉讼的人向公安机关、人民检察院提出赔偿要求且已经由公安机关人民检察院记录在案的，刑事案件起诉后，人民法院应当按照附带民事诉讼案件受理。侦查、起诉阶段经公安机关、人民检察院调解，当事人双方达成协议并已经给付，被害人又坚持向人民法院提起附带民事诉讼的，人民法院也可以受理。

人民法院收到附带民事诉讼的起诉状，或者接受口头起诉后，应当进行审查并在七日内决定是否立案。符合《刑事诉讼法》规定的，应当受理，不符合的，裁定驳回起诉。

人民法院受理附带民事诉讼后，应当在五日内向附带民事诉讼的被告人送达附带民事诉讼起诉状副本并根据刑事案件的审理期限确定被告人提交民事答辩状的时间。

人民法院在开庭审理案件前，应当向附带民事诉讼的原告和被告送达传票，通知其按期出庭。这里的被告，是指未被羁押的被告人以及刑事案件被告人之外的其他被告。原告无正当理由拒不到庭或者未经法庭允许中途退庭的，按撤诉处理；被告人无正当理由不到庭的，可以实行民事拘传。

二、庭审过程

刑事附带民事案件适用普通程序一审庭审规则。

具体流程包括：1. 庭前准备。2. 审判长宣布开庭。3. 法庭调查。4. 法庭辩论。5. 最后陈述。6. 附带民事原告人宣读附带民事起诉状。7. 被告人、辩护人答辩。8. 双方举证质证。9. 法庭辩论。10. 当事人最后陈述。11. 调解。12. 审判长宣布休庭，宣判。

在庭审中，如是多被告人的，当第一被告人审完后，审判长应让法警将其带到法庭羁押室暂押，再传第二被告人到庭审讯，依次类推，其庭审均按第一被告人的规范进行；待刑事部分审理完毕后，将同案被告人全部传至法庭，再审理民事部分。

详细过程可参考本书第八章刑事一审普通程序的实验案例。

第二节　刑事附带民事诉讼的法律文书写作

一、刑事附带民事诉讼起诉状

（一）刑事附带民事起诉状（自诉案件用）

刑事附带民事起诉状

自诉人：姓名，性别，年龄，民族，籍贯，职业，家庭住址，身份证号，联系方式等

被告人：姓名，性别，年龄，民族，籍贯，职业，家庭住址，身份证号，联

系方式等

案由：罪名

诉讼请求：

1. 依法追究被告人的刑事责任。

2. 请求被告人赔偿损失费　　元。

事实与理由：

（写明整个案件的起因、经过、造成的后果等，并根据法律和法规，列出追究被告人的刑事责任和要求赔偿的依据。）

证据和证据来源：证人姓名和住址：

此致

××人民法院

自诉人：×××

××××年××月××日

附：

（1）本诉状副本　　份。

（2）证据目录。

（二）刑事附带民事起诉状（公诉案件用）

刑事附带民事起诉状

附带民事诉讼原告（以下简称原告）：姓名，性别，出生日期，民族，文化程度，籍贯，家庭住址，身份证号，联系电话，职业等。（如为单位，应写明单位地址及法定代表人）

法定代理人：姓名，性别，出生日期，民族，籍贯，家庭住址，身份证号，联系电话，职业，与刑事被害人的关系，等。

委托代理人：姓名，某律师事务所律师，代理权限。

附带民事诉讼被告（以下简称被告）：姓名，性别，出生日期，民族，文化程度，籍贯，家庭住址，身份证号，联系电话，职业等，与刑事被告人的关系等等。

法定代理人：姓名，性别，出生日期，民族，籍贯，家庭住址，身份证号，联系电话，职业，与刑事被告人的关系，等等。

委托代理人：姓名，某律师事务所律师，代理权限。

诉讼请求：

事实与理由：

此致

××人民法院

起诉人：×××

××××年××月××日

附：证据目录。

二、刑事附带民事答辩状

刑事附带民事答辩状

答辩人：

答辩人因______________一案或：上诉人______因______________（案由）一案不服××人民法院×年×月×日×字第×号×事判决（或裁定），提起上诉，现提出答辩如下：

答辩理由：

此致

××人民法院

答辩人：×××

××××年××月××日

附：

（1）本答辩状副本________份；

（2）证据目录。

三、附带民事诉讼原告代理词

审判长、审判员：

××律师事务所依法接受本案刑事附带民事诉讼原告人××的委托，指派我担任其诉讼代理人，出席今天的法庭，参与诉讼，现根据本案事实和相关法律，发表以下代理意见，请求法庭在审判时予以考虑：

一、刑事部分

被告人××的行为构成××罪，应当依法承担相应的刑事责任。

二、民事部分

被告人的行为造成的损失，应赔偿的金额，以及证据。

以上代理意见敬请合议庭评议和采纳。

代理人：×××

××××年××月××日

四、刑事附带民事调解书

×××人民法院刑事附带民事调解书

（××××）×刑初字第××号

公诉机关：××检察院。

附带民事诉讼原告：姓名，性别，出生日期，民族，籍贯，文化程度，家庭住址，身份证号，联系电话，职业等。（如为单位，应写明单位地址及法定代表人）

法定代理人：姓名，性别，出生日期，民族，籍贯，家庭住址，身份证号，联系电话，职业，与刑事被害人的关系等。

委托代理人：姓名，某律师事务所律师。

附带民事诉讼被告人（以下简称被告人）：姓名，性别，出生日期，民族，文化程度，籍贯，家庭住址，身份证号，联系电话，职业，被拘捕的时间，现羁押处等。

法定代理人：姓名，性别，出生日期，民族，籍贯，家庭住址，身份证号，联系电话，职业，与刑事被告人的关系等。

委托代理人：姓名，某律师事务所律师。

××人民检察院以 检公刑诉（ ）第 号起诉书指控被告人 犯罪，向本院提起公诉。诉讼中，附带民事诉讼原告人 提起了附带民事诉讼，经审查，符合起诉条件，本院决定合并审理，依法组成合议庭公开开庭审理了此案。

经本院主持调解，双方当事人就附带民事诉讼部分自愿达成如下协议：

被告人 向附带民事诉讼原告支付金额 元。

上述协议不违反有关法律规定，本院予以确认。

本调解书经双方当事人签收后具有法律效力。

审 判 长：××
审 判 员：××
审 判 员：××
××××年××月××日
书 记 员：××

本件与原本核对无异（院印）

五、刑事附带民事判决书（一审公诉案件适用普通程序用）

×××人民法院刑事附带民事判决书

（××××）× 刑初字第×× 号

公诉机关：××人民检察院

附带民事诉讼原告：姓名，性别，出生日期，民族，籍贯，文化程度，家庭住址，身份证号，联系电话，职业等。（如为单位，应写明单位地址及法定代表人）

法定代理人：姓名，性别，出生日期，民族，籍贯，家庭住址，身份证号，联系电话，职业，与刑事被害人的关系等。

委托代理人：姓名，某律师事务所律师。

附带民事诉讼被告人（以下简称被告人）：姓名，性别，出生日期，民族，文化程度，籍贯，家庭住址，身份证号，联系电话，职业，被拘捕的时间，现羁押处等。

法定代理人：姓名，性别，出生日期，民族，籍贯，家庭住址，身份证号，联系电话，职业，与刑事被告人的关系等。

委托代理人：姓名，某律师事务所律师。

×××人民检察院以×检×诉〔××号〕起诉书指控被告人×××犯××罪，于××××年××月××日向本院提起公诉。在诉讼过程中，附带民事诉讼原告人向本院提起附带民事诉讼。本院依法组成合议庭，公开（或者不公开）开庭进行了合并审理。×××人民检察院指派检察员×××出庭支持公诉，附带民事诉讼原告人×××及其法定（诉讼）代理人×××，被告人×××及其法定代理人×××、辩护人×××，证人×××，鉴定人×××，翻译人员×××等到庭参加诉讼。现已审理终结。

×××人民检察院指控意见（概述人民检察院指控被告人犯罪的事实、证据和适用法律的意见），附带民事诉讼原告人诉讼请求和有关证据。

被告人×××的答辩意见，辩护人×××的辩护意见。

经审理查明，事实、证据及其来源、双方争议的事实等。

本院认为，根据查证属实的事实、证据和法律规定，论证公诉机关指控的犯罪是否成立，被告人的行为是否构成犯罪，犯的什么罪，应否追究刑事责任；论证被害人是否由于被告人的犯罪行为而遭受经济损失，被告人对被害人的经济损失应否负民事赔偿责任；应否从轻、减轻、免除处罚或者从重处罚。对于控辩双方关于适用法律方面的意见，应当有分析地表示是否予以采纳，并阐明理由。

依照《中华人民共和国刑法》《中华人民共和国刑事诉讼法》和《中华人民共和国民事诉讼法》的规定，判决如下：

如不服本判决，可在接到判决书的第二日起十日内，通过本院或者直接向×××人民法院提出上诉。书面上诉的，应当提交上诉状正本一份，副本×份。

审 判 长：××
审 判 员：××
审 判 员：××
××××年××月××日
本件与原本核对无异（院印）
书 记 员：××

说明：

判决的结果可分四种情况，分别有不同的表述方式：

1. 定罪判刑并应当赔偿经济损失的，表述为：

一、被告人×××犯××罪，判处刑罚（写明主刑、附加刑）。刑期从判决执行之日起计算。判决执行以前先行羁押的，羁押一日折抵刑期一日，即自××××年××月××日起至××××年××月××日。

二、被告人×××赔偿附带民事诉讼原告人×××赔偿的金额和支付的日期。

2. 定罪免刑并应当赔偿经济损失的，表述为：

（1）被告人×××犯××罪，免予刑事处罚；

（2）被告人×××赔偿附带民事诉讼原告人×××赔偿的金额和支付的日期。

3. 宣告无罪但应当赔偿经济损失的，表述为：

（1）被告人×××无罪；

（2）被告人×××赔偿附带民事诉讼原告人×××赔偿的金额和支付的日期。

4. 宣告无罪且不赔偿经济损失的，表述为：

（1）被告人×××无罪；

（2）被告人×××不承担民事赔偿责任。

第十二章　行政诉讼一审程序

第一节　庭审程序

行政诉讼具有特殊性，通常分为行政作为诉讼和行政不作为诉讼。《中华人民共和国行政诉讼法》第二条规定："公民、法人或者其他组织认为行政机关和行政机关工作人员的行政行为侵犯其合法权益，有权依照本法向人民法院提起诉讼。"第四十七条规定："公民、法人或者其他组织申请行政机关履行保护其人身权、财产权等合法权益的法定职责，行政机关在接到申请之日起两个月内不履行的，公民、法人或者其他组织可以向人民法院提起诉讼。"常见的行政不作为案件主要包括行政主体不履行法定职责或拖延履行职责、对相对人的申请不予答复、履行不当等。行政作为诉讼和行政不作为诉讼因司法审查的内容不同，因此在具体程序上会有所区别，但其庭审基本程序一致，都会经过开庭准备、宣布开庭、法庭调查、法庭辩论、宣判等阶段。

一、行政诉讼第一审普通程序庭审程序

（一）审理前的准备

1. 送达诉讼文书。《中华人民共和国行政诉讼法》第六十七条规定："人民法院应当在立案之日起五日内，将起诉状副本发送被告。被告应当在收到起诉状副本之日起十五日内向人民法院提交作出行政行为的证据和所依据的规范性文件，并提出答辩状。人民法院应当在收到答辩状之日起五日内，将答辩状副本发送原告。"

2. 组成合议庭。《中华人民共和国行政诉讼法》第六十八条规定："人民法院审理行政案件，由审判员组成合议庭，或者由审判员、陪审员组成合议庭。合议庭的成员，应当是三人以上的单数。"

3. 审阅诉讼材料和调查、收集证据。在审查诉讼材料的基础上，法院可根据需要决定进行调查和收集证据，对案件存疑的地方进行进一步调查。决定是否要求当事人补充证据，是否需要对专门性问题进行鉴定，是否采取证据保全措施等。

4. 审查当事人资格。人民法院应审查当事人资格，如果发现不具备当事人资格者应更换或追加新的当事人。另外，如果有共同诉讼人或第三人需参加诉讼，应通知其参加。

（二）开庭审理

开庭审理是指在法院合议庭主持下，依法定程序对当事人之间的行政争议案件进行审理，查明案件事实，适用相应的法律、法规，并最终作出裁判的活动。

开庭审理应遵循下列程序进行：

1. 庭审准备

行政诉讼的庭审活动依《中华人民共和国行政诉讼法》的要求，一般应公开审理，涉及国家机密、个人隐私和法律另有规定者，则可不公开审理。公开审理除诉讼当事人和参与人之外，应允许公众旁听，允许记者采访、报道；不公开审理则除当事人和法院通知的其他诉讼参与人外，不允许其他人参加。

公开审理的案件，人民法院应当公告当事人姓名、案由和开庭时间、地点，并通知当事人。在开庭三日前人民法院用传票传唤当事人出庭参加庭审，对证人、鉴定人、勘验人、翻译人员，应当用通知书通知其到庭。

2. 预备开庭

书记员应先期到达法庭，做好开庭前准备工作。具体包括：（1）请诉讼参加人入庭就座，检查诉讼参加人出庭情况。如有一方诉讼参加人未到庭的，应立即报告审判长处理。（2）请诉讼参加人出示身份证件，核对诉讼参加人的身份。如确认有证人、鉴定人、勘验人、检查人、专家出庭的，还应核对其身份后请其退席，等候传唤。（3）核实《当事人诉讼权利义务告知书》《举证通知书》《告知审判庭组成人员通知书》和开庭《传票》及《通知书》以及诉状等诉讼材料的收悉情况。（4）公开开庭的，应当检查参加旁听的人员是否适合，是否有现场采访的记者。如发现有未成年人（经批准的除外）、精神病人和醉酒的人以及其他不宜旁听的人旁听开庭的，应当请其退出法庭。如发现有记者到庭采访，应当确认其是否办理审批手续。如未经批准，不得录音、录像或者摄影；但应当允许记者作为旁听人员参加旁听和记录。

书记员宣布法庭规则和法庭纪律。

准备工作就绪，审判长、审判员（人民陪审员）入庭，书记员向审判长报告庭审前准备情况，包括出庭的诉讼参加人；出庭的其他诉讼参与人；经批准到庭旁听采访的新闻单位及记者；其他需要向审判长报告的情况。

审判长核对确认诉讼参加人的身份，在书记员已核对诉讼参加人身份的基础上，审判长简单核对即可。

审判长征询各方当事人对对方出庭人员的身份是否有异议。经各方当事人确认无异后，即宣布：经法庭当庭核对确认，出庭的诉讼参加人符合法律规定，准予参加本案的庭审活动。

3. 宣布开庭

（1）审判长宣布开庭，宣告案名、案件由来、审理程序和方式。如不公开开庭审理的，应当说明理由。宣告案件由来时通常要说明原告不服被告的被诉具体行政行为的内容及时间，以及起诉和法院受理的时间。如有追加当事人、延长审限、召开预审庭等情形的，应一并予以说明。如案件系再审案件、合并审理案件的，还应当说明。

（2）审判长宣告受理案件后，依法组成合议庭。具体介绍合议庭组成人员和书记员，并说明其基本职务情况。如果合议庭组成人员和书记员临时变更的，应当予以说明，并征求当事人意见。当事人要求延期审理的，法庭应当准许。当事人确认无异议的，庭审活动得以继续进行。

（3）审判长告知诉讼权利义务，并征询申请回避意见。在开庭前已经将《当事人的权利义务告知书》送达各方当事人的基础上，审判长逐一询问各方当事人是否知悉自己在诉讼中的权利和义务？在当事人确认知悉诉讼权利义务后，审判长逐一询问各方当事人是否申请合议庭成员和书记员回避？如果当事人提出回避申请，应当要求其说明理由。当事人提出回避的理由属于法定的回避事由的，法庭不必审查该理由是否成立即宣布休庭。当事人确认不提出回避申请的，庭审活动得以继续进行。

（4）审判长宣告庭审的阶段，包括法庭调查、法庭辩论、当事人最后陈述和休庭评议后进行宣判。如果系行政赔偿案件，应当在当事人最后陈述后进行法庭调解，调解不成的，法庭再休庭评议和宣判。

在庭审过程中，当事人可以要求法庭对诉讼权利义务、诉讼风险和举证责任的具体内容予以释明。法庭也可以对诉讼能力比较低的当事人给予适当诉讼指导，以确保审判的公正和公平。

4. 法庭调查

法庭调查是人民法院在诉讼当事人和其他诉讼参与人的参加下，审查和判断各种证据、全面调查案件的诉讼阶段。该阶段的主要目的就是审查证据。法庭调查一般按当事人陈述、当事人当庭举证、当庭质证、法庭认证的顺序进行。

（1）当事人陈述

一般先由原告宣读起诉状，被告宣读答辩状，然后开始双方当事人陈述。原告陈述主要应说明其合法权益受到具体行政行为侵害的事实和过程；被告陈述主要是提出相应具体行政行为的事实根据和法律规范依据，以证明其合法性。

（2）出示证据及质证

当事人陈述完毕后，法庭传证人到庭做证，或当事人宣读证人证言。证人做证之前，法庭应告知证人的诉讼权利和义务。证人做证后，双方当事人及其诉讼代理人可以交替询问证人。对于因正当理由不能出庭的证人，应宣读其书面证言，然后经双方当事人质证。接着由法庭或双方当事人出示书证、物证和视听资料，宣读鉴定结论、勘验笔录和现场笔录，并由当事人进行质证。书证和物证应出示原件、原物；不能出示原件原物的，可以出示复印件、复制品或者照片或者抄录件等，并说明证据的名称、种类、来源、内容以及证明对象等。视听资料应出示原始载体并当庭播放；不能出示原始载体或者当庭播放有困难的，可以以其他方式播放或者提供抄录件等，并说明证据的名称、种类、来源、内容以及证明对象等。证人书面证言、鉴定结论、勘验笔录、检查笔录应当出示原件，说明证人、鉴定人、勘验人、检查人因故未出庭做证的理由，并说明证据的名称、种类、来源、内容以及证明对象等。

合议庭在法庭调查中，可通过要求当事人提供和补充证据等方式来核实审理证据。当事人在法庭上应认真行使发问权和申请权，积极参与证据的审查，也可以提出新的证据。

质证需要注意，当庭质证一般以“一举一质”或“类举类质”的方式进行。法庭应当引导当事人围绕证据的真实性、关联性、合法性，针对证据证明力有无以及证明力大小，进行辨认与辩驳。质证时，法庭应当引导质证当事人首先作出是否认可的意思表示。如不认可，应提出具体的理由，并组织当事人展开质辩。法庭不得把质辩作为法庭辩论的内容，制止当事人在质证中进行质辩。质辩至少进行一个轮回。法庭认为有必要，可以组织当事人进行多轮次的质辩。在质证中，质证当事人提出相应的反证的，法庭应当当庭组织举证和质证。

如证人、鉴定人、勘验人、检查人以及专家出庭做证的，举证当事人申请传唤证人出庭做证的，应向法庭提出，经法庭审查准许后，可以出庭做证。证人出庭做证陈述的一般顺序：①根据法庭提示的调查事项，证人就其了解的事实作连贯性陈述。②举证当事人发问，法庭指示证人答问。③质证当事人发问，法庭指示证人答问。法庭根据需要也可以发问。当事人或者证人对发问有异议的，可以向法庭提出。异议是否成立，由合议庭评议确定。④退庭。证人回答发问结束后组织质证。主持人宣布：请证人退庭。可提示证人退庭后到休息室休息，休庭后还要审阅笔录和签名。如果需要再次出庭的再行传唤。⑤质证。针对证人证言，法庭组织当事人进行举证说明和当庭质证。法庭可以组织质辩。

（3）当庭认证

证据经当庭举证、质证后，合议庭当庭评议或者暂时休庭评议，对证据进行审查核实并作出认证结论。能够当庭宣布认证结论的，由审判长当庭宣布；不能当庭宣布的，在下次开庭时或者宣判时宣布。不能当庭认证的，应当向当事人作出说明。

完整的认证结论包括两部分内容：一是确认证据的有效性；二是有效证据可以证明的案件事实。如果法庭不能当庭作出完整的认证结论的，可以作出部分认证结论：①确认证据的真实性、合法性、关联性及其证明效力，至于该证据可以作为认定案件哪一具体事实的根据，可另行评议确认。②或者仅确认证据的真实性，或合法性，或关联性；至于该证据是否有证明效力，可另行评议确认。法庭当庭不能作出完整的认证结论的，应予以说明，避免当事人产生歧义。

认证结论的表述主要有以下两种方式：确认证据足予采信的，认证结论为：经合议庭评议确认，（证据名称）内容真实，形式合法，可以作为认定案件事实的根据。确认证据不予采信的，认证结论为：经合议庭评议确认，（证据名称）因××原因（不予采信的理由），故不能作为本案认定事实的根据。证据不予采信的理由包括：证据缺乏真实性，或合法性，或关联性，以致没有证明效力，故不能作为本案认定事实的根据；该证据虽然有证明效力，但与其他证据相冲突，经比较证明力大小而不予采信，故不能作为本案认定事实的根据。还有些证据不能简单地审查其“三性”，而是因为“孤证”，不能单独作为认定案件事实的根据。

（4）其他事项的调查

法庭调查范围内的调查事项调查完毕后，可以征询当事人是否还有其他事实需要调查或者有其他证据需要出示。当事人申请调查其他事实，经法庭评议许可后，组织当事人当庭举证、质证。如果法庭经评议认为无调查必要的，可以驳回当事人的申请。当事人申请出示其他证据的，应当说明理由和证明的对象。经法庭审查后决定是否进行质证和认证。如属于无须举证、质证范围内的证据，可以驳回当事人举证的申请。

（5）宣布法庭调查结束

经确认各方当事人没有新的证据提供和其他事实需要调查后，审判长宣布法庭调查结束。

5. 法庭辩论

法庭辩论阶段是在审判人员的主持下，当事人及其代理人对法庭调查的事实、证据，提出和陈述自己的观点与意见。法庭辩论中当事人、第三人及其诉讼代理人可以运用证据和法律规范，就案件争议事实的真伪和如何正确适用法律阐明自己的观点与诉讼请求，反驳他方的观点和论据。当事人应当围绕各自的诉讼请求或者诉讼主张，主要围绕法律的具体适用问题展开辩论。当事人对证据和事实的认定产生的争议属于法庭调查的内容，一般不应作为法庭辩论的范围。

法庭辩论的顺序是：先由原告及其诉讼代理人发言，再由被告及其诉讼代理人答辩，然后双方相互辩论。第三人参加诉讼的，应在原被告发言后再发言。法庭辩论由审判长主持。一轮辩论结束，法庭可根据实际情况决定是否进行下一轮辩论；如进行下一轮辩论的，应强调发言的内容不宜重复。当审判长认为应该查明的事实已辩论清楚，即可宣布结束辩论。审判长在按顺序征询原、被告的最后的意见后，宣布休庭，合议庭进行评议。在法庭辩论中，辩论发言应当经法庭许可；注意用语文明，不得使用讽刺、侮辱的语言；语速要适中，以便法庭记录；发言的内容应当避免重复。在法庭辩论的过程中，如有违反规则的言行，法庭应予制止。

在辩论中发现有关案件事实需要进行调查，或者需要对有关证据进行审查的，应当宣布中止法庭辩论，恢复法庭调查。

在确认各方当事人辩论意见陈述完毕后，审判长即可宣布法庭辩论结束。

6. 当事人最后陈述

原告、被告、第三人依次作最后陈述。当事人最后陈述的内容，主要是归纳本方诉讼意见，以及就案件的具体处理，向法庭提出最后请求。最后陈述的内容应简明扼要，言简意赅。

在当事人作最后陈述时，法庭有必要给予当事人一次自由的发言机会，以切实保障当事人充分表达思想的权利；同时也可以满足当事人的心理需求，在一定程度上有利于提高审判的法律效果和社会效果。

7. 法庭调解

法庭调解仅适用于行政赔偿案件，而且调解必须在被诉具体行政行为被判决或者其他方式确认违法的前提下进行（除了直接起诉事实行为和提起行政赔偿的外）。

在法庭辩论之后，当事人或者法定代理人出庭参加诉讼，或者委托的代理人有特别授权的，法庭应当组织调解。如果当事人或者法定代理人未出庭参加诉讼，而且委托的代理人也没有特别授权的，法庭不能当庭组织调解。庭后有调解必要和可能的，应当于休庭后组织调解。

先由审判长征询各方当事人是否愿意调解。各方当事人均表示愿意调解的，法庭即可组织调解；有一方当事人不同意调解的，主持人宣布终结调解。随即宣布休庭。

法庭应适时征询当事人调解意愿和开展调解工作。即使不能当庭调解，但确有再行调解的必要和可能的，应当在休庭后进一步做调解工作。

如经确认各方当事人均有调解意愿的，由法庭组织调解。法庭调解的一般程序：（1）先由原告方提出调解方案，征询被告的意见。（2）如被告同意原告的调解方案的，法庭予以审查确认；被告拒绝的，则由被告提出新的调解方案，并征询原告的意见。（3）原告同意被告提出的新的调解方案的，法庭予以审查确认；原告拒绝的，法庭可以再进行调解或者终止调解程序。（4）当事人各方提出的调解方案均被对方拒绝的，法庭可以提出调解方案，并征询当事人的意见。对当事人达成的调解协议，法庭经审查确认调解协议内容的合法性和当事人意思表示的真实性后，制作调解书。调解书经双方当事人签收后，即具有法律效力。调解成功后，审判长宣布闭庭。

如调解不成，主持人宣布法庭调解结束。如果法庭认为有调解的必要和可能的，可以在休庭后进一步组织调解。无须调解或者调解不成的，应当及时评议，作出判决。

8. 休庭、评议和宣判

（1）宣布休庭

宣布休庭后应告知当事人复庭的时间；如果决定不当庭宣判的，应当告知宣判的时间或者交代：宣判时间另行通知。

(2) 法官退庭和评议

决定当庭宣判的，应于休庭后立即进行评议；择期宣判的，应在庭审结束后五个工作日内进行评议。合议庭评议案件时，先由承办法官对认定案件事实、证据是否确实、充分以及适用法律等发表意见，审判长最后发表意见；审判长作为承办法官的，由审判长最后发表意见。对案件的裁判结果进行评议时，由审判长最后发表意见。审判长应当根据评议情况总结合议庭评议的结论性意见。合议庭成员应当认真负责，充分陈述意见，独立行使表决权，不得拒绝陈述意见或者仅作同意与否的简单表态。同意他人意见的，也应当提出事实根据和法律依据，进行分析论证。

评议后，合议庭应当依照规定的权限，及时对已经评议形成一致或者多数意见的案件直接作出判决或者裁定。

(3) 法官入庭和宣布继续开庭

庭审准备就绪，审判长、审判员（人民陪审员）入庭。审判长宣布继续开庭，宣布评议结果。原定当庭宣判的，但经合议庭评议后未能作出裁判或评议决定不当庭宣判的，审判长应予说明，后宣布休庭。经合议庭评议，能够当庭宣判的，审判长应进行宣判。宣判的内容包括：认证结论、裁判理由、裁判结果以及诉讼费的负担。关于当事人的基本情况、案由、当事人陈述等部分内容，在当庭宣判时无须宣读。

(4) 征询意见

宣判后，审判长依次询问当事人对本判决（裁定）有何意见，当事人陈述意见后，审判长可指示书记员：请将当事人的意见记录在案。

(5) 交代诉权和说明文书的送达方式

当庭宣判的，审判长宣布：如不服本判决（裁定），可在判决（裁定）书送达之日起××日内，向法院递交上诉状，并按对方当事人的人数提出副本，上诉于××法院。

书面文本的说明：除判决（裁定）结果外，本判决（裁定）的其他具体内容以书面文本为准。文书送达的说明：经询问确认当事人或者其诉讼代理人、代收人同意在指定的期间内到人民法院接受送达的，审判长宣告请当事人于××时间到××地点领取判决书（裁定书）。无正当理由逾期不来领取的，视为送达。当事人要求邮寄送达的，审判长宣告法庭将根据当事人确认的地址邮寄送达。邮件回执上注明的收到或者退回之日即为送达之日。

（6）宣布闭庭

审判长宣布：庭审结束。合议庭成员退庭后，诉讼参加人和旁听人员退庭。

（7）审阅笔录的说明

散庭后，书记员向诉讼参与人交代阅读法庭笔录的时间和地点。能够当庭阅读庭审笔录的，请诉讼参与人阅读并签名。诉讼参加人认为笔录有误，可以要求书记员更改；是否同意修改，应当由书记员决定。书记员不同意更改的，诉讼参与人可以予以注明或者提交书面说明附卷。

二、行政诉讼第一审普通程序应注意的问题①

（一）关于预备庭与正式开庭的关系

预备庭是开庭前准备工作的主要方式。通过预备庭审，充分做好庭前的准备工作，能够厘清审判思路，提高审判质量，进一步提高庭审效率；同时，有些案件在预审法庭的协调下，以原告主动撤诉或者被告主动改变具体行政行为后原告自愿撤诉的方式结案。这种结案方式往往取得更好的审判效果和社会效果。

不是所有的行政诉讼案件都需要经过预备庭审。案情比较简单、争议不大的案件，法官通过阅卷即能够准确确定诉讼争议和法庭调查的范围的，就不必经过预备庭审而“一步到庭”。

预备庭和正式开庭的关系：

第一，经当事人认可，预备庭确认的诉讼请求、没有争议的事实和争议的焦点，没有争议的证据和有争议的证据等，除非有正当理由，当事人不能反悔。正式开庭时，法庭可以结合庭审的实际情况予以进一步补充和完善。

第二，经预备庭确认的诉讼请求，没有争议的事实和争议的焦点，没有争议的证据和有争议的证据等，将为正式开庭时直接认定案件事实和确定法庭进一步调查的范围提供依据。

第三，在预备庭审已经进行的程序，比如核对身份、组织当事人陈述、证据原件的出示、证人出庭做证以及归纳小结等，在正式开庭时根据案件审理的需要可以省略或者简略。

（二）关于当事人陈述

法庭调查从当事人陈述开始。当庭陈述包括宣读诉状、补充陈述和根据法庭

① 参见海南省高级人民法院《行政诉讼第一审程序庭审操作规范（试行）》，琼高法〔2005〕133号文件，2005年8月24日发布。

的发问所作的答问陈述。当事人陈述的内容包括诉讼请求、事实和理由，等。

作为证据的当事人陈述，仅指当事人就案件事实所作的叙述。这与其他证据有不同特点：

第一，举证和质证的方式与其他证据不同。法庭在组织当事人陈述过程中，当事人宣读诉状、补充陈述和答问陈述，既是举证的过程，也是质证（包括质辩）的过程。

第二，举证期限不同。被告或者第三人逾期提交答辩状，抑或当事人在举证期限届满后当庭口头答辩陈述的内容，以及当庭所作的补充陈述和答问陈述，实际属于逾期举证的情形，但法庭应保障当事人当庭陈述的权利。

第三，认证的标准不同。在举证、质证的基础上，法庭可以对当事人陈述进行认证，即对当事人陈述一致或者认可事实直接予以认定，但有相反的证据足以推翻的除外。一方当事人陈述的事实不能单独作为认定案件事实的根据。

实践中，如果当事人在开庭前组织的证据交换或者预备庭中已经进行了陈述，合议庭认为不必再行组织当事人陈述的，在正式开庭时可以省略。但是，当事人陈述是法庭调查阶段的法定的必要环节，如果省略的，应当予以说明。

（三）关于法庭调查应当注意的几个环节

法庭调查是庭审的重心。法庭调查的质量很大程度上决定了庭审的质量。从实践上看，搞好法庭调查需要抓好以下环节：

第一，准确确定法庭调查的范围。法庭调查的范围往往就是当事人争议的问题，但又不等于当事人争议的问题。一方面，法庭调查的范围不以当事人争议的范围为限。当事人虽没有争议的问题，但法庭认为有必要调查的问题也可以作为法庭调查的范围，并向当事人说明。另一方面，当事人有争议的事实问题和法律问题，但法庭认为与本案法律关系无关，不影响案件的定性和处理，也可以不作为法庭调查的范围，并向当事人释明。

第二，法庭调查范围内的具体事项应当逐一展开。切忌在没有确定具体调查对象的情况下就组织当事人举证、质证。

第三，法庭调查应当有序进行。如果涉及前置的程序性问题，应先行调查处理。其他实体性问题的审查原则上按时间的顺序或者法律关系的基本要素有序安排，逐一进行。

（四）关于司法审查的基本范围

法庭应从以下五个方面对被诉具体行政行为进行合法性审查：1. 行政主体是

否越权；2. 行政程序是否符合规定；3. 被诉行为所认定的事实是否清楚和证据是否确实充分；4. 适用法律是否正确；5. 以及是否存在滥用职权的情形。需要审查被诉行为的合理性的，还需审查行为是否适当、正当和合理。

被诉行为系行政不作为行为的，首先审查确认原告是否已提出相应的申请以及该申请是否符合法律规定，或者是否属于被告应当依职权主动履行法定职责的情形。否则，驳回原告的诉讼请求。在确认上述事实后，再审查被诉行政不作为行为是否存在。如果被告已作出相应的行为的，应驳回原告的诉讼请求。经确认被诉不作为行为存在的，最后审查该不作为行为的合法性、合理性。

对于行政赔偿案件，应当以行政行为的违法性已经被确认为前提。审查的内容包括：（1）行政行为是否构成侵权损害；（2）哪些侵权损害属于国家赔偿法的范围；（3）确定赔偿的方式和计算标准。

（五）关于法庭调查和法庭辩论的分工

法庭调查和法庭辩论应当有分工。从理论上讲，法庭调查的对象是事实，即通过举证、质证和认证，在审查证据的基础上认定案件事实。法庭辩论一般是在法庭调查的基础上，甚至在事实清楚的基础上，就法律的适用展开辩论，以确认是非曲直、行为性质、责任划分等。

法庭调查阶段一般不宜就法律适用等问题组织当事人辩论；但对法律依据的有无以及法律条文的具体内容等发生的争议，法庭认为需要调查的，也可以作为法庭调查的范围。

有关证据的质辩和事实的认定意见已在法庭调查中进行陈述，法庭辩论阶段一般不再组织当事人就证据的质辩和事实的认定发表意见。法庭已经认定的事实和证据可以作为法庭辩论的依据。

（六）关于当庭认证和当庭宣判的问题

行政诉讼案件应当确立当庭认证和当庭宣判的原则。

从审判实践看，有些案件，当事人在事实问题上基本没有争议，仅就法律的具体适用问题有争议。庭审时，法庭调查在认定当事人陈述后即可结束，法庭辩论成为庭审的重心。有些案件，当事人对事实问题有争议，对法律适用也有争议。这样的案件的庭审结构就比较完整，法庭调查和法庭辩论相对独立，当庭认证对法庭辩论没有形成根本的影响。而还有些案件，当事人主要就事实问题有争议，法律适用上的争议随着事实问题的审查认定后也就一目了然了。因此当庭认证对法庭辩论有根本性的影响，甚至当庭认证实际上相当于宣布裁判结果，法庭辩论已变得无实际意义和必要。

案件存在不同类型是客观的，但庭审应仍坚持规范操作，即该当庭认证就当庭认证，能够当庭宣判就当庭宣判。有些案件如果在法庭调查时就当庭认证，确实会造成法庭辩论的虚无化。但法庭不必因此而故意回避当庭认证，即使能够当庭认证也不作认证，给法庭辩论留有一点悬念。这完全没有必要。

案件经过预备庭审理和开庭审理后，往往能够当庭宣判。而且行政诉讼案件审理的期限相对较短，审判效率有更高的要求。同时，考虑到减少诉累和减轻司法成本，能够当庭宣判的应尽可能当庭宣判。

附：

行政作为诉讼与行政不作为诉讼一审程序模拟庭审剧本

附一：行政作为诉讼第一审程序模拟法庭庭审剧本

（原告方、被告方上场，书记员、法警上场）

书记员：原告×××（的法定代表人×××）是否到庭？

书记员：原告×××的委托代理人×××、×××是否到庭？

书记员：被告×××（的法定代表人）×××是否到庭？

书记员：被告×××的委托代理人×××、×××是否到庭？

书记员：第三人×××（的法定代表人×××）是否到庭？

书记员：第三人×××（的委托代理人×××、×××）是否到庭？

书记员：各方当事人还有无新的委托代理人？

原告、被告、第三人：没有。

书记员：现在宣布法庭纪律：

全体人员在庭审活动中应当服从审判长或独任审判员的指挥，尊重司法礼仪，遵守法庭纪律，不得实施下列行为：

（一）鼓掌、喧哗；

（二）吸烟、进食；

（三）拨打或接听电话；

（四）对庭审活动进行录音、录像、拍照或使用移动通信工具等传播庭审活动；

（五）其他危害法庭安全或妨害法庭秩序的行为。

检察人员、诉讼参与人发言或提问，应当经审判长或独任审判员许可。

旁听人员不得进入审判活动区，不得随意站立、走动，不得发言和提问。

媒体记者经许可实施第一款第（四）项规定的行为，应当在指定的时间及区域进行，不得影响或干扰庭审活动。

书记员：全体起立，请审判人员入席！

（审判人员入席后站立）

审判长：请全体人员坐下！

书记员（站立，面向审判长）：报告审判长：本案当事人、诉讼参加人、诉讼参与人均已到庭，[本案原告（被告、第三人）的法定代表人×××，原告（被告、第三人）的委托代理人×××，证人×××，鉴定人×××经合法传唤未到庭，其余当事人、诉讼参加人、诉讼参与人均已到庭]，请决定是否可以开庭。

审判长（面向书记员）：可以开庭，请坐下！

审判长：根据《最高人民法院关于行政诉讼证据若干问题的规定》第七条的规定，原告或者第三人应当在开庭审理前或者人民法院指定的交换证据之日提供证据。因正当事由申请延期提供证据的，经人民法院准许，可以在法庭调查中提供。逾期提供证据的，视为放弃举证权利。原告或者第三人在第一审程序中无正当事由未提供而在第二审程序中提供的证据，第二审人民法院不予接纳。

情况一：由于该案庭前未举行证据交换，现在是原告和第三人提供证据的最后时间，原告和第三人还有无证据向法庭提交？

原告、第三人：没有。

审判长：原告、第三人是否申请有证人、鉴定人或专业人员出庭？

原告、第三人：没有。

[原告（第三人）：有。

审判长：证人、鉴定人或专业人员是否到庭？陈述证人姓名，证明事项？

（如原告、第三人申请在法庭调查时提供证据，由合议庭根据其事由是否正当，决定是否准许。）

审判长：被告申请的证人、鉴定人、专业人员是否到庭？

审判长：请值庭法警将各方当事人申请的证人、鉴定人或专业人员带到休息室等候。

（证人、鉴定人或专业人员未到庭的不影响审理。）]

情况二：该案庭前已举行证据交换，原告和第三人亦没有申请延期提供证据，在庭审中，法庭不再接收各方当事人提交的新的证据。

情况三：该案庭前已举行证据交换，原告（第三人）申请延期提供证据，因无正当事由，法庭未予准许。在庭审中，法庭不再接收各方当事人提交的新的证据。

情况四：该案庭前已举行证据交换，原告（第三人）因×××申请延期提供证据，因其事由正当，法庭予以准许。原告（第三人）可以在法庭调查中提供证据。在庭审中，法庭不再接收其他各方当事人提交的新的证据。

审判长：现在宣布开庭！根据《中华人民共和国行政诉讼法》第六条、第四十五条、第四十六条之规定，××××人民法院今天在××××依法公开审理原告××××不服被告××××××××（案由）一案。[××××人民法院今天在××××依法不公开审理原告×××不服被告××××××××（案由）一案。因该案涉及国家秘密（涉及个人隐私、法律另有规定），不适宜公开审理。]本案依法由审判员×××、×××，人民陪审员×××组成合议庭，由×××担任审判长，×××主审。书记员×××担任法庭记录。

审判长：首先核实当事人和诉讼参加人身份。

主审人：原告（原告法定代理人、原告委托代理人），向法庭陈述原告的姓名、民族、出生日期、住址、工作单位、职业及身份证号码。

[（如原告为法人或其他组织）：原告法定代表人（原告委托代理人），向法庭陈述原告单位全称、地址、法定代表人（代表人）姓名。]

主审人：原告委托代理人（原告法定代理人），向法庭陈述你的姓名、民族、出生日期、住址、工作单位、职业、身份证号码与原告的关系及代理权限。

[（如代理人是律师）：原告委托代理人，向法庭陈述你的服务处所，职业，代理权限，执业证号并提交你的《执业证书》。]

主审人：原告（原告委托代理人）宣读原告的[《法定代表人（代表人）身份证明书》《律师事务所公函》]《授权委托书》。

主审人：被告法定代表人（委托代理人），向法庭陈述被告单位全称、地址、法定代表人（代表人）姓名。

主审人：被告代理人，向法庭陈述你的姓名、工作单位、职业、代理权限。

[（如代理人是律师）：被告委托代理人，向法庭陈述你的服务处所，职业，代理权限，执业证号并提交你的《执业证书》。]

主审人：被告（被告委托代理人）宣读被告的《法定代表人（代表人）身份证明书》、[《律师事务所公函》]及《授权委托书》。

主审人：第三人（第三人法定代理人、委托代理人），向法庭陈述第三人的姓名、民族、出生日期、住址、工作单位、职业及身份证号码。

[（如第三人为法人或其他组织）：第三人（第三人委托代理人），向法庭陈述第三人单位全称、地址、法定代表人（代表人）姓名。]

主审人：第三人委托代理人（法定代理人），向法庭陈述你的姓名、民族、出生日期、住址、工作单位、职业、身份证号码与第三人的关系及代理权限。

[（如代理人是律师）：第三人委托代理人，向法庭陈述你的服务处所，职业，代理权限，执业证号并提交你的《执业证书》。]

主审人：第三人（第三人委托代理人、法定代表人），宣读第三人的［《法定代表人（代表人）身份证明书》《律师事务所公函》］《授权委托书》。

主审人：原告（原告代理人），你对被告法定代表人及其委托代理人的身份有无异议？对第三人及其委托代理人的主体资格及身份和代理权限有无异议？

主审人：被告法定代表人（委托代理人），你对原告及其委托代理人，对第三人及其委托代理人的主体资格及身份和代理权限有无异议？

主审人：第三人（第三人法定代理人、委托代理人），你对原告及其委托代理人，对被告及其委托代理人的主体资格及其身份和代理权限有无异议？

（如各方当事人对他方主体资格及其身份和代理权限均无异议。）

审判长：本庭确认，各方当事人具备本案诉讼主体资格，当事人、代理人身份真实，代理人具有代理权限，可以参加本案的诉讼。

（如任何一方对他方主体资格、身份或代理权限有异议的，合议庭应休庭评议。原告如不具诉讼主体资格，裁定驳回起诉，并交代其上诉权利，结束庭审；其他当事人不具诉讼主体资格，当事人或代理人身份不真实及代理人无代理权的，责令其退出法庭。如因此使庭审无法进行的，予以休庭；如当事人的异议不成立的，口头驳回，庭审继续进行。）

审判长：根据《中华人民共和国行政诉讼法》第四十七条的规定，当事人认为本案的审判人员、书记员、翻译人员与本案有利害关系或者有其他关系可能影响公正审判，有权申请回避。但申请回避应当说明理由并要经过批准。

审判长：原告方是否听清，是否申请回避？

审判长：被告方是否听清，是否申请回避？

审判长：第三人是否听清，是否申请回避？

（如有当事人申请回避，应休庭，按《中华人民共和国行政诉讼法》第四十七条的规定处理后决定是否继续审理；如没有当事人申请回避或回避申请被驳回，继续审理。）

审判长：下面由原告简述其诉讼请求及理由。

审判长：原告，你刚才陈述的诉讼请求与你向法庭提交的是否一致？

（如一致，审理继续进行；如不一致，特别是原告提出新的诉讼请求的，询问其理由。如无正当理由合议后不予准许。）

审判长：被告，法院向你单位送达的诉状上的原告的请求与刚才原告陈述的诉讼请求是否一致？

审判长：第三人，法院向你（单位）送达的诉状上的原告的请求与刚才原告陈述的诉讼请求是否一致？

[（如被告或第三人作否定的回答。）

审判长：哪些地方不一致？

审判长：原告，对被告（第三人）的异议有无需要解释的？]

（休庭合议后，作出是否准许原告提出新的诉讼请求。如准许，休庭，重新给被告和第三人以法定的答辩期限；如不予准许，审理继续。）

审判长：被告，简述答辩意见及理由。

审判长：第三人，简述参加诉讼的意见及理由。

审判长：下面进行法庭调查。

根据《最高人民法院关于行政诉讼证据若干问题的规定》（以下简称《行政诉讼证据规定》）第三十五条的规定，对在庭前证据交换中当事人无异议的证据，审判人员说明后无须在庭审中出示。

根据《行政诉讼证据规定》第三十八条的规定，当事人申请人民法院调取的证据，由申请调取证据的当事人在庭审中出示，并有当事人质证；人民法院依职权调取的证据，由法庭出示，并可就调取的情况进行说明，听取当事人意见。

申请有证人、鉴定人出庭的，应分别出庭。首先核实出庭的证人、鉴定人的身份，与各方当事人的关系，交代其权利、证人、鉴定人陈述完毕后，询问各方当事人是否有问题需要向证人、鉴定人发问。

根据《行政诉讼证据规定》第四十八条的规定，当事人对出庭的专业人员是否具备相应的专业知识、学历、资历等专业资格等有异议的，可进行询问。由法庭决定其是否可以作为专业人员出庭。专业人员可以对鉴定人进行询问。

证据质证完毕后，合议庭对证据的效力，评议确认。当庭无法确认的在庭后综合评议时予以认证。

审判长：首先对原告是否具备诉讼主体资格及是否超过起诉期限进行审查。

主审人：被告法定代表人（委托代理人），原告所诉的具体行政行为是否存在？

（如被告否定，由原告举证证明被诉行政行为存在，并由被告进行质证。）

主审人：被告，该具体行政行为是何时作出的？何时送达（告知）原告的？是否告知其诉权及起诉期限？并提交相应证据。

主审人：原告（原告法定代理人、原告委托代理人），被告所述是否属实？对被告所提证据予以质证。

（如原告否认，应提交相应证据予以反驳，但此项举证责任在被告方。）

审判长：原告是何时知道该具体行政行为的？是否申请复议？何时提起诉讼？与被诉行政行为有何法律上的利害关系？

主审人：被告方有无异议？对原告是否超过起诉期限有无意见发表？

主审人：第三人对原、被告所述有无异议？

主审人：各审判人员是否有问题发问？

（合议庭对原告是否具备诉讼主体资格及是否超过起诉期限进行评议。）

审判长：[本庭确认，×××因××××不具备本案原告诉讼主体资格，或起诉超过法定期限，根据《中华人民共和国行政诉讼法》第×条裁定驳回原告×××请求××××的起诉。诉讼费×××元，由原告承担。本院将在五日内向各方当事人送达裁定书。如不服本裁定，可在裁定书送达之日起十日内上诉于××××中级人民法院。闭庭。

（书记员宣布：请审判人员退庭，各方当事人校对笔录。）]

本庭确认，×××具备本案原告诉讼主体资格，起诉没有超过法定期限。

审判长：下面对被诉具体行政行为的合法性进行审查。

首先由被告方宣读或陈述被诉具体行政行为的内容。

主审人：原告，被告作出的行政行为与刚才宣读（陈述）的是否一致？

（如原告否定应提交相应的证据，并交由被告质证。）

[主审人：第三人，你所见到（收到）的被告作出的行政行为与刚才宣读（陈述）的是否一致？]

审判长：下面对被告是否享有作出被诉具体行政行为的职权进行审查。

主审人：被告方，向法庭宣读并提交你们有权作出被诉的具体行政行为的法律、法规或规章的有关规定。

主审人：该规范性文件是哪个机关何时通过（制定）的？是否向社会公布，以何种形式公布的？何时生效？现在是否仍具有效力？

主审人：值庭法警，将被告宣读的规范性文件交原告质证，并对该规范性文件及被告方所述内容发表质证意见，如有质疑意见应提交相应的证据予以证明。

（原告质证有关证据。）

[审判长：值庭法警，将被告宣读的规范性文件交由三人质证，并对该规范性文件及被告方所述内容发表质证意见，如有质疑意见应提交相应的证据予以证明。

（第三人质证有关证据）]

[主审人：被告方，对刚才原告和第三人的质疑意见及所提证据有无不同意见？]

主审人：各审判人员是否有问题发问？

（对被告是否享有作出被诉具体行政行为的职权进行当庭评议。）

审判长：[经当庭评议，被告不享有作出被诉具体行政行为的职权。根据《中华人民共和国行政诉讼法》第五十四条第（二）项第四目之规定，判决撤销被告于×年×月×日作出的×××××××（被诉具体行政行为的名称）。诉讼费×××元由被告承担，本庭将在五日内向各方当事人送达判决书。如不服本判决，可在判决书送达之日起十五日内向××××市中级人民法院提起上诉。闭庭。

（书记员宣布：请审判人员退庭，各方当事人校对笔录。）]

审判长：经当庭评议，被告享有作出被诉具体行政行为的职权。下面对被诉具体行政行为认定事实依据的证据是否确凿、充分进行审查。

主审人：被告方宣读在法定举证期限内已向法庭提交的有关被诉具体行政行为认定事实依据的证据，并向法庭提交原件由原告（和第三人）质证。提交证据时可以分组或按份进行，应说明证据的来源、收集时间、证明事项等。如在法定举证期限内向法庭申请有证人、鉴定人或专业人员出庭，可请求法庭传唤出庭做证或说明情况。

主审人：值庭法警，把刚才被告方向法庭提交的证据交由原告质证。

（原告质证有关证据。）

主审人：原告方有无质疑意见，如有应提交相应的证据予以证明或申请法庭传唤在法定举证期限内向法庭申请的证人、鉴定人或专业人员出庭做证或说明情况。

[主审人：值庭法警，把刚才被告方向法庭提交的证据交由第三人质证。

（第三人质证有关证据。）

主审人：第三人有无质疑意见，如有应提交相应的证据予以证明或申请法庭传唤在法定举证期限内向法庭申请的证人、鉴定人或专业人员出庭做证或说明情况。]

主审人：被告方，对刚才原告（和第三人）的质疑意见及所提证据有无不同意见？

主审人：各审判人员是否有问题发问？

（合议庭当庭对当事人提交的证据予以评议。）

审判长：经本庭评议：被告提交的证据××××，原告提交的证据××××、第三人提交的证据××××，具有关联性、真实性、合法性，可以作为认定本案有关事实的证据。被告提交的证据××××，因××××，原告提交的证据××××，因××××，第三人提交的证据××××，因××××不具证据效力。

主审人：下面由被告继续举证。

……

（按照被告举证，原告、第三人质证，合议庭评议的顺序，逐轮进行。）

主审人：各方当事人对被诉具体行政行为认定事实是否清楚，还有无证据向法庭提交？

主审人：各审判人员是否有问题发问？

审判长：对被诉具体行政行为认定事实依据的证据审查结束，下面对被告作出的被诉具体行政行为的程序是否合法进行审查。

主审人：被告方，对如何作出被诉具体行政行为，法律、法规有无程序性的规定？

主审人：具体是如何规定的？

主审人：你们是否按照该规定执行？该规范性文件是由哪个机关何时颁布的，现在是否仍具有效力？

主审人：值庭法警，将被告宣读的规范性文件交原告质证，并对该规范性文件及被告方所述内容发表质证意见。如有质疑意见，可提交相应的证据予以证明。

主审人：值庭法警，将被告宣读的规范性文件交第三人质证，并对该规范性文件及被告方所述内容发表质证意见。如有质疑意见，可提交相应的证据予以证明。

主审人：被告方宣读作出被诉具体行政行为的有关程序性材料，并提交原件由原告（和第三人）质证。如在法定举证期限内向法庭申请有证人出庭，可请求法庭传唤出庭做证。

主审人：值庭法警，把刚才被告方向法庭提交的有关程序性材料交由原告质证。

（原告质证有关程序性材料。）

主审人：原告有无质疑意见？如有质疑意见可提交相应的证据予以证明。如在法定举证期限内向法庭申请有证人出庭，可请求法庭传唤出庭做证。

[主审人：值庭法警，把刚才被告方向法庭提交的有关程序性材料交由第三人质证。

（第三人质证有关程序性材料。）

主审人：第三人有无质疑意见？如有质疑意见可提交相应的证据予以证明。如在法定举证期限内向法庭申请有证人出庭，可请求法庭传唤出庭做证。]

主审人：各审判人员是否有问题发问？

（合议庭对被诉具体行政行为的程序是否合法进行评议。）

审判长：经合议庭评议，被告提交的××××因××××不具证据效力，不能证明被诉具体行政行为程序的合法性。

被告提交的××××证据因××××具有证据效力，可以作为证明被诉具体行政行为程序合法的证据。

原告提交的证据××××、第三人提交的证据××××，具有关联性、真实性、合法性，可以作为认定本案有关事实的证据。原告提交的证据××××，因××××，第三人提交的证据××××，因××××不具证据效力。

审判长：下面对被告作出的被诉具体行政行为适用法律、法规是否正确进行审查。

主审人：被告方宣读并提交作出被诉具体行政行为所适用法律、法规相关条文的内容。

主审人：该规范性文件是由哪个机关何时颁布的，现在是否具有效力，是否向社会公布，以何种形式公布的？

主审人：值庭法警，将被告宣读的规范性文件交原告质证。

（原告质证该规范性文件。）

主审人：原告对该规范性文件及被告方所述内容发表质证意见。如有质疑意见可提交相应的证据予以证明。

[主审人：值庭法警，将被告宣读的规范性文件交第三人质证。

（第三人质证该规范性文件。）

主审人：第三人对该规范性文件及被告方所述内容发表质证意见。如有质疑意见可提交相应的证据予以证明。]

主审人：被告方，对刚才原告（和第三人）的质疑意见及所提证据有无不同意见？

主审人：各审判人员是否有问题发问？

（合议庭对被诉具体行政行为的适用法律是否正确进行评议。）

审判长：经合议庭评议，被告作出被诉具体行政行为适用的××××，因××××，确认被告适用法律正确（错误）。

审判长：下面对被告作出的被诉具体行政行为的目的进行审查。

主审人：被告作出该行为的目的是什么？

主审人：原告方有无异议？

主审人：第三人有无异议？

主审人：被告方，对刚才原告（和第三人）的质疑意见及所提证据有无不同意见？

主审人：各审判人员是否有问题发问？

（进行当庭评议。）

审判长：经当庭评议，被告无滥用职权的情形。（被告因××××，有滥用职权的情形。）

主审人：各方当事人是否要求人民法院一并解决相关的民事争议？

（如各方当事人均同意，指导其就相关民事权益提供相应的证据，并由对方当事人质证。如有一方不同意，结束法庭调查。）

1. 法庭辩论

审判长：法庭审查结束，下面进行法庭辩论。法庭辩论是在审判长的主持下，围绕争议的焦点以言辞辩论的形式有秩序地发表自己的意见。辩论时不得质问、讽刺、挖苦、侮辱对方。辩论按轮进行，首先由被告方发表辩论意见。

审判长：合议庭认为本案争议的焦点为：1. ××××；2. ××××；3. ××××。首先由原告方发表辩论意见。

审判长：被告方发表辩论意见。

（审判长：第三人发表辩论意见。）

（如当事人有新的辩论意见，可进行第二轮、第三轮辩论。）

审判长：法庭辩论结束。

[审判长：各方当事人是否愿意就行政赔偿部分进行调解？

主审人：原告方陈述你的调解意见。

主审人：被告方陈述你的调解意见。

主审人：第三人陈述你的调解意见。

（有针对性地指出各方当事人应承担的责任，进行第二轮调解。）

审判长：经调解各方当事人就行政赔偿部分达成协议，本庭将在五日内向各方当事人送达《行政赔偿调解书》。（经调解各方当事人不能就行政赔偿部分达成协议，本庭将依法判决。）]

2. 最后陈述

审判长：下面进行最后陈述，各方当事人最后简明扼要地陈述自己的请求及理由。

审判长：首先由被告陈述。

审判长：原告陈述。

（审判长：第三人陈述。）

审判长：法庭审理结束。休庭×分钟，合议庭退庭评议。

3. 评议宣判

审判长：现在继续开庭，下面对庭审中未认证的证据进行综合认证：

确认被告提交的证据。

确认原告提交的证据。

（确认第三人提交的证据。）

（庭审中已认证过的证据不再重复认证。）

根据上述有效证据本院可认定以下事实：

本院认为，

全体起立。根据××××的规定，判决如下：

诉讼费×××元由被告（原告）承担。

本庭将在五日内向各方当事人送达判决书。如不服本判决，可在判决书送达之日起十五日内向××××中级人民法院提起上诉。

请坐下！

审判长：原告是否听清判决内容？是否上诉？

审判长：被告是否听清判决内容？是否上诉？

（审判长：第三人是否听清判决内容？是否上诉？）

审判长：闭庭！

（书记员宣布：请审判人员退庭。各方当事人校对笔录。）

附二：行政不作为诉讼第一审程序模拟法庭庭审剧本

（原告方、被告方上场，书记员、法警上场。）

书记员：原告×××（的法定代表人×××）是否到庭？

书记员：原告×××的委托代理人×××、×××是否到庭？

书记员：被告×××的法定代表人×××是否到庭？

书记员：被告×××的委托代理人×××、×××是否到庭？

书记员：第三人×××（的法定代表人×××）是否到庭？

书记员：第三人×××的委托代理人×××、×××是否到庭？

书记员：各方当事人还有无新的委托代理人？

原告、被告、第三人：没有。

[原告（被告、第三人）：有。

书记员：委托代理人姓名？是否到庭？

书记员：向法庭提交你的授权委托书。]

书记员：现在宣布法庭纪律：全体人员在庭审活动中应当服从审判长或独任审判员的指挥，尊重司法礼仪，遵守法庭纪律，不得实施下列行为：

（一）鼓掌、喧哗；

（二）吸烟、进食；

（三）拨打或接听电话；

（四）对庭审活动进行录音、录像、拍照或使用移动通信工具等传播庭审活动；

（五）其他危害法庭安全或妨害法庭秩序的行为。

检查人员、诉讼参与人发言或提问，应当经审判长或独任审判员许可。

旁听人员不得进入审判活动区，不得随意站立、走动，不得发言和提问。

媒体记者经许可实施第一款第（四）项规定的行为，应当在指定的时间及区域进行，不得影响或干扰庭审活动。

书记员：全体起立，请审判人员入席！

（审判人员入席后站立）

审判长：请全体人员坐下！

书记员（站立，面向审判长）：报告审判长：本案当事人、诉讼参加人、诉讼参与人均已到庭，[本案原告（被告、第三人）的法定代表人×××，原告（被告、第三人）的委托代理人×××，证人×××，鉴定人×××经合法传唤未到庭，其余当事人、诉讼参加人、诉讼参与人均已到庭]，请决定是否可以开庭。

审判长（面向书记员）：可以开庭，请坐下！

审判长：根据《最高人民法院关于行政诉讼证据若干问题的规定》第七条的规定，原告或者第三人应当在开庭审理前或者人民法院指定的交换证据之日提供证据。因正当事由申请延期提供证据的，经人民法院准许，可以在法庭调查中提供。逾期提供证据的，视为放弃举证权利。原告或者第三人在第一审程序中无正当事由未提供而在第二审程序中提供的证据，第二审人民法院不予接纳。

情况一：由于该案庭前未举行证据交换，现在是原告和第三人提供证据的最后时间，原告和第三人还有无证据向法庭提交？

原告、第三人：没有。

[原告（第三人）：有。

审判长：陈述证据的名称，证明事项。]

审判长：原告、第三人是否申请有证人、鉴定人或专业人员出庭？

原告、第三人：没有。

[原告（第三人）：有。

审判长：证人、鉴定人或专业人员是否到庭？陈述证人姓名，证明事项？

（如原告、第三人申请在法庭调查时提供证据，由合议庭根据其事由是否正当，决定是否准许。）

审判长：被告申请的证人、鉴定人、专业人员是否到庭？

审判长：请值庭法警将各方当事人申请的证人、鉴定人或专业人员带到休息室等候。

（证人、鉴定人或专业人员未到庭的不影响审理）]。

情况二：该案庭前已举行证据交换，原告和第三人亦没有申请延期提供证据，在庭审中，法庭不再接收各方当事人提交的新的证据。

情况三：该案庭前已举行证据交换，原告（第三人）申请延期提供证据，因无正当事由，法庭未予准许。在庭审中，法庭不再接收各方当事人提交的新的证据。

情况四：该案庭前已举行证据交换，原告（第三人）因×××申请延期提供证据，因其事由正当，法庭予以准许。原告（第三人）可以在法庭调查中提供证据。在庭审中，法庭不再接收其他各方当事人提交的新的证据。

审判长：现在宣布开庭！根据《中华人民共和国行政诉讼法》第六条、第四十五条、第四十六条之规定，×××人民法院今天在×××依法公开审理原告×××不服被告×××（案由）一案。[×××人民法院今天在×××依法不公开审理原告×××不服被告×××（案由）一案。因该案涉及国家秘密（涉及个人隐私、法律另有规定），不适宜公开审理。] 本案依法由审判员×××、×××，人民陪审员×××组成合议庭，由×××担任审判长，×××主审。书记员×××担任法庭记录。

审判长：首先核实当事人和诉讼参加人身份。

主审人：原告（原告法定代理人、原告委托代理人），向法庭陈述原告的姓名、民族、出生日期、住址、工作单位、职业及身份证号码。

[（如原告为法人或其他组织）：原告法定代表人（原告委托代理人），向法庭陈述原告单位全称、地址、法定代表人（代表人）姓名。]

主审人：原告委托代理人（原告法定代理人），向法庭陈述你的姓名、民族、出生日期、住址、工作单位、职业、身份证号码与原告的关系及代理权限。

[（如代理人是律师）：原告委托代理人，向法庭陈述你的服务处所、职业、代理权限、执业证号并提交你的《执业证书》。]

主审人：原告（原告委托代理人）宣读原告的[《法定代表人（代表人）身份证明书》《律师事务所公函》]《授权委托书》。

主审人：被告法定代表人（委托代理人），向法庭陈述被告单位全称、地址、法定代表人（代表人）姓名。

主审人：被告代理人，向法庭陈述你的姓名、工作单位、职业、代理权限。

[（如代理人是律师）：被告委托代理人，向法庭陈述你的服务处所、职业、代理权限、执业证号并提交你的《执业证书》。]

主审人：被告（被告委托代理人）宣读被告的《法定代表人（代表人）身份证明书》、[《律师事务所公函》] 及《授权委托书》。

主审人：第三人（第三人法定代理人、委托代理人），向法庭陈述第三人的姓名、民族、出生日期、住址、工作单位、职业及身份证号码。

[（如第三人为法人或其他组织）：第三人（第三人委托代理人），向法庭陈述第三人单位全称、地址、法定代表人（代表人）姓名。]

主审人：第三人委托代理人（法定代理人），向法庭陈述你的姓名、民族、出生日期、住址、工作单位、职业、身份证号码与第三人的关系及代理权限。

[（如代理人是律师）：第三人委托代理人，向法庭陈述你的服务处所、职业、代理权限、执业证号并提交你的《执业证书》。]

主审人：第三人（第三人委托代理人、法定代表人），宣读第三人的［《法定代表人（代表人）身份证明书》《律师事务所公函》］《授权委托书》。

主审人：原告（原告代理人），你对被告法定代表人及其委托代理人的身份有无异议？对第三人及其委托代理人的主体资格及身份和代理权限有无异议？

主审人：被告法定代表人（委托代理人），你对原告及其委托代理人，对第三人及其委托代理人的主体资格及身份和代理权限有无异议？

主审人：第三人（第三人法定代理人、委托代理人），你对原告及其委托代理人，对被告及其委托代理人的主体资格及其身份和代理权限有无异议？

（如各方当事人对他方主体资格及其身份和代理权限均无异议。）

审判长：本庭确认，各方当事人具备本案诉讼主体资格，当事人、代理人身份真实，代理人具有代理权限，可以参加本案的诉讼。

（如任何一方对他方主体资格、身份或代理权限有异议的，合议庭应休庭评议。原告如不具诉讼主体资格，裁定驳回起诉，并交代其上诉权利，结束庭审；其他当事人不具诉讼主体资格，当事人或代理人身份不真实及代理人无代理权的，责令其退出法庭。如因此使庭审无法进行的，予以休庭；如当事人的异议不成立的，口头驳回，庭审继续进行。）

审判长：根据《中华人民共和国行政诉讼法》第四十七条的规定，当事人认为本案的审判人员、书记员、翻译人员与本案有利害关系或者有其他关系可能影响公正审判的，有权申请回避。但申请回避应当说明理由并要经过批准。

审判长：原告方是否听清，是否申请回避？

审判长：被告方是否听清，是否申请回避？

审判长：第三人是否听清，是否申请回避？

（如有当事人申请回避，应休庭，按《中华人民共和国行政诉讼法》第四十七条的规定处理后决定是否继续审理；如没有当事人申请回避或回避申请被驳回，继续审理。）

审判长：下面由原告简述其诉讼请求及理由。

审判长：原告，你刚才陈述的诉讼请求与你向法庭提交的是否一致？

（如一致，审理继续进行；如不一致，特别是原告提出新的诉讼请求的，询问其理由。如无正当理由合议后不予准许。）

审判长：被告，法院向你单位送达的诉状上的原告的请求与刚才原告陈述的诉讼请求是否一致？

审判长：第三人，法院向你（单位）送达的诉状上的原告的请求与刚才原告陈述的诉讼请求是否一致？

[（如被告或第三人作否定的回答。）

审判长：哪些地方不一致？

审判长：原告，对被告（第三人）的异议有无需要解释的？]

（休庭合议后，作出是否准许原告提出新的诉讼请求。如准许，休庭，重新给被告和第三人以法定的答辩期限；如不予准许，审理继续。）

审判长：被告，简述答辩意见及理由。

审判长：第三人，简述参加诉讼的意见及理由。

1. 法庭调查

审判长：下面进行法庭调查。

（根据《行政诉讼证据规定》第三十五条的规定，对在庭前证据交换中当事人无异议的证据，审判人员说明后无须在庭审中出示。

根据《行政诉讼证据规定》第三十八条的规定，当事人申请人民法院调取的证据，由申请调取证据的当事人在庭审中出示，并有当事人质证；人民法院依职权调取的证据，由法庭出示，并可就调取的情况进行说明，听取当事人意见。

申请有证人、鉴定人出庭的，应分别出庭。首先核实出庭的证人、鉴定人的身份，与各方当事人的关系，交代其权利、证人、鉴定人陈述完毕后，询问各方当事人是否有问题需要向证人、鉴定人发问。

根据《行政诉讼证据规定》第四十八条的规定，当事人对出庭的专业人员是否具备相应的专业知识、学历、资历等专业资格等有异议的，可进行询问。由法庭决定其是否可以作为专业人员出庭。专业人员可以对鉴定人进行询问。

证据质证完毕后，合议庭对证据的效力，评议确认。当庭无法确认的在庭后综合评议时予以认证。）

审判长：首先对原告是否具备诉讼主体资格及是否超过起诉期限进行审查。

主审人：原告是何时申请被告履行××××职责的？

主审人：被告方有无异议？

［被告：有异议，原告未申请过（或对申请时间有异议）。］

主审人：原告提供你在行政程序中曾经向被告提出申请的证据材料，并交由被告质证。

主审人：被告方有无异议？有异议应提交相应的证据予以证明。

主审人：原告对被告方的异议及证据有无不同意见？

根据《最高人民法院关于行政诉讼证据若干问题的规定》第四条第二款第（二）项的规定，原告因被告受理申请的登记制度不完备等正当事由不能提供相关证据材料并能够作出合理说明的，可免除原告对该事项的举证责任。

主审人：原告是何时向人民法院起诉的？

主审人：被告方对其起诉是否仍在法定处理期限内或是否超过起诉期限有无意见发表？如有意见应提交相应的证据予以证明。

主审人：原告对被告的质疑意见及证据有无不同意见？

主审人：各审判人员是否有问题发问？

（合议庭对原、被告提交的证据进行评议。）

审判长：经合议庭评议确认原告提交的证据××××，被告提交的证据××××，因××××，可以作为认定本案有关事实的证据；原告提交的证据××××，被告提交的证据××××，因××××，不具有证据效力。

［根据上述有效证据，确认原告在行政程序中未向被告提出履行职责的申请（或原告提起诉讼仍在被告法定处理期限内），不具原告诉讼主体资格。（或原告的起诉超过了法定起诉期限），根据《中华人民共和国行政诉讼法》第××××条的规定，裁定驳回原告×××要求被告×××履行××××职责的起诉。诉讼费×××元由原告承担。

本庭将在五日内向各方当事人送达裁定书。如不服本裁定，可在裁定书送达之日起十日内上诉于××××中级人民法院。闭庭。

（书记员宣布：请审判人员退庭，各方当事人校对笔录。）］

根据上述有效证据，本庭确认××××具备本案原告诉讼主体资格，起诉没有超过法定期限。

审判长：下面对被告是否适格进行审查。

主审人：被告方，原告申请的事项是否属于你单位应当履行的法定职责？

[（如被告否定。）

主审人：被告有无证据证明原告所申请的事项不属于单位的法定职责？

主审人：原告方对被告提交的证据有无异议？有异议可提交相应的证据予以证明。

根据《最高人民法院关于行政诉讼证据若干问题的规定》第四条第二款第（一）项的规定，被告应当依职权主动履行法定职责的，可免除原告对该事项的举证责任。

主审人：各审判人员是否有问题发问？]

（合议庭对被告是否具有原告申请履行的法定职责进行评议。）

审判长：经合议庭评议确认原告提交的证据××××，被告提交的证据××××，因××××，可以作为认定本案有关事实的证据；原告提交的证据××××，被告提交的证据××××，因××××，不具有证据效力。

[根据上述有效证据，确认被告不具有履行原告所申请的事项的法定职责，不具被告诉讼主体资格。根据《中华人民共和国行政诉讼法》第××××条的规定，判决驳回原告×××要求被告×××履行××××职责的诉讼请求。诉讼费×××元由原告承担。

本庭将在五日内向各方当事人送达裁定书。如不服本裁定，可在裁定书送达之日起十日内上诉于××××中级人民法院。闭庭。

（书记员宣布：请审判人员退庭，各方当事人校对笔录。）]

根据上述有效证据，本庭确认×××具备本案被告诉讼主体资格。

审判长：下面对被告不履行法定职责的理由进行审查。

主审人：被告你们收到原告的申请后是如何处理的？

主审人：为何不予答复（不予受理、驳回申请）？并提交相应的证据予以证明。

主审人：原告对被告的陈述及提交的证据有无异议？有异议应提交相应的证据予以证明。

主审人：被告对原告的质疑意见及证据有无不同意见？

主审人：各审判人员是否有问题发问？

（合议庭对原、被告提交的证据进行评议。）

审判长：经合议庭评议确认原告提交的证据××××，被告提交的证据××××，因××××，可以作为认定本案有关事实的证据；原告提交的证据××××，被告提交的证据××××，因××××，不具有证据效力。

2. 法庭辩论

审判长：法庭审查结束，下面进行法庭辩论。法庭辩论是在审判长的主持下，围绕争议的焦点以言辞辩论的形式有秩序地发表自己的意见。辩论时不得质问、讽刺、挖苦、侮辱对方。辩论按轮进行，首先由被告方发表辩论意见。

审判长：合议庭认为本案争议的焦点为：（1）××××；（2）××××；（3）××××。首先由原告方发表辩论意见。

审判长：被告方发表辩论意见。

（如当事人有新的辩论意见，可进行第二轮、第三轮辩论。）

审判长：法庭辩论结束。

3. 最后陈述

审判长：下面进行最后陈述，各方当事人最后简明扼要地陈述自己的请求及理由。

审判长：首先由被告陈述。

审判长：原告陈述。

审判长：法庭审理结束。休庭×分钟，合议庭退庭评议。

4. 评议宣判

（合议庭对被告就原告的申请不予答复、不予受理或驳回其申请是否合法进行评议。如被告不予受理或驳回申请不合法的，责令被告作出相应的具体行政行为；如不存在阻却被告履行法定职责的情形的，可判令其直接对原告申请的事项作出处理。）

审判长：现在继续开庭，下面对庭审中未认证的证据进行综合认证：

确认被告提交的证据：

确认原告提交的证据：

（庭审中已认证过的证据不再重复认证。）

根据上述有效证据本院可认定以下事实：

本院认为：

全体起立。根据《中华人民共和国行政诉讼法》第×××条的规定，判决如下：

诉讼费×××元由被告（原告）承担。

本庭将在五日内向各方当事人送达判决书。如不服本判决，可在判决书送达之日起十五日内向××××中级人民法院提起上诉。

请坐下！

审判长：原告是否听清判决内容？是否上诉？

审判长：被告是否听清判决内容？是否上诉？

审判长：闭庭！

（书记员宣布：请审判人员退庭，各方当事人校对笔录。）

第二节　实验案例

张××等诉××市林业局行政许可案[①]

【案情简介】

张××与孙××1992年结为夫妻，双方均系再婚，婚后张××与前夫所生女儿张×一、张×二，以及孙××与前妻所生儿子孙×一均与张、孙二人共同生活。2001年，张××与孙××承包了××市××街道××村××路的部分路段的南侧种植杨树。2012年12月12日孙××因交通事故去世。

2013年5月，孙×一到村委办理其父孙××承包的树林采伐，村委负责人为其开出了采伐证明，孙×一又到密水街办经管站加盖了村委公章，随后把盖有村委公章的申请书交给了买树人李某强。后李某强把采伐申请交给密水街办林业站李庆华，李庆华审核后认为孙××与村委签有合同，树木为孙××所有，因此办理了相关手续。2013年5月16日，李某强带着盖有村委会、密水街道林业站、密水街道政府公章的采伐申请书到林业局窗口提出采伐申请。林业局接到申请后，对所要采伐的林木进行了现场勘验，认为材料齐全，2013年5月27日为孙××的496株树木办理了采伐证。5月30日李某强对涉案林木实施采伐。张××当日得知后立刻报警，并要求法院通知被告林业局制止采伐行为。法院通知了林业局，林业局制止了采伐，并收回了采伐证，此时已采伐树木228株。

2016年8月，张××向法院提起诉讼，要求确认林业局为孙××办理采伐证的行为违法，并赔偿原告经济损失31920元。

① 本案来自山东子伦律师事务所，2016年案例。本书在引用时略有改动。

【模拟开庭剧本】

（原告方、被告方上场，书记员、法警上场）

书记员：张××是否到庭？

原：到庭。

书记员：被告××市林业局的法定代表人是否到庭？

被代：他出差了，未到庭。但单位派了党组书记胡××出庭，负责庭审的一切事宜。

书：被告××市林业局的到庭负责人胡××是否到庭？

胡：到庭。

书记员：被告××市林业局的委托代理人张××、李××是否到庭？

张：到庭。

李：到庭。

书记员：第三人孙×一是否到庭？

三代：他没来。

书记员：第三人孙×一的委托代理人孙×是否到庭？

三代：到庭。

书记员：各方当事人还有无新的委托代理人？

原告、被告、第三人：没有。

书记员：现在宣布法庭纪律：

全体人员在庭审活动中应当服从审判长或独任审判员的指挥，尊重司法礼仪，遵守法庭纪律，不得实施下列行为：

（一）鼓掌、喧哗；

（二）吸烟、进食；

（三）拨打或接听电话；

（四）对庭审活动进行录音、录像、拍照或使用移动通信工具等传播庭审活动；

（五）其他危害法庭安全或妨害法庭秩序的行为。

检查人员、诉讼参与人发言或提问，应当经审判长或独任审判员许可。

旁听人员不得进入审判活动区，不得随意站立、走动，不得发言和提问。

媒体记者经许可实施第一款第（四）项规定的行为，应当在指定的时间及区域进行，不得影响或干扰庭审活动。

书记员：全体起立，请审判人员入席！

审判长：请全体人员坐下！

书记员：报告审判长：原告张××到庭；被告××市林业局法定代表人未到庭，相关负责人胡××及委托代理人张××、李××到庭，第三人孙×一未到庭，委托代理人孙×到庭。报告完毕，请决定是否可以开庭。

审判长：可以开庭，请坐下！

审：山东省××市人民法院行政审判庭根据《中华人民共和国行政诉讼法》第五十四条之规定，今天在此公开审理原告张××诉被告××市林业局、第三人孙×一确认颁发采伐许可证行为违法一案，现在宣布开庭。

审：首先核实当事人和诉讼参加人身份。

审：原告，向法庭陈述原告的姓名、民族、出生日期、住址、工作单位、职业及身份证号码。

原：原告张××，女，1960年5月7日生，汉族，居民，住××市××街道××社区××村××号。身份证号：3707××××××××××××××。

审：你没有委托律师？

原：没有，我自己就可以。

审：被告法定代表人未到庭？

被代：没有，他出差了。

审：被告出庭负责人向法庭陈述被告单位全称、地址、法定代表人（代表人）姓名及你的姓名、民族、出生日期、住址、工作单位、职业。

被：××市林业局。住所地：××市××路××号，组织机构代码：1237××××××××××××××。

法定代表人：尹××，局长。

到庭负责人：胡××，男，××年×月×日生，汉族，林业局党组书记，住单位宿舍。

审：被告代理人，向法庭陈述你的姓名、工作单位、职业、代理权限。

被告委托代理人：张××，山东子伦律师事务所律师。

被告委托代理人：李××，××年×月×日生，汉族，林业局职工，住单位宿舍。

代理权限：代为承认、变更、放弃诉讼请求，进行和解、调解，代为上诉、反诉，代收各种法律文书等特别授权。

审：第三人委托代理人，向法庭陈述第三人的姓名、民族、出生日期、住址、工作单位、职业、身份证号码，以及你的姓名、民族、出生日期、住址、工作单位、职业、身份证号码与第三人的关系及代理权限。

三代：第三人孙×一，1987 年×月×日生，汉族，居民，住××市××街道××社区××村××号。身份证号：3707××××××××××××××。

委托代理人，孙×，男，××年×月×日生，汉族，居民，住××市××街道××社区××村××号。身份证号：3707××××××××××××××。是孙×一的爷爷，原告张××的丈夫孙××的父亲。

代理权限：特别授权。

审：原告方对被告方出庭人员有无异议？

原：无异议。

审：被告方对原告方出庭人员有无异议？

被代：无异议。

审：第三人对对方出庭人员有无异议？

三代：无异议。

经核对原告、被告及第三人出庭人员合法有效，可以参加本案诉讼。

审：原告是否收到了《行政诉讼须知》？对诉讼权利、诉讼义务、举证责任明白了没有？

原：收到了，明白了。

审：被告方是否收到了本院的《行政诉讼须知》？对诉讼权利、诉讼义务、举证责任明白了没有？

被代：收到了，明白了。

审：第三人是否收到了本院的《行政诉讼须知》？对诉讼权利、诉讼义务、举证责任明白了没有？

三代：收到了，明白了。

审：依照《中华人民共和国行政诉讼法》第六十四条之规定，本案由审判员×××担任审判长，与审判员×××、×××组成合议庭对该案进行审理，书记员×××担任法庭记录。

审：原告方对合议庭组成人员、书记员是否申请回避？

原：不申请。

审：被告方对合议庭组成人员、书记员是否申请回避？

被代：不申请。

审：第三人对合议庭组成人员、书记员是否申请回避？

三代：不申请。

审：下面由原告宣读起诉状。

原：诉讼请求：1. 请求人民法院依法确认××市林业局为孙××办理采伐证的行为违法；2. 请求依法判令被告赔偿原告的经济损失 31920 元；3. 诉讼费由被告承担。

事实与理由：位于××街道××村××路南侧杨树系原告与孙××共同所有。孙××于 2012 年 12 月 12 日去世。第三人孙×一于 2013 年 5 月以孙××的名义到××市林业局申请办理采伐证。××市林业局对申请材料没有进行认真审核、现场勘查，违反相关法律程序，为已经去世的孙××办理了采伐证，致使 228 棵树木被砍，给原告造成了经济损失。为了维护原告的合法权益，特具诉状，望人民法院判如所请，为原告主持公道。

审：被告宣读行政答辩状。

被代：1. 原告得知作出具体行政行为的时间为 2013 年 5 月 30 日，而提起本次行政诉讼的时间为 2016 年 8 月 15 日，根据法律规定已超过法定起诉期限，原告的起诉应予驳回。

2. 答辩人根据《山东省森林采伐更新管理办法》的法定程序颁发林木采伐许可证，于法有据，程序合法，原告的诉讼请求不成立。

3. 原告主张的损失即卖树款已在财产分割案件中获得财产分割，原告并未受到任何损失，因此原告的诉讼请求缺乏事实和法律依据，应予驳回。

综上，请求法院依法驳回原告的起诉。

审：第三人未提交书面答辩状，有无口头答辩意见，简要陈述。

三代：被告的颁证行为不违法，我当时向村委交了 5000 元费用，村里给我出具的证明。

审：刚才原告宣读了起诉状，被告宣读了行政答辩状，第三人口头陈述了答辩意见，合议庭认为原、被告与第三人争议的焦点问题是：被告颁发林木采伐证的行为是否违法。本庭需要调查的重点是：（1）原告的起诉是否超过起诉期限。（2）被告的颁证行为是否违法。（3）原告主张的损失是否有依据。原告、被告、第三人对确定的争议焦点问题及审理重点有无意见？

原：没有意见。

被代：没有意见。

三代：没有意见。

审：在本次庭审过程中，原告是否有证人？

原：没有。

审：被告是否有证人出庭做证？

被代：没有。

审：第三人是否有证人出庭做证？

三代：没有。

审：现在就合议庭确定的第一个审理重点进行调查。现在由被告陈述并举证。

被代：1 号证据张××的信函，证明原告张××于 2013 年 5 月 30 日就明知道涉案具体行政行为，但其直至 2016 年 8 月 15 日提起诉讼，根据法律规定，其提起诉讼的时间已超过了法律规定的对具体行政行为提起诉讼的起诉期限，理应予以驳回。

审：原告，你看一下这封信，是不是你给林业局写的？

原：是我写的。我当时去林业局找时他们于 2016 年 5 月 26 日给了我一份关于孙××树木办理采伐许可的回复，我是在回复的六个月内起诉的，因此没过起诉期。

审：被告对原告的反驳意见有什么不同意见？

被代：对回复，对法律所规定的具体行政行为的起诉期限不同于诉讼时效，不存在中止、中断等情形，即使林业局 2016 年 5 月 26 日对原告的信函给予回复也不能阻断原告的起诉已超过法定期限。

审：原告，我向你解释一下，你说在收到回复六个月内起诉超过起诉期限，你如果起诉对回复不服的话在六个月内起诉不超过起诉期限，而你现在起诉的是林业采伐许可证，这是不同的两个起诉，你听明白了没有？

原：听明白了。

审：第三人代理人，张××什么时间知道第三人去办了采伐证？

三代：当时伐树那天好像不知道有采伐证。

原：我知道是因为 2013 年 5 月 30 日砍树当天我叫了派出所和法庭去了之后我才看见采伐证。

审：现在就合议庭确定的第二个审理重点进行调查。首先由被告陈述并举证。

被代：2 号证据××村委会曾为孙××办理采伐申请出具过林木权属证明，证实被告作出涉案行政许可行为时申请人提供了林木的权属证书，被告颁证行为有事实依据。

3 号证据李某强证明：证明一，××市密水街道××村委会为孙××出具了林木权属证书，且对孙××提出的林木采伐事项予以认可；证明二，李某强拿着盖有村委印章的林木采伐申请书向被告提出了采伐申请；证明三，被告的具体行政行为是基于申请人李某强提供了相关材料予以审核发证的，证实涉案行政行为有事实依据，符合法律程序。

4 号证据李庆华证明：证明一、申请人按照法律规定向被告提出了申请；二、被告处工作人员对申请人提供的申请材料进行了谨慎的审核，核实了涉案林木的权属，并对涉案林木的地点、面积、树种、株树等进行了调查核实，证实被告作出行政行为时程序合法。

5 号证据林木采伐申请书，证明参照案外人的林木采伐申请书，被告作出涉案具体行政行为时的审查义务是指对申请人提供的书面文件的形式审查，对申请人提供的书面文件不进行实质性审查，主要是对涉案林木的地点、面积、树种、株数等进行审查。

6 号证据《中华人民共和国森林法》《中华人民共和国森林法实施条例》《山东省森林资料管理条例》，证明被告为申请人颁发林木采伐许可证的法律依据。

7 号证据 2000 年《山东森林采伐更新管理办法》，证明一李某强作为买树人向被告提出申请，申办孙××所有林木的采伐许可证有法律依据；证明二李某强办理林木采伐证向被告提交申请时申报的材料因为超过两年被销毁的行为有法律依据。进而证实现今被告无法向法院提供 2013 年 5 月 27 日为申请人颁证时审查材料是有法律依据的。

8 号证据《中华人民共和国行政许可证》，证明根据法律规定，申请人理应对申请材料实质内容的真实性负责，被告对申请人提供的申请材料仅仅是形式审查，且被告也无权要求申请人提供与其申请的行政许可无关的其他材料。

9 号证据（2013）×民初字第××号判决书，证明原告已在其 2013 年提起的财产分割纠纷一案中获得了因涉案具体行政行为被砍伐的树木的赔偿，原告并未因涉案具体行政行为受到任何损失。

10 号证据林木采伐许可证存根，证明 2013 年 5 月 27 日，被告根据李某强的申请作出了具体行政行为。

审：原告对被告提供的证据质证。

原：我去林业局五六回，他们都说采伐证没有了，从没见过采伐证，怎么今天又拿出来了，对于这个证我不知道真假。

2 号证据只能证明树确实是我丈夫孙××的。

我丈夫是2013年12月份就去世了，怎么会去办采伐证？

审：被告针对原告的质证意见有什么反驳意见？

被代：1. 我们对我们提供的林木采伐许可证存根，是留存在××市林业局的存根，并不是颁发给申请人的采伐许可证。2. 根据相关法律规定，被告在长达三年之后未保存办证时申报材料有法律依据，无法向法庭提供办证时申请人提供的采伐申请。3. 庭审中原告也认可被告所提供的2号证据、3号证据及4号证据均符合事实，且程序合法。

审：原告还有什么不同意见？

原：这个证我去了多次他们都没拿出来，我要存根他们也说找不到了。

审：原告你对办理采伐证违法有什么证据？

原：采伐证必须本人申请、本人签字，到村委出具证明，非常烦琐，我是户主本人，从未领着他们看过树，他们就办了采伐证。

审：第三人，你对以孙××的名义发证有什么意见？

三代：这不关林业局的事，是村委开证明时开的孙××的名。

审：现在就合议庭确定的第三个审理重点，首先由原告提交证据。

原：我的损失：当时孙××死了后，我2013年2月卖了539棵树，平均150元一棵，总共卖了78000元，这些树是2001年种的，2015年10月份我又卖了268棵，卖了45000元。因此我现在主张这228棵树也是2001年种上的，应该是31920元。

提交1号证据××村委出具的证明一份。2号证据王××写的证明及退款证明条各一份。3号证据（2013）高民初字第20××号判决书。

审：被告方对原告提供的程序方面的证据质证。

被代：1. 对原告提供的证据系复印件，对其真实性不予认可，应提交原件质证。2. 对其提供的××村村委会证明即使查证属实，也无法证明原告主张的损失，该证明仅仅是对原告之夫孙××具体栽种树的株树进行了证明，并未对其价格进行鉴定。3. 对其提出的王××及两份收到条的真实性即便查证真实，也无法证明原告的损失，根据树的种类、树龄、生长优良的价款是不一样的，不能以其证明内容证实被采伐的228棵树木的实际价值。4. 通过该两份证明可以确认的是涉案被采伐的树木的价值仅是7000元。5. 对判决书的真实性无异议，该判决为生效判决，在该判决中明确对原告及第三人之间的财产进行了明确分割，原告因涉案被卖树木已得到了补偿，如果原告对此补偿有异议也与本案无关，不影响被告主张，理应向买树人或第三人主张权利。

审：原告有什么不同意见？

原：砍树的权利是林业局给的，他们228棵树才给了7000元，给我造成了损失，因此我就得找林业局。

审：原告是否有证据提供？

原：没有。

审：被告对损失方面有没有证据？

被代：提交（2013）×民初字第20××号判决书一份，证明涉案具体行政行为所涉及的被采伐的树木张××已得到了补偿，并未造成其任何损失。

审：第三人有无证据提供？

三代：没有。

审：对整个案件事实原告还有无陈述的？

原：树是我们夫妻共同财产，我没授权给任何一个人。

审：被告有什么要陈述的？

被代：没有了。

审：第三人有什么要陈述的？

三代：没有了。

审：法庭调查结束。

审：下面开始法庭辩论，原告说一下辩论意见。

原：在我不知情的情况下他们如何办的采伐证，被告提供的证据都是后来补办的，都不是当时的原始件。我提交证据的原件都在××××。按当时的价格是140—150元一棵，到合同期满时每棵树为160—170元一棵，林业局没尽到审核义务，必须对我的损失进行赔偿。

审：被告陈述辩论意见。

被：1. 对树权所有人的问题，相关的法律法规规定，树权所有权的证明材料依据就是林权证和村委证明，现在办林权证的基本没有，主要是依据村委证明。现在土地大部分都是集体土地，因此有效证明就是村委证明。2. 法律法规规定，办理采伐证既可以是卖树者也可以是买树者，主要依据就是村委证明，我们都对现场进行了勘验。综上，我们尽到了相关的审核义务。

被代：对起诉期限，通过被告举证及原告庭审陈述可以证实原告于2013年5月30日就明确知道涉案具体行政行为的具体内容，其2016年8月15日起诉已超出法律规定的起诉期限，理应予以驳回。2. 根据相关立案目的，法律给予被告颁发林木采伐证的权利是为了保护森林资源，禁止乱砍滥伐行为，林木采伐证并没有确认林木所有权的效力，××市林业局根据买树人李某强的申请，村委会出具的林木权属证明经过现场勘验勘查对涉案具体林木的种类、株数、面积等查证属实后依法颁发了林木采伐证，有事实及法律依据。

审：第三人陈述辩论意见。

三代：采伐证是我去村里开的证明。

审：原告还有无补充和最后陈述的？

原：当时判决书上只写了伐了我部分树，没说 228 棵。

审：被告还有无补充和最后陈述的？

被代：没有了。

审：第三人还有什么要补充的？

三代：没有了。

审：法庭辩论结束。

审：下面进行最后陈述，各方当事人最后简明扼要地陈述自己的请求及理由。

审：首先由被告陈述。

被代：庭审中原告未能证明其诉讼请求，被告坚持认为原告的请求于法无据，请求驳回。

审：原告陈述。

原：被告不合法地颁发了林木许可证，造成了我的损失，我要求他们对我进行赔偿。

审：第三人陈述。

三代：村里给我出具了相关的证明，凭证明被告颁发了林木采伐许可证，其行为不违法。

审：法庭审理结束。现休庭 20 分钟，合议庭退庭评议。

书：全体起立，请审判长、审判员退庭。

书：休庭结束，现在复庭。全体起立，请审判人员入庭。

审：现在继续开庭。

审：经过合议庭评议对下列事实及证据予以认定：原告提供的 2016 年 5 月 26 日林业局给原告出具的《关于对孙××的林木办理采伐许可证的回复》，于 2016 年 8 月份提起诉讼，不超过 6 个月起诉期的证据真实、合法，可以作为本案的有效证据。被告提供的原告 2016 年 5 月 16 日给林业局的信函，称“办证日期是 2013 年

5 月 26 日，伐树是 2013 年 5 月 30 日……”，该证据真实、合法，可作为本案的有效证据。第三人未提供原告超过起诉期限的证据。

根据上述有效证据本院可认定：被告作出被诉行政行为的时间是 2013 年 5 月 26 日，原告知道被告作出被诉行政行为的时间是 2013 年 5 月 30 日，原告提起行政诉讼的时间是 2016 年 8 月 16 日。

本院认为，被告在作出具体行政行为时，未告知原告诉权或起诉期限，原告自知道被告作为具体行政行为之日起至提起诉讼已超过 2 年的起诉期限。

全体起立。

根据《最高人民法院关于适用〈中华人民共和国行政诉讼法〉若干问题的解释》第四十二条的规定，裁定如下：

驳回原告的起诉，诉讼费由原告承担。

如不服本裁定，可在裁定书送达之日起十日内，向本院递交上诉状，并按对方当事人的人数提出副本，上诉于××市中级人民法院。

请坐下！

审：原告是否听清裁定内容？

原：听清了，我要上诉。

审：被告是否听清判决内容？

被代：听清了。

审：第三人是否听清判决内容？

三代：听清了。

审：休庭后，原告、被告及第三人查阅庭审笔录，并在笔录上签字。

审：闭庭！

书记员宣布：请审判人员退庭，各方当事人校对笔录。

第三节　与实验案例相关的法律文书写作

一、行政诉讼起诉状

（一）概述

根据立案登记制，行政起诉采取书面主义，即起诉人除确实存在困难外，必须递交行政起诉状，且起诉状必须具备法定的基本要素和要求，能初步证明符合《中华人民共和国行政诉讼法》第四十九条等规定的起诉条件。

公民、法人或者其他组织提起行政诉讼，可以根据《中华人民共和国行政诉讼法》第四十九条第（三）项的规定提出下列具体的诉讼请求：1. 请求判决撤销、变更行政行为；2. 请求判决行政机关履行法定职责或者给付义务；3. 请求判决确认行政行为违法；4. 请求判决行政机关予以赔偿或者补偿；5. 请求解决行政协议争议；6. 请求一并审查规章以下规范性文件；7. 请求一并解决相关民事争议；8. 其他诉讼请求。诉讼请求不明确的，人民法院应当予以释明。

（二）行政诉讼起诉状基本格式

行政起诉状

原告×××，……（自然人写明姓名、性别、工作单位、住址、有效身份证件号码、联系方式等基本信息；法人或其他组织写明名称、地址、联系电话、法定代表人或负责人等基本信息）。

委托代理人×××，……（写明姓名、工作单位等基本信息）。

被告×××，……（写明名称、地址、法定代表人等基本信息）。

其他当事人×××，……（参照原告的身份写法，没有其他当事人，此项可不写）。

诉讼请求：……（应写明具体、明确的诉讼请求）。

事实和理由：……（写明起诉的理由及相关事实依据，尽量逐条列明）。

此致

××××人民法院

原告：×××（签字盖章）

［法人：×××（盖章）］

××××年××月××日

（写明递交起诉之日）

附：

1. 起诉状副本××份

2. 被诉行政行为××份

3. 其他材料××份

二、行政诉讼答辩状

（一）概述

行政诉讼答辩状是行政诉讼中的被告（或被上诉人）针对原告（或上诉人）在行政起诉状（或上诉状）中提出的诉讼请求、事实与理由，向人民法院作出的书面答复。《中华人民共和国行政诉讼法》第六十七条规定：“人民法院应当在立案之日起五日内，将起诉状副本发送被告。被告应当在收到起诉状副本之日起十五日内向人民法院提交作出行政行为的证据和所依据的规范性文件，并提出答辩状。人民法院应当在收到答辩状之日起五日内，将答辩状副本发送原告。被告不提出答辩状的，不影响人民法院审理。”

（二）行政诉讼答辩状的基本格式

行政诉讼答辩状

答辩人×××，……（写明名称、地址、法定代表人等基本信息）。

法定代表人×××，……（写明姓名、职务等基本信息）。

委托代理人×××，……（写明姓名、工作单位等基本信息）。

因×××诉我单位……（写明案由或起因）一案，现答辩如下：

答辩请求：……

事实和理由：……（写明答辩的观点、事实与理由）。

此致

××××人民法院

答辩人：×××（盖章）

××××年××月××日

（写明递交答辩状之日）

附：

1. 答辩状副本×份

2. 其他文件×份

3. 证物或书证×件

三、行政诉讼一审普通程序判决书

(一) 概述

第一审程序的行政判决书是指第一审人民法院受理行政案件后，按照行政诉讼法的规定程序审理终结，依照法律和行政法规、地方性法规，参照行政规章，就案件实体问题作出的书面处理决定。

行政作为诉讼与行政不作为诉讼一审普通程序的判决书也有所区别。下面分别以请求撤销、变更行政行为和请求履行法定职责为例予以说明。

(二) 行政诉讼一审普通程序判决书基本格式

××××人民法院

行政判决书

(一审请求撤销、变更行政行为类案件用)

〔××××〕×行初字第××号

原告×××，……(写明姓名或名称等基本情况)。

法定代表人×××，……(写明姓名、职务)。

委托代理人(或指定代理人、法定代理人)×××，……(写明姓名等基本情况)。

被告×××，……(写明行政主体名称和所在地址)。

法定代表人×××，……(写明姓名、职务)。

委托代理人×××，……(写明姓名等基本情况)。

第三人×××，……(写明姓名或名称等基本情况)。

法定代表人×××，……(写明姓名、职务)。

委托代理人(或指定代理人、法定代理人)×××，……(写明姓名等基本情况)。

原告×××不服被告×××(行政主体名称)……(行政行为)，于××××年××月××日向本院提起行政诉讼。本院于××××年××月××日立案后，于××××年××月××日向被告送达了起诉状副本及应诉通知书。本院依法组成合议庭，于××××年××月××日公开(或不公开)开庭审理了本案。……(写明到庭参加庭审活动的当事人、行政机关负责人、诉讼代理人、证人、鉴定人、勘验人和翻译人员等)到庭参加诉讼。……(写明发生的其他重要程序活动，如：被批准延长本案审理期限等情况）。本案现已审理终结。被告×××（行政主体名称）于××××年××月××日作出……（被诉行政行为名称），……（简要写明被诉行政行为认定的主要事实、定性依据和处理结果）。

原告×××诉称，……（写明原告的诉讼请求、主要理由以及原告提供的证据、依据等）。

被告×××辩称，……（写明被告的答辩请求及主要理由）。

被告×××向本院提交了以下证据、依据：1. ……（证据的名称及内容等）；2. ……。

第三人×××述称，……（写明第三人的意见、主要理由以及第三人提供的证据、依据等）。

本院依法调取了以下证据：……（写明证据名称及证明目的）。

经庭审质证（或庭前交换证据、庭前准备会议），……（写明当事人的质证意见）。

本院对上述证据认证如下：……（写明法院的认证意见和理由）。

经审理查明，……（写明法院查明的事实。可以区分写明当事人无争议的事实和有争议但经法院审查确认的事实）。

本院认为，……（写明法院判决的理由）。依照……（写明判决依据的行政诉讼法以及相关司法解释的条、款、项、目）的规定，判决如下：

……（写明判决结果）。

……（写明诉讼费用的负担）。

如不服本判决，可以在判决书送达之日起十五日内向本院递交上诉状，并按对方当事人的人数提出副本，上诉于××××人民法院。

审判长：×××
审判员：×××
审判员：×××
××××年××月××日
（院印）

本件与原本核对无异　　　　**书记员：×××**

附：本判决适用的相关法律依据

××××人民法院
行政判决书
（一审请求履行法定职责类案件用）

〔××××〕×行初字第××号

原告×××，……（写明姓名或名称等基本情况）。

法定代表人×××，……（写明姓名、职务）。

委托代理人（或指定代理人、法定代理人）×××，……（写明姓名等基本情况）。

被告×××，……（写明行政主体名称和所在地址）。

法定代表人×××，……（写明姓名、职务）。

委托代理人×××，……（写明姓名等基本情况）。

第三人×××，……（写明姓名或名称等基本情况）。

法定代表人×××，……（写明姓名、职务）。

委托代理人（或指定代理人、法定代理人）×××，……（写明姓名等基本情况）。

原告×××因认为被告×××（行政主体名称）……（写明不履行法定职责的案由），于××××年××月××日向本院提起行政诉讼。本院于××××年××月××日立案后，于××××年××月××日向被告送达了起诉状副本及应诉通知书。本院依法组成合议庭，于××××年××月××日公开（或不公开）开庭审理了本案。……（写明到庭参加庭审活动的当事人、行政机关负责人、诉讼代理人、证人、鉴定人、勘验人和翻译人员等）到庭参加诉讼。……（写明发生的其他重要程序活动，如：被批准延长本案审理期限等情况）。本案现已审理终结。

第一，针对原告的履行法定职责的请求，被告已经作出拒绝性决定的案件，可写：××××年××月××日，原告×××向被告×××提出申请（写明申请的内容），被告×××于××××年××月××日对原告×××作出××号××决定（或其他名称），……（简要写明拒绝性决定认定的主要理由和处理结果）。

第二，针对原告的履行法定职责的请求，被告不予答复的案件，可写：原告×××于××××年××月××日向被告×××提出……（写明申请内容）。被告在原告起诉之前未作出处理决定（当事人对原告是否提出过申请或者被告是否作出处理有争议的，或者属于行政机关应当依职权履行法定职责的情形，不写）。原告×××诉称，……（写明原告的诉讼请求、主要理由以及原告提供的证据、依据等）。

被告×××辩称，……（写明被告的答辩请求及主要理由）。

被告×××向本院提交了以下证据、依据：1. ……（证据的名称及内容等）；2. ……。

第三人×××述称，……（写明第三人的意见、主要理由以及第三人提供的证据、依据等）。

本院依法调取了以下证据：……（写明证据名称及证明目的）。

经庭审质证（或庭前交换证据、庭前准备会议），……（写明当事人的质证意见）。

本院对上述证据认证如下：……（写明法院的认证意见和理由）。

经审理查明，……（写明法院查明的事实。可以区分写明当事人无争议的事实和有争议但经法院审查确认的事实）。

本院认为，……（写明法院判决的理由）。依照……（写明判决依据的行政诉讼法以及相关司法解释的条、款、项、目）的规定，判决如下：

……（写明判决结果）。

……（写明诉讼费用的负担）。

如不服本判决，可以在判决书送达之日起十五日内向本院递交上诉状，并按对方当事人的人数提出副本，上诉于××××人民法院。

审判长：×××
审判员：×××
审判员：×××
××××年××月××日
（院印）

本件与原本核对无异

书记员：×××

附：本判决适用的相关法律依据

四、行政调解书

（一）概述

《中华人民共和国行政诉讼法》第六十条规定："人民法院审理行政案件，不适用调解。但是，行政赔偿、补偿以及行政机关行使法律、法规规定的自由裁量权的案件可以调解。调解应当根据当事人自愿的原则，在查清事实、分清是非的基础上进行。调解协议的内容不得违反法律的规定。协议内容应明确、具体，便于履行。诉讼费用的负担，由当事人协商解决的，可以作为协议内容的最后一项；由法院决定的，应另起一行写明。第二审及再审行政调解书送达后，原一、二审判决、裁定不再执行。"

（二）行政调解书基本格式

××××人民法院

行政调解书

（一审行政案件用）

〔××××〕×行初字第××号

原告×××，……（写明姓名或名称等基本情况）。

法定代表人×××，……（写明姓名、职务）。

委托代理人（或指定代理人、法定代理人）×××，……（写明姓名等基本情况）。

被告×××，……（写明行政主体名称和所在地址）。

法定代表人×××，……（写明姓名、职务）。

委托代理人×××，……（写明姓名等基本情况）。

第三人×××，……（写明姓名或名称等基本情况）。

法定代表人×××，……（写明姓名、职务）。

委托代理人（或指定代理人、法定代理人）×××，……（写明姓名等基本情况）。

原告×××不服被告×××（行政主体名称）（行政行为），于××××年××月××日向本院提起行政诉讼。本院于××××年××月××日立案后，于××××年××月××日向被告送达了起诉状副本及应诉通知书。本院依法组成合议庭，于××××年××月××日公开（或不公开）开庭审理了本案。……（写明到庭参加庭审活动的当事人、行政机关负责人、诉讼代理人、证人、鉴定人、勘验人和翻译人员等）到庭参加诉讼。……（写明发生的其他重要程序活动，如：被批准延长本案审理期限等情况）。本案现已审理终结。

经审理查明，……（写明法院查明的事实）。

本案在审理过程中，经本院主持调解，双方当事人自愿达成如下协议：

……（写明协议的内容）。

……（写明诉讼费用的负担）。

上述协议，符合有关法律规定，本院予以确认。

本调解书经双方当事人签收后，即具有法律效力。

审判长：×××

审判员：×××

审判员：×××

××××年××月××日

（院印）

本件与原本核对无异

书记员：×××

第十三章　行政诉讼二审程序

行政诉讼第二审程序，又称上诉审程序，是指上一级人民法院依照法律规定，根据当事人对第一审人民法院作出的裁判或判决不服，而在法定期限内向一审法院的上一级人民法院提起的上诉，对一审的人民法院作出的尚未生效的判决或裁定重新进行审理，并作出裁判的程序。

第一节　庭审程序

一、概述

（一）上诉的提起与受理

1. 上诉的提起

《中华人民共和国行政诉讼法》第八十五条规定："当事人不服人民法院第一审判决的，有权在判决书送达之日起十五日内向上一级人民法院提起上诉。当事人不服人民法院第一审裁定的，有权在裁定书送达之日起十日内向上一级人民法院提起上诉。逾期不提起上诉的，人民法院的第一审判决或者裁定发生法律效力。"

提起上诉的当事人应当采用书面的上诉状形式。上诉可以直接向一审法院的上一级法院提起，也可以通过一审法院提起。当事人均提起上诉的，上诉各方均为上诉人；一方当事人提起上诉的，该当事人为上诉人，未提起上诉的对方当事人为被上诉人。共同诉讼中的一人或一部分人提出上诉，提出上诉的人为上诉人，与上诉请求相对立的各方均为被上诉人；与上诉请求利害关系一致，未提起上诉的其他当事人仍处于原审诉讼地位，其他当事人依原审诉讼地位列明。当事人提出上诉，应当按照其他当事人或者诉讼代表人的人数提出上诉状副本。

2. 上诉的受理

二审法院收到上诉状后，经审查认为诉讼主体合格，未超过法定的上诉期限，应当予以受理，并在五日内将上诉状副本送达被上诉人，被上诉人应在收到上诉状副本后十日内提出答辩状。原审人民法院应当在收到答辩状之日起五日内将副本送达当事人。原审人民法院收到上诉状、答辩状，应当在五日内连同全部案卷和证据，报送第二审人民法院。

3. 上诉的撤回

二审法院自受理上诉案件至作出二审裁判之前，上述人可以向二审法院申请撤回上诉。撤回上诉应提交撤诉状。撤回上诉是否准许，应由二审法院决定。经审查，法院认为上诉人撤回上诉没有规避法律和损害国家、社会、集体和他人利益，符合撤诉条件的，应当准许撤诉。

不准许撤回上诉的情形有：（1）发现行政机关对上诉人有胁迫的情况或者行政机关为了息事宁人，对上诉人作了违法让步的；（2）第二审程序中，行政机关改变原具体行政行为，而上诉人因行政机关改变原具体行政行为而申请撤回上诉的；（3）双方当事人都提出上诉，而只有一方当事人提出撤回上诉的；（4）原审人民法院的裁判确有错误，应予以纠正或发回重审的。

（二）上诉案件的审理

二审法院审理上诉案件，首先应当组成合议庭。合议庭应当全面审查一审法院的判决或裁定认定的事实是否清楚，适用法律是否正确，诉讼程序是否合法，审查不受上诉人在诉状中止范围和上诉内容的限制。行政诉讼的二审审理方式可以分为两种：

（1）书面审理。书面审理适用于一审裁判认定事实清楚的上诉案件。经过审查一审法院报送的案卷材料、上诉状、答辩状、证据材料等，对没有提出新的事实、证据或者理由，合议庭认为不需要开庭审理的，可以不开庭审理。可以不再传唤当事人、证人和其他诉讼参与人到庭调查核实，只通过书面审理后，即可作出裁判。

（2）开庭审理。二审法院开庭审理与一审相同。主要适用于当事人对一审法院认定的事实有争议，或认为一审法院认定事实不清楚、证据不足等情形。

（三）二审的裁判

二审法院经过对案件的审理，应根据具体行政行为的不同情况作出不同裁判。二审裁判分为以下几种：

1. 裁定撤销一审判决，或裁定发回重审。这种裁判主要适用于：原判认定事实不清楚，证据不足或违反法定程序，可能影响案件的正确判决的；一审判决遗漏了当事人或者遗漏部分诉讼请求的；对上诉人不服一审不予受理的裁定，二审认为应当受理的，应撤销一审裁定，指令一审法院立案受理；对一审法院驳回起诉而二审法院认为有错误的，应裁定撤销一审裁定，指令一审法院进行审理。对于二审法院发回重审的行政案件，原审法院应当另行组成合议庭进行审理。

2. 依法改判。经二审法院审理，认为一审判决认定事实清楚，但适用法律法规有错误的，应依法改判。

3. 维持原判。二审法院经过审理，认为一审认定案件事实清楚，适用法律、法规正确，应驳回上诉人的上诉，维持原判。

二、行政诉讼二审普通程序庭审程序

（一）开庭准备和开庭宣布

书记员应先期到达法庭，做好开庭前准备工作。诉讼参加人在二审庭审时有变化的，书记员在宣布法律纪律的同时，可以宣布法庭规则。法官入庭、就座，书记员报告庭审前准备情况。请审判长主持开庭。核对并征询各方当事人确认无异。

审判长宣布开庭，并宣告案名、案件由来、审理程序和方式。如延长审限、召开预审庭等情形的，应一并说明。如不公开开庭审理的，应当说明理由。介绍审判人员和征询回避意见。二审法院不必再行书面告知当事人诉讼权利义务。如有必要，法庭可以当庭告知当事人的诉讼权利义务相关的内容即可。

（二）法庭调查

1. 当事人陈述

审判长宣布法庭调查，法庭可以宣布原审判决或者裁定的主要内容。先由当事人陈述，当事人宣读诉状或者简要陈述上诉请求或者主张，以及所依据的事实和理由后，法庭认为有必要，可以组织当事人补充陈述和发问陈述。

当事人陈述完毕后，审判长归纳小结，具体内容包括：上诉人的上诉请求；当事人没有争议事实；诉讼争议的焦点；当事人举证、质证和原审认证的情况；法庭进一步调查的范围。

2. 举证质证

逐一确定法庭调查的具体事项后，当事人当庭举证，当事人当庭出示证据并说明。质证时，法庭应当引导质证当事人首先作出是否认可的意思表示。如不认可，应提出具体的理由，并组织当事人展开质辩。

3. 当庭认证

证据经当庭举证、质证后，合议庭当庭评议或者短暂休庭评议，对证据进行审查核实并作出认证结论。能够当庭宣布认证结论的，由审判长当庭宣布；不能当庭宣布的，在下次开庭时或者宣判时宣布。不能当庭认证的，应当向当事人作出说明。

4. 宣布法庭调查结束

经确认各方当事人没有新的证据提供和其他事实需要调查后，审判长宣布法庭调查结束。

（三）法庭辩论

审判长宣布法庭辩论，由双方当事人进行辩论。在确认各方当事人辩论意见陈述完毕后，审判长即可宣布法庭辩论结束。

（四）当事人最后陈述

由当事人陈述最后意见，随即指示上诉人、被上诉人、原审当事人依次作最后陈述。

（五）法庭调解

审判长组织法庭调解，法庭调解结束后，经合议庭评议认为没有进一步调解的必要或可能的，应当休庭评议，及时作出判决。

（六）休庭、评议和宣判

审判长宣布休庭，并告知当事人复庭的时间；如果决定不当庭宣判的，应当告知宣判的时间或者交代：宣判时间另行通知。决定当庭宣判的，应于休庭后立即进行评议；择期宣判的，应在庭审结束后五个工作日内进行评议。

继续开庭后审判长宣布评议结果。原定当庭宣判的，但经合议庭评议后未能作出裁判或评议决定不当庭宣判的，审判长应予说明，后宣布休庭。经合议庭评议，能够当庭宣判的，审判长应宣判。宣判的内容包括认证结论（先前已宣布的认证结论除外）、裁判理由、裁判结果以及诉讼费的负担。关于当事人的基本情况、案由、当事人陈述等部分内容，在当庭宣判时无须宣读。宣判后，审判长依次询问当事人对本判决（裁定）的意见，说明文书的送达方式，宣布闭庭。

三、行政诉讼第二审普通程序应注意的问题

1. 关于预备庭和庭前证据交换

如果一方当事人在一审之后提供新的证据的，法庭可以以送达的方式交换。如新证据较多，或者双方当事人均提供证据的，法庭认为有必要的，也可以召集当事人当面交换，或者召开预备庭。

2. 关于案件名称的表述

二审的案件名称与一审应当是一致的，变化的是当事人在二审中的称谓。因此，案名的表述为：本庭现审理的是，（原告在二审中的称谓）××××诉（与）（被告在二审中的称谓）××××××及××××××（第三人在二审中的称谓）××××（案由）一案。

3. 关于庭审归纳小结

在确认当事人无争议的事实和争议的焦点时，除了明确当事人之间的争议情况外，还应特别明确当事人各方对原判认定的事实和判决依据的意见，充分考虑当事人上诉的理由和根据。在确定法庭调查的范围时，必须考虑到原判认定事实是否清楚、证据是否确实充分。

4. 关于二审法院审查的范围

原审裁判是上诉审的直接审查对象。二审法院必须审查并确认原裁判认定事实是否清楚，证据是否确实充分，审判程序是否合法，裁判适用法律是否正确，裁判结果是否适当等问题。至于当事人之间对被诉具体行政行为发生的争议，应当结合对原裁判的审查进行审查确认。关于证据的审查。《最高人民法院关于行政诉讼证据若干问题的规定》第五十条规定："在第二审程序中，对当事人依法提供的新证据，法庭应当进行质证；当事人对第一审认定的证据仍有争议的，法庭也应当进行质证。"至于当事人没有争议的证据，法庭认为在二审中有进一步审查之必要的，也应当组织当事人质证，并作出认证结论。[①]

---

① 参见海南省高级人民法院《行政诉讼第一审程序庭审操作规范（试行）》，琼高法〔2005〕133 号文件，2005 年 8 月 24 日发布。

第二节　与实验案例相关的法律文书写作

一、行政上诉状

（一）概述

行政上诉状是行政诉讼当事人不服地方各级人民法院第一审行政判决或裁定，在法定的上诉期限内，向上一级人民法院提出上诉，请求撤销、变更原裁判的书状。《行政诉讼法》第八十五条规定："当事人不服人民法院第一审判决的，有权在判决书送达之日起十五日内向上一级人民法院提起上诉。当事人不服人民法院第一审裁定的，有权在裁定书送达之日起十日内向上一级人民法院提起上诉。逾期不提起上诉的，人民法院的第一审判决或者裁定发生法律效力。"

（二）行政上诉状的基本格式

行政上诉状

上诉人：×××（写明姓名、性别、年龄、民族、籍贯、职业或者工作单位和职务、住址，如果是法人或者其他组织，应写明名称、法定代表人、住所、联系地址和邮政编码等，如果是行政机关作为被上诉人的，则应写明行政机关的名称、法定代表人和住所）。

被上诉人：×××（写明姓名、性别、年龄、民族、籍贯、职业或者工作单位和职务、住址，如果是法人或者其他组织，应写明名称、法定代表人、住所、联系地址和邮政编码等，如果是行政机关提起上诉，则应写明行政机关的名称、法定代表人和住所。）

（如果一审原告、被告都不服判决，提起上诉，则都列为上诉人。）

上诉人因×××××一案（写明一审判决或者裁定书所列的案由），不服×××人民法院×年×月×日（××）字第××号判决（或者裁定），现提出上诉。

上诉请求：

……（写明要求上诉审法院解决的事由，如撤销原判；重新判决等。）

上诉理由：
……（写明一审判决或者裁定不正确的事实根据和法律依据）

此致
×××人民法院
附：本上诉状副本份

上诉人：×××（签字或者盖章）
××××年××月××日

二、行政诉讼二审程序判决书

（一）概述

第二审行政判决书是指第二审人民法院对当事人不服一审判决提起上诉的行政案件，按照第二审程序审理终结，就实体问题依法作出书面处理决定制作的法律文书。

（二）行政诉讼二审程序判决书基本格式

××××人民法院
行政判决书
（二审维持原判或改判用）

〔××××〕×行终字第××号

上诉人（原审×告）×××，……（写明姓名或名称等基本情况）。

被上诉人（原审×告）×××，……（写明姓名或名称等基本情况）。

（当事人及其他诉讼参加人的列项和基本情况的写法，除当事人的称谓外，与一审行政判决书样式相同。）

上诉人×××因……（写明案由）一案，不服××××人民法院〔××××〕×行初字第××号行政判决，向本院提起上诉。本院依法组成合议庭，公开（或不公开）开庭审理了本案。……（写明到庭的当事人、诉讼代理人等）到庭参加诉讼。本案现已审理终结。（未开庭的，写“本院依法组成合议庭，对本案进行了审理，现已审理终结”）。

……（概括写明原审认定的事实、理由和判决结果，简述上诉人的上诉请求及其主要理由和被上诉人的主要答辩的内容及原审第三人的陈述意见）。

……（当事人二审期间提出新证据的，写明二审是否采纳以及质证情况，并说明理由。如无新证据，本段不写）。

经审理查明，……（写明二审认定的事实和证据）。

本院认为，……（写明本院判决的理由）。依照……（写明判决依据的法律以及相关司法解释的条、款、项、目）的规定，判决如下：

……（写明判决结果）。

……（写明诉讼费用的负担）。

本判决为终审判决。

审判长：×××

审判员：×××

审判员：×××

××××年××月××日

（院印）

本件与原本核对无异

书记员：×××

附：本判决适用的相关法律依据

注：行政二审程序的“判决结果”部分可分为以下四种情形：

第一，维持原审判决的，写：“驳回上诉，维持原判。”

第二，对原审判决部分维持、部分撤销的，写：

“一、维持××××人民法院〔××××〕×行初字第××号行政判决第×项，即……（写明维持的具体内容）；

二、撤销××××人民法院〔××××〕×行初字第××号行政判决第×项，即……（写明撤销的具体内容）；

三、……（写明对撤销部分作出的改判内容。如无须作出改判的此项不写）。”

第三，撤销原审判决，驳回原审原告的诉讼请求的，写：

“一、撤销××××人民法院〔××××〕×行初字第××号行政判决；

二、驳回×××（当事人姓名）的诉讼请求。”

第四，撤销原审判决，同时撤销或变更行政机关的行政行为的，写：

“一、撤销××××人民法院（××××）×行初字第××号行政判决；

二、撤销（或变更）××××（行政主体名称）××××年××月××日〔××××〕××

×字第××号……（写明具体行政行为或者复议决定名称或其他行政行为）；

三、……（写明二审法院改判结果的内容。如无须作出改判的，此项不写）。”

行政裁定书
（二审维持或者撤销一审不予立案裁定用）

〔××××〕×行终字第××号

上诉人×××，……（写明姓名或名称等基本情况）。

被上诉人×××，……（如明确，写明姓名或名称等基本情况）。

（当事人及其他诉讼参加人的列项和基本情况的写法，除当事人的称谓外，与二审行政判决书样式相同。）

上诉人×××因……（写明案由）一案，不服××××人民法院（××××）×行初字第××号行政裁定，向本院提起上诉。

上诉人×××上诉称，……（概述上诉请求与理由）。

本院认为，……（简要写明驳回上诉或者撤销原裁定的理由）。依照……（写明裁定依据的法律以及相关司法解释的条、款、项、目）的规定，裁定如下：……（写明裁定结果）。

本裁定为终审裁定。

审判长：×××
审判员：×××
审判员：×××
××××年××月××日
（院印）

本件与原本核对无异　　书记员：×××

注：“裁定结果”部分分为两种情况：

第一，维持原裁定的，写：“驳回上诉，维持原裁定。”

第二，撤销原裁定的，写：

“一、撤销××××人民法院〔××××〕×行初字第××号行政裁定；

二、本案指令××××人民法院予以立案。”